英語の構造

영어의 구조

$$S \rightarrow Tns\ S_0$$

$$S_0 \rightarrow NP\ VP$$

$$VP \rightarrow \left\{ \begin{array}{l} V \quad (NP)\ (PP) \\ Vc \left\{ \begin{array}{l} AP \\ NP \end{array} \right\} \end{array} \right\}$$

中島文雄(나카지마 후미오) 저
조성식 역

英語の構造

신아사

서 론

우리나라의 영어교육에서는 이른바 「오문형(五文型)」이라는 것을 써서 영어의 기본적인 구조를 가르치고 있다. 그러나 이 오문형이라는 것이 얼마나 불완전한 것인가 하는 것은 조금이라도 영문법을 알고 있는 사람이라면 금방 알 수 있는 사실이다. 이 오문형이란 다음과 같은 정식으로 되어 있다.

(S = subject, V = verb, C = complement, O = object)

1	S + V	(Dogs bark.)
2	S + V + C	(John is a student / He is tall.)
3	S + V + O	(Cats catch mice.)
4	S + V + O + O	(He called me a taxi.)
5	S + V + O + C	(He called me a fool.)

이들을 기본문형이라고 하지만 실제로 쓰이고 있는 각양각색의 문을 이 오문형 중의 하나로 분류하려고 하면 금방 난관에 봉착하게 된다. 우선 S(주어), O(목적어), C(보어)라는 것은 문구성소(文構成素)의 기능을 나타내는 것이며, V(동사)는 구성소의 종류를 나타내는 명칭이다. 위에서 본 정식으로는 어떤 구성소가 어떤 기능을 가지는 것인지 명시되어 있지 않다. 또 오문형에서는 영어구조의 중요한 구성소인 전치사가 취급되어 있지 않다. 그러므로 *He is in the garden*이라는 기본적인 문이 어느 문형에 들어가는지 알 수 없게 되며, *He called a* *taxi for me*는 제 3문형인지, 그렇지 않으면 제 4문형과 관계가 있는 것인지 분명치 않다.

제 5문형은 너무나 단순해서 이것을 좀 더 자세히 밝히려고 하는 사람도 있다. A.S.Hornby는 *A Guide to Patterns and Usage in English*에서 동사 중심으로 문형을 생각해서 기분적인 동사형(verb pattern)을 25개로 분류하고, 이것을 또한 80개로 하위 구분하고 있다. 그러나 이것으로 모든 것을 설명할 수 있다고 보기는 힘들며, 또한 분류의 기준에도 문제점이 있다. 근본적인 문제는 영어의 구조를 설명하기 위해 몇 개의 문형을 인정할 것인가, 아니면 문형의 수효에 과연 한계가 있는 것인가 하는 것이다.

문구조(文構造)를 연구할 때 많은 용례를 수집하고 이를 분류하여 귀납적으로 문형을 찾아내려는 방법은 원리적으로도 문제가 있다. 언어란 일정한 용례로 충족되는 것이 아니며, 언제나 말하는 사람의 언어활동에 의하여 새로운 용례가 생겨나는 것이다. 그러므로 주어진 문을 분류하여 문형을 찾아내려는 방법을 가지고서는 문형 전체를 모조리 발견해 낼 수는 없는 것이다.

인간에게는 언어를 구사하는 능력이 있으며, 언어활동이란 이러한 능력을 구현한 것에 지나지 않는다. 사람은 누구나 모국어를 말할 수 있으며, 다른 사람에게 전달할 것이 있으면 이를 문의 형식을 취해 말로 할 수 있다. 문을 만들기 위해 적당한 낱말을 골라 이것을 일정한 방법으로 통합하는 것인데, 이러한 통합작업은 의식적으로 되는 것이 아니다. 누구든지 모국어의 문법을 직관적으로 알고 있으나, 문법연구가가 아닌 이상 이를 반성하여 설명할 수는 없다. 말하자면 인간의 머릿속에는 모국어의 어휘와 문법이 이미 들어 있어서 이것으로 문을 생산해 낼 수 있는 것이다. 어휘의 수효는 사람에 따라 차이가 있으나 문법이라는 얼개는 기본적인 사항에 있어서 모두가 동일하다고 생각된다. 이 문법이란 과연 어떤 것인지 이를 의식의 표면에 부각시켜 기술하는 것이 이른바 학문으로서의 문법인 것이다. 이것은 Noam Chomsky가 그의 *Syntactic Structures*(1957) 이래 주창해 온 변형생성문법(transformational-generative grammar)의 문법관이다.

이 문법관은 언어를 주어진 것으로 보고 귀납적으로 문형을 찾아내려는 종전의 문법연구에 맞서 언어의 창조성에 착안한 새로운 연구태도라 하겠다.

이렇게 문을 만들어내는 얼개로서의 문법을 어떻게 기술할 수 있을 것인가? 문을 만들어내는 일은 임의적인 것이 아니라 규칙에 따르는 것이다. 이러한 규칙성에 착안한다면 문법을 규칙의 체계로 기술할 수 있을 것이다.

언어란 일상생활을 하는 동안에 자연히 발달한 것이지, 결코 계획적으로 만들어진 것은 아니다. 문법이라 해도 논리적인 의미 분석에 대응할 만한 그런 정교한 얼개는 아니며, 상당히 자유롭게 유추작용(類推作用)에 의한 비유적인 전용(轉用)을 허용하는 것이다. 자국어를 쓰는 사람들이라면 누구나 쓸 수 있는 얼개이므로 그다지 복잡한 것은 아니라고 생각되지만, 그럼에도 불구하고 무한한 현상에 대응하여 무한한 문을 산출해 낼 수 있는 것은 기본적인 규칙의 확산 내지 같은 규칙의 반복을 적용하고 있기 때문이다.

새로운 문법연구의 방법은 Chomsky에 의하여 그 방향이 제시되었지만, 실제로 나타난 연구는 천차만별하여 많은 학설이 제창되고 있다. 언어구조가 논리를 토대로 하고 있는 한, 각 언어의 구조에 공통되는 보편적인 무엇이 있다고 생각할 수도 있다. 그러나 한편으로는 표현 방법이나 비유적인 전용이라는 측면이 있어 각 언어는 제각기 그 특이성을 발달시키게 된다. 문을 만들어내는 데 있어 어떠한 구성소를 어떻게 배열하느냐, 구조상의 요소와 기능상의 단위가 어떤 관계를 가지는가, 이런 문제를 해결하는 데는 여러 가지 견해가 나올 수 있으므로 당연히 여러 가지 학설이 제창되기에 이르는 것이다.

이 책은 변형생성문법의 언어관에 입각하여 영어의 구조를 규칙의 체계로 기술해 보고자 한 것이다. 단지 저자는 영어를 모국어로 사용하는 사람이 아니므로 머릿속에 영문법의 얼개가 들어 있지는 않다. 영어를 사용하는 사람이라면 어떤 표현이 문법적으로 허용되는 것인지 직관적으로 알 수 있게 되어 있지만, 외국인의 경우는 그렇지 못하다. 그러므로 저자는 재료로서 사전(辭典)이나 문법서 안에 들어 있는 믿을 만한 전형적인 문을 이용했다. 비교적 간단하고 일상적인 문들이지만 기본적인 문법은 이미 그 안에 구현되어 있다고 본다. 이런 예문들의 뜻을 해석하면서 구성소와 그 기능을 관찰하며, 이를 규칙의 체계로 매듭지어 보았다. 해석의 방법이나 규칙의 표기법 등에 대해서는 여러 학자들의 저서나 논문에서 시사를 받은 바 크지만 전체적인 체계는 저자 자신이 생각해 낸 것이다. 그러한 결과에서 나온 영어구조의 규칙을 일관해서 권말에 제시하였다. 즉, 이러한 규칙을 적용하여 영어의 문을 산출해 나갈 수 있다는 하나의 가설이라 하겠다. 물리학이라면 가설을 실험에 의하여 증명하고, 엄격한 법칙을 수립할 수 있겠으나, 언어사실(言語事實)이란 대단히 유동적이어서 문법의 규칙에서는 그런 엄밀성을 찾아볼 수 없다. 그리고 이 책 안에 등장하는 규칙에도 미비한 점이 많겠으나 영어의 구조에 대해 체계적인 설명을 시도한 것이라고 생각하면 될 것이다.

1980년 7월
中島文雄

역자의 서문

이 책은 동경대학 명예교수 中島文雄(나카지마 후미오) 선생의 「영어의 구조」를 우리말로 옮긴 것이다. 이 책을 우리말로 옮기게 된 동기를 우선 말해 두어야 하겠다.

해방 이후 여러 우여곡절이 있었으나 우리나라에 있어서의 영어학의 연구도 점차 정착되어 가는 추세에 있고, 또 그동안 영어학을 공부하는 사람들의 수효도 많이 늘어나 다행이라고 생각하고 있다. 해방 직후의 불모시대를 시발점으로 하여 6.25의 혼란시대를 겪으면서도 점진적인 정지작업을 통해 영어학 연구가 점차로 정립되어가는 과정에 있는 것은 사실이다. 전통문법의 틀에서 벗어나 1950년대의 기술 · 구조문법의 시대가 가고, 마침내는 변형생성문법의 시대가 도래하여 지금에 이르고 있다. 그동안 이 방면에 대한 연구는 꾸준히 계속되어 왔다고 생각이 되지만, 구체적인 성과가 얼마나 있었느냐 하는 문제에 이르러서는 선뜻 긍정적인 답을 내놓기가 어렵다. 그동안의 경향을 보면 변형생성문법의 이론면에만 치우쳐서 영어학도(英語學徒)들이 특히 기울여야 할 영어 그 자체에 대한 관심이 희박하였다는 것을 시인하지 않을 수 없다. 영어학 연구의 궁극적인 목적은 바로 영어라는 언어를 연구 대상으로 삼는 것이며, 영어를 도외시한 영어학이란 있을 수 없다. 물론 이론 전개에 몰두하는 것도 좋은 일이겠으나 영어학도들의 최대의 관심은 영어라는 언어에 집중되어야 한다는 것은 절대적인 명제라 아니할 수 없다.

이 책은 저자의 서문에서도 밝힌 바 있지만, 영어가 가지고 있는 각종 기본문형을 변형생성문법적인 이론을 기틀로 하여 그 구조를 분석해서 체계적으로 규칙화한 것이라 하겠다. 즉 실제로 우리들이 자주 쓰는 영어의 모든 기본문형을 변형생성문법의 입장에서 분석 · 처리한 것으로, 자칫하면 이론에만 치우치게 되는 자세에서 탈피하여 실제로 변형생성문법의 이론을 영어에 적용시켜, 기본문형의 구조를 밝혔다는데 커다란 가치가 있다고 생각된다. 아무리 탁월한 이론이라 할지라도 이러한 이론을 각종 유형의 문(文)구조를 해명하는데 이용할 수 없다면 그것은 단순한 이론에 그치고 말 것이다. 이 책이 이론상으로나 실제적인 면에서나 가치를 가지게 되는 이유가 바로 여기에 있다.

역자는 일찍이 경성대학에서 중도 선생으로부터 영어학을 배웠다. 선생의 치밀한 이론과 탁월한 지식은 역자에게 커다란 감명을 주었으며 영어학에 대한 역자의 관심을 고취하는데 결정적인 역할을 하였다. 당시 중도 선생은 40대, 역자는 20대였으나 벌써 세월이 흘러 중도 선생은 팔순을 바라보게 되었다. 그러나 끊임없는 영어학에 대한 정진은 선생으로 하여금 많은 저서를 발표하게 하였는데, 이 「영어의 구조」는 작년에 출간된 것이다. 선생의 영어학에 대한 집념과 학문에 대한 정열에 새삼 경의를 표하는 바이다.

원문에 충실하기 위해 되도록이면 직역을 했다. 때문에 좀 딱딱한 우리말이 되었을지 모른다. 더구나 일본어의 모습을 보니 다분히 영어화된 것 같은 인상을 받게 되었으며, 표현이 매우 간단해졌다. 문법술어는 뜻에 착오가 생기지 않는 한도에서 되도록 원문 그대로 옮겨 놓았으므로 이 점을 감안하여 약간 눈에 익숙하지 않은 술어가 나오는 경우라도 양해해 주기를 바란다. 영문법에 관심이 많은 분들이 이 책을 읽어 영문법에 대해 높은 식견, 새로운 방법론, 넓은 시야를 가지게 되었으면 다행한 일이라고 생각하며, 끝으로 이번「영어의 구조」를 우리말로 번역 출간하는 일을 쾌히 승낙해 주신 중도 선생과 암파서점(岩波書店)의 후의에 대해 새삼 감사의 뜻을 표하고자 한다.

1981년 7월

역자

목 차

약어표(略語表)

A	adjective	P	preposition
Aa	adjectival adjunct	Poss	possessive ending
Adv	adverb	PP	prepositional phrase
AP	adjective phrase	Pres	present
Art	article	Prt	adverbial particle
Aux	auxiliary	S	sentence
Deg	degree adverb	S_0	bare sentence
Dem	demonstrative	Semi-aux	semi-auxiliary
Det	determiner	Tns	tense
Gen	genitive	V	verb
Int	intensifier	Vc	copulative verb
M	modal auxiliary	Vm	middle verb
N	noun	VP	verb phrase
Na	nominal adjective	ø	zero
Neg	negative		
NP	noun phrase		

I

기본구조(基本構造)

(1) The man put his suitcase on the ground.

라는 문(文)이 있다고 하자. 영어를 공부한 사람이라면 이것이「그 사람이 가방을 땅 위에 놓았다」라는 뜻이라는 것을 금방 알 수 있는데, 이것은 낱말의 뜻과 문의 구조를 알고 있기 때문이다. 낱말의 뜻은 우선 제쳐놓고 문의 구조에만 문제를 국한시킨다면, 이 문은 8개의 낱말로 구성되어 있다. 그러나 이 문의 구조를 고찰하기 위하여 덮어놓고 8개의 구성소(構成素, constituent)로 분석하는 사람은 없을 것이다. 최종적으로는 하나하나의 낱말로 분석되겠지만, 그렇게 되기까지에는 순서가 있다. 문(S)의 구조를 설명하기 위해서는 우선 *the man* 이라는 명사구(NP)와 그 이하 부분인 동사구(VP)라는 구성소로 나누는 것이 제 1단계 작업이 될 것이다. 그리고 동사구는 *put*이라는 동사(V), *hi suitcase*라는 명사구(NP), *on the ground*라는 전치사구(PP)로 나누어진다. 전치사구는 더 나아가서 *on*이라는 전치사(P)와 *the ground*라는 명사구로 분류되고, 최종적으로 *the man*/ *his suitcase*/ *the ground*라는 명사구는 각각 *the*/ *his*라는 한정사(Det)와, *man*/ *suitcase*/ *ground*라는 명사(N)로 나누어진다. 이러한 분석내용을 그림으로 나타내면 (2)처럼 된다.

(2)

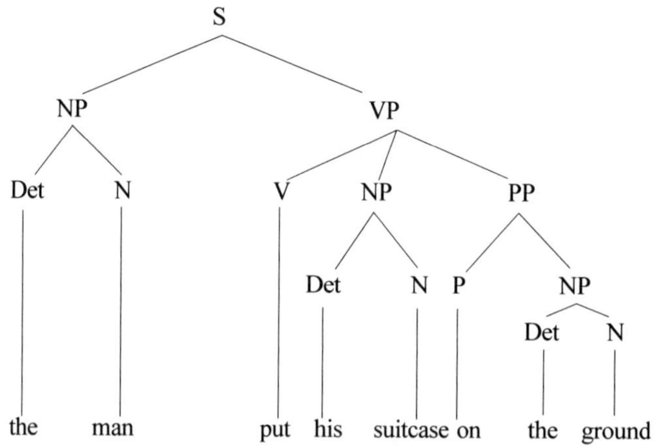

이러한 분석과정을 S를 산출하는 전개규칙(展開規則)으로서 정식화하면 다음과 같이 된다.

(3) 1. S → NP VP

2. VP → V NP PP

3. PP → P NP

4. NP → Det N

이렇게 S를 우선 직접구성소인 NP와 VP로 전개하는 작업에서 출발하여, 순서대로 점차 하위의 구성소로 전개해 나가면 마지막에 가서 낱말의 연결을 얻게 된다. 낱말은 결코 문의 직접구성소(直接構成素)가 아니며, 문의 직접구성소는 구(句)라는 생각이다. 문의 구조는 낱말을 그 단위로 하고 있는 것 같이 보이지만 구조적으로보면 구로 구성되어 있는 것이다. 이를테면 (1)의 문에 대명사나 부사를 대신 사용하여,

(4) He put it there.

라고 해도 구조에는 아무런 변함이 없다. 이 구조 역시

(5)

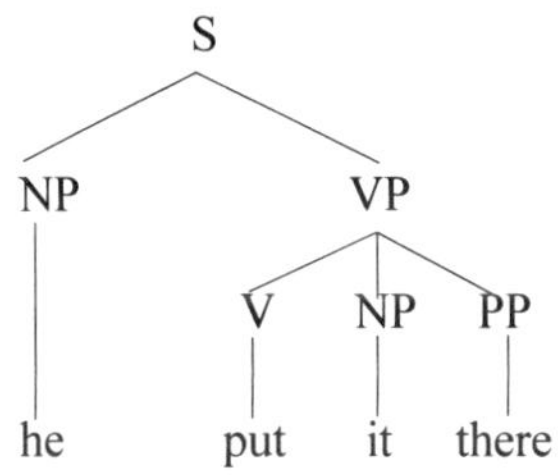

이며 (2)와 동일하다. 단지 NP나 PP가 단 하나의 낱말로 되어 있을 따름이다. 또 VP 자체가 아래에 설명하는 바와 같이 한 개의 낱말인 경우도 있다.

앞서 (3)의 규칙은 문구성소(文構成素)의 상대적 위치(어순)를 명시하는 동시에 각 구성소의 기능도 또한 나타내고 있다. 즉, S → NP VP라는 규칙은 NP가 문의 주어(主語, subject)이며 VP는 그 술어(述語, predicate)라는 사실도 나타내고 있다(주어, 술어라고 할 때의 「어」는 낱말이라는 뜻이 아니라 기능단위를 가리키는 것으로 생각해야 한다. 보어의 경우도 마찬가지이다). 같은 NP라도 *the man*은 주어, *his suitcase*는 타동사의 목적어(object), *the ground*는 전치사의 목적어가 되는데, 이것은 *the man*이 S에 직접 지배되는 NP, *his suitcase*는 VP에 직접 지배되는 NP, *the ground*는 PP에 직접 지배되는 NP라는 사실로 명시되고 있다. 또 PP의 기능은 [V NP]의 뜻을 완결하기 위한 보어(補語, complement)라고 말할 수 있으며, 예문의 *put his suitcase*는 이것만으로는 뜻이 완결되지 않고 보어로서 *on the ground*를 요구하고 있다. 술어동사

(predicate verb)인 *put*을 중심으로 주어, 목적어, 보어라는 문법적인 기능이 인정되는데, 이러한 기능(function)은 술어동사의 뜻에 따라 다양해질 수 있지만, 언제나 유형적인 구조상의 뜻을 찾아 볼 수 있는 것이다. 그것은 예문에서 볼 수 있는 바와 같이 주어는 동작주(動作主), 목적어는 동작을 받는 대상, 보어는 동작에 관계가 있는 장소를 규정한다는 것이다. 위의 예문은 물리적인 동작을 나타내는 것이므로 그 구조적인 뜻이 그대로 적용되지만, 다음과 같은 심리적인 활동을 나타내는 문에서도 비유적으로는 그대로 살아 있다.

(6) John put an idea into his wife's head.

여기서는 주어의 활동이 (1)의 경우와는 다르지만 마찬가지로 주어, 목적어, 보어를 갖춘 구조라고 간주된다. 동일한 구조가 비유적으로 여러 가지 경우에 전용(轉用)된다는 것은 언어표현에서는 흔히 있는 현상이다. 한정되어 있는 언어수단을 가지고 다양한 사항을 표현할 수 있는 것은 이러한 비유적 전용이 가능하기 때문이다.

앞서 (3)에서 본 문구조의 규칙은 단문의 기본적인 문형을 이루고 있으나, VP라고 해서 언제나 [V NP PP]라는 세 개의 구성소를 갖추고 있는 것은 아니다. 다음 문은 모두 완전한 뜻을 갖춘 문이기는 하나 VP는 [V NP], 또는 [V PP]가 아니면 단순한 [V]이다.

(7) The hunter killed the bear. VP → V NP

(8) He drove to the airport. VP → V PP

(9) Jesus wept. (*John* 11 : 35) VP → V

이러한 문형들도 모두 기본적인 것들이다. 이것을 우리의 규칙 안에서 나타내려면 (3) 2.의 규칙을 다음과 같이 정정하면 된다.

(10) VP → V (NP) (PP)

괄호 안의 구성소는 있을 때도 있고 없을 때도 있다는 것을 나타낸다. 이렇게 하면 이 규칙으로 (1), (7), (8), (9)의 문을 전부 나타낼 수 있을 뿐만 아니라, 이들 문이 기본적으로 동일한 형(型)에서 나왔다는 것을 알 수 있다.

영어의 동사 중에서 *be*는 복잡한 용법을 가지고 있다. 우선 존재를 나타내는 동사로서의 용법이 있는데, 이것은 (10)의 규칙으로 설명이 된다.

(11) God is.	VP → V
(12) Father is in the garden.	VP → V PP
(13) Bill is on duty.	VP → V PP

위에서 (11)의 is(= exists)는 존재한다는 뜻을 지닌 자동사, (12)의 *is*도 존재를 나타내지만 *in the garden*이라는 장소규정이 수반되는 상대적인 존재이며, (11)의 절대적인 존재와는 구별된다. (13)의 *on duty*는 장소 규정의 비유적인 용법이며, 「근무중」이라는 상태를 나타내고 있다. (12)의 *in the garden*은 장소적 〈+ locative〉, (13)의 *on duty*는 비장소적 〈-locative〉이라는 특색으로 각각 구별된다.

존재를 나타내는 본동사(V)로서의 *be*에 대해 연결동사(連結動詞), (Vc = copulative verb)로 쓰이는 *be*가 있다.

(14) I am glad of your success.

(15) Jane is intelligent.

(16) She is a teacher of English.

(17) Canberra is the capital of Australia.

이들 문 안에 들어 있는 *be* 동사는 형용사구(AP)나 명사구(NP)를 주어에 연결시키는 역할을 하고 있으며, 존재를 뜻하는 자동사 *be*와는 그 기능이 다르다. 이들 문의 술어로서 주요한 뜻을 나타내고 있는 것은 바로 AP와 NP이므로, 이것을 술어형용사 · 술어명사라고 부르며, 이들을 주어에 연결시키는 *be*를 연결동사라고 부르게 된다. 이 구조는 (10)의 VP와는 다르기 때문에 이와는 별도로 VP의 전개규칙(展開規則)을 설정해야만 한다. 이것은 다음과 같이 나타낼 수 있다.

$$\text{(18) VP} \rightarrow \text{Vc}\begin{Bmatrix} \text{AP} \\ \text{NP} \end{Bmatrix}$$

이것 역시 기본문형에 속하는 것이므로 영어의 VP의 전개규칙은 (10)과 (18)을 합친 것이어야 한다. 따라서 다음과 같이 나타낼 수 있다.

$$\text{(19) VP} \rightarrow \begin{Bmatrix} \text{V} \quad \text{(NP) (PP)} \\ \\ \text{Ve}\begin{Bmatrix} \text{AP} \\ \text{NP} \end{Bmatrix} \end{Bmatrix}$$

술어형용사나 술어명사로는, 여러 가지 뜻을 지닌 형용사나 명사가 쓰이고 있지만, 일반적으로 말하면, 술어형용사는 주어의 부수적 성질을, 술어명사는 주어의 일정한 성격을 나타낸다고 할 수 있다. 부수적인 성격이라고 해도 (14)의 *glad*는 일시적 〈+ current〉인 심적 상태를, (15)의 *intelligent*는 항시적 〈-current〉인 성질을 나타내고 있다. 또 성격 부여라고 해도 (16)의 *a teacher of English*는 주어를 포괄하는

류(類)개념을, (17)의 *the capital of Australia*는 주어와 동일한 것이라는 특수개념을 나타내고 있다.

위에서 본 *be* 동사의 용법을 표로 나타내면 다음과 같이 된다.

(20) A 〈existential〉 *be*

i) *be*〈+ absolute〉	(11)
ii) *be*〈-absolute〉 + PP〈+ locative〉	(12)
iii) *be*〈-absolute〉 + PP〈-locative〉	(13)

B 〈copulative〉 *be*

iv) *be* + AP〈+ current〉	(14)
v) *be* + AP〈-current〉	(15)
vi) *be* + NP〈classificatory〉	(16)
vii) *be* + NP〈identificatory〉	(17)

Be 동사에서는 위에서 본 A, B의 용법 이외에도, C의 조동사로서의 용법(동사의 진행형 및 수동형을 만든다)이 있으나, 이것은 따로 다루기로 한다.

다시 예문으로 돌아가면, (14)의 *glad*에는 PP가 붙어 있고, (16)과 (17)의 *teacher*나 *capital*에도 PP가 붙어 있다. 형용사의 경우는 다음과 같은 규칙으로 나타낼 수 있다.

(21) AP → A (PP)

이것으로, (15)는 AP → A의 경우, (14)는 AP → A PP의 경우가 된다고 설명할 수 있다.

NP는 (3) 4.의 규칙에 따라 [Det + N]으로 전개할 수 있는데, 이 N

은 의미상으로 보어가 필요한 경우도 있다. (16)의 *teacher*의 뜻에는 「무엇」을 가르치는 사람인가 하는 뜻이 내포되어 있으며, (17)의 *capital*에는 「어느 나라의」 수도인가 하는 뜻이 내포되어 있다. 그래서 이 들 명사는 보어인 PP로 확산되어 있는데, 이 점에 대해서는 뒤에서 언급하기로 한다. 〈특히 XXV장 참조〉

이상, 영어의 기본적인 문구조를 고찰하였는데, 이 밖에 가장 기본적인 문제로 생각해야 할 것으로 동사의 시제(Tns)가 있다. 지금까지의 예문에서는 *put*/ *killed*/ *drove*/ *wept* 등 과거형을 단순히 V로 취급했으나, 이것은 더 이상 분석될 필요가 있다. 영어의 술어동사는 긍정의 평서문에서는 과거형인 경우도 있고 현재형인 경우도 있다. 그렇지 않은 경우에는 법조동사(法助動詞), (M)인 *may*/ *can*/ *will* 등이 앞에 오게 되며, 동사는 부정사의 형태가 된다. 그러므로 V를 언제나 부정사를 가리키는 기호라고 간주한다면 술어동사는 Tns와 V로 분석할 수 있을 것이다〈법조동사에 대해서는 XIII장에서 설명함〉. 즉, *killed*라는 과거형은 Tns라는 문법적 구성소와 *kill*이라는 동사로 이루어지며,

(22) Tns → Past

V → kill

Past + kill → killed

라고 설명할 수 있다. 만약 Tns가 현재(Pres)이고, 주어가 3인칭 단수라면,

(23) Tns → Pres

V → kill

Pres 〈3 sg.〉 + kill → kills

가 되며, 주어가 1인칭이나 2인칭, 또는 3인칭 복수인 경우에는,

Pres 〈1, 2, 3 pl.〉 + kill → kill

이 된다. 마지막의 *kill*은 부정사와 동일형이지만 Tns를 수반하는 동사이므로 술어동사이다. 과거형은,

Past + put → put

Past + drive → drove

Past + weep → wept

가 되며, 이것은 모두가 영어의 어형론(語形論, morphology)의 규칙이므로 이 책에서는 다루지 않기로 한다.

어형으로 본다면 Tns는 동사에 부착되어 있지만, 뜻으로 보면 문 전체에 걸리게 된다. 그러므로 문은 우선 Tns와 부정사인 V를 가지는 원형문(原形文, bare sentence)으로 분석할 수 있다. 원형문을 S_0로 표시한다면,

(24) S → Tns S_0

라는 규칙을 세울 수 있다. 그리고 S_0는,

(25) S_0 → NP VP

가 된다. 이렇게 하면 VP의 V는 언제나 부정사라고 보아야 한다. *Jesus wept*를 분석하면 (26)처럼 된다.

(26)

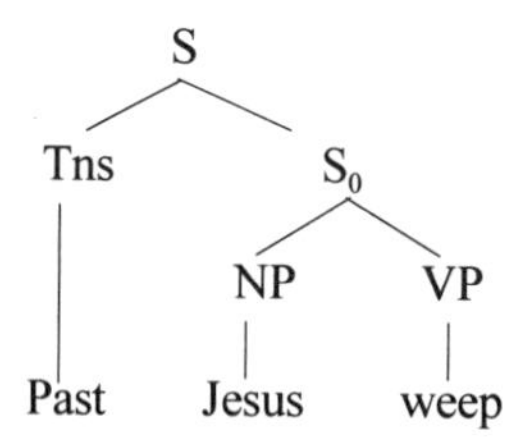

S_0에 지배되는 NP는 부정사 *weep*의 의미상의 주어이기는 하지만, 아직 술어동사의 주어, 즉 문주어는 되지 못하고 있다. NP인 *Jesus*가 우선 주제로 부각되고, 여기에 Past + *weep*이라는 결합이 이루어져서 *wept*가 된다. 이 *wept*라는 술어동사의 주어가 되었을 때 비로소 문주어라고 부를 수 있게 되는 것이다〈주어와 주제에 대해서는 XVIII장에서 설명한다〉.

영어의 가장 기본적인 구조는 상술한 바와 같다. 따라서 (3)의 규칙은 여기서 다음과 같이 정정되어야만 할 것이다.

(27) $S \rightarrow Tns\ S_0$

$S_0 \rightarrow NP\ VP$

$$VP \rightarrow \begin{Bmatrix} V \quad (NP)\ (PP) \\ Vc \begin{Bmatrix} AP \\ NP \end{Bmatrix} \end{Bmatrix}$$

$PP \rightarrow P\ NP$

$NP \rightarrow (Det)\ N$

$AP \rightarrow A\ (PP)$

$$\text{Tns} \rightarrow \left\{ \begin{array}{c} \text{Pres} \\ \\ \text{Past} \end{array} \right\}$$

(Det) N의 (Det)가 괄호 안에 들어가 있는 것은 *Jes*us 등 고유명사나 기타 관사가 붙지 않는 명사의 용법이 있기 때문이다.

Ⅱ

사역동사(使役動詞)와 작위동사(作爲動詞)

전장의 서두에서 기본구조 VP → V NP PP의 예로서,

(1) The man put his suitcase on the ground.

(2) John put an idea into his wife's head.

의 문을 들었는데, 이것과 같은 유형의 표현은 이 밖에도 여러 종류의 동사에서 볼 수 있다.

(3) He threw the letter into the fire.

(4) The man robbed me of my camera.

(5) I informed the manager of my departure.

(6) I thanked him for his help.

(7) They forced John into obedience.

위에서 (3)의 *into the fire*는 문자 그대로 「불길 속으로」라는 뜻이지만, (7)의 *into obediece*는 추상명사로서 「강제로 복종시키다」라는 비유적인 표현이다. 이것은 보통,

(8) They forced John to obey.

라 할 만한 것으로, *to obey*라는 *to*-부정사가 쓰이고 있다. 이러한 유

형의 구조를 가지는 동사가 몇 개 있다.

(9) The officer ordered the men to advance.

(10) I persuaded Bill to see the doctor.

이것은 각각「장교가 부하들에게 전진을 명령하였다」「나는 빌에게 의사에게가 보라고 설득하였다」라는 뜻이므로, 이들 동사는「사람에게 어떤 일을 하도록 하다」(cause someone to do something)라는 뜻을 공통적으로 가지고 있다. 그래서 이러한 동사를 사역동사(使役動詞, causative verb)라고 부르게 된다. 사역동사는 사람을 목적어로 하고, 그것만으로는 뜻이 완결되지 않으므로 to do something이라는 보어를 취하게 된다. 여기서 쓰이는 부정사는 동적인(dynamic) 뜻을 가지는 동사에 국한되며, 이것은 사역동사의 성격상 당연히 예상되는 일이다.

예문 (1)~(7)에서는 보어가 PP로 되어 있었다. 따라서 (7)의 *into obedience*가 PP이므로, 같은 보어 역할을 하는 (8)의 *to obey*도 PP가 아니겠느냐 하는 의문이 생긴다. (10)의 *to see the doctor*도 *into seeing the doctor*라고 바꾸어 말할 수 있으며, 이때 후자는 확실히 PP이다.

고대영어에 있어서는 부정사에 명사적인 성격이 있어서 명사적인 어미변화를 했으며, *to*는 분명히 전치사였다. 그러나 현대 영어에서는 부정사의 동사적인 성격이 강하여 *to*는 부정사의 표지로 생각되어 전치사였다는 사실이 잊혀지고 있다. 동사적인 성격이 강하다는 것은, 부정사인 경우 반드시 그 의미상의 주어(sense subject)를 생각해야 된다는 사실만으로도 알 수 있다. (8)의 *to obey*의 의미상의 주어는 *John*이며, (9)의 *to advance*의 의미상의 주어는 *the men,* (10)의 *to see the doctor* 의 의미상의 주어는 *Bill*이다. 즉, 사역동사의 직접목적어가 부정사의 의미상의 주어가 되어 있다. 의미상의 주어가 설령 표면상에 나타나지 않는 경우라도 기저구조에서는 존재하는 것으로 간주되어야 한다. 따라서 (8)의 기저구조는 다음과 같이 설정된다.

(11)

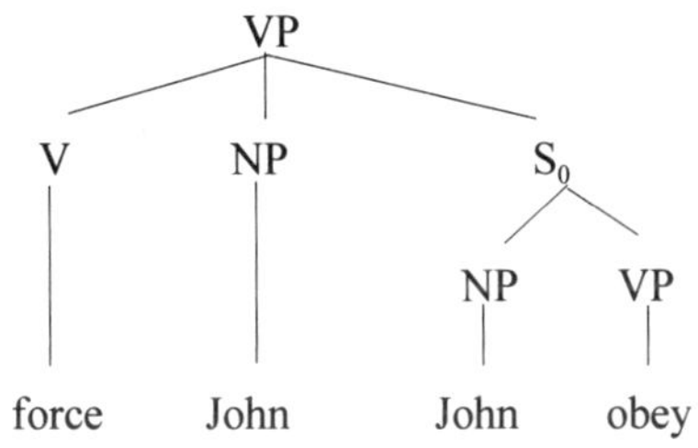

여기서 부정사 *obey*의 의미상의 주어인 *John*은 앞에 있는 *John*과 동일인물을 가리키고 있으므로, 동일한 NP는 삭제한다는 일반규칙(equi-NP deletion)에 의하여 삭제할 수 있다. 다음 부정사 *obey*에 보어표식(補語標識, complementizer)인 *to*를 붙여 *to obey*라고 한다. 그래서 *forced John to obey*가 성립했다고 규칙에 따라 설명할 수 있게 된다. (11)의 도형에서 VP의 지배를 받고 있는 S_0는 전치사구와 같은 보어의 기능을 가지는 것이며, 보어표식인 *to*는 본래가 전치사이므로, 이 S_0를 PP라고 간주해도 부당하지는 않다. PP → S_0라는 규칙을 세우면 (8)의 *to obey*나 (7)의 *into obedience*도 기본구조에서는 같은 PP라는 이야기가 된다. 여기서 우리의 PP 전개규칙을 다음과 같이 확대해 둔다.

$$(12)\ PP \rightarrow \left\{ \begin{array}{c} P\ NP \\ \\ S_0 \end{array} \right\}$$

이 S_0는 *to*-부정사구의 모습으로 표면에 나타나게 된다. 따라서 pp → S_0 → *to* VP라는 구조가 성립한다.

사역동사로서 위에 든 것들은 강제 · 명령 · 설득 등을 뜻하는 것이었지만, 의뢰 · 권고 · 경고 등을 뜻하는 동사도 같은 종류이므로 같은 구조를 가지게 된다.

(13) I asked him to do the job.

(14) He advised me to accept the offer.

(15) I warned him to be more punctual.

앞서 부정사 자리에 쓰이는 동사는 동적인 뜻을 가진다고 했는데, (15)에는 *to be*가 등장하고 있다. 그러나 이 부정사구는 「좀 더 시간을 지키다」라는 동적인 뜻이며, *punctual*이 형용사라고 해서 정적인(static) 뜻이 되는 것은 아니다. 그래서 이 *to be*는 'to become'이라고 풀이된다.

같은 구조를 허가(상대방의 뜻대로 하게 하다), 금지(상대방의 뜻대로 하게 하지 않다)의 경우에도 쓰게 된다.

(16) The manager allowed the girl to sing on the stage.

(17) She forbade her children to play in the street.

(18) He left his wife to deal with his creditors.

위에서 (18)은 「채권자와의 교섭을 아내에게 맡겼다」라는 뜻으로, 이것도 같은 문형이라고 간주된다. 이들은 모두 문법적으로는 넓은 의미에서 사역동사에 포함된다.

사역동사 중에서 가장 그 특징을 잘 나타내는 것이 *cause*이지만, 보통 많이 쓰이는 것은 *make*이다. 이 동사는 *to* 없는 부정사를 취한다는 특색을 가지고 있다.

(19) They made me drink.

옛 영어에서는 *to*도 쓰여서 지금도 속담으로 쓰이는 *Money makes the mare to go*(돈이면 귀신도 부릴 수 있다) 등에 남아 있다. 또 수동문인 *I was made to drink*에서도 *to*가 쓰인 것을 볼 수 있다. 이밖에 *make*처럼 *to* 없는 부정사를 취하는 사역동사에 *let*가 있다.

(20) Please let me know the results. (*let* = cause … to)

(21) Let me go. (*let* = allow … to)

주의해야 할 동사에 *help*가 있다.

(22) I helped him (to) push the car.

이것 역시 사역동사의 유형이지만 *to*는 생략되는 수가 많다. 또 *push*의 의미상의 주어는 직접목적어인 「그」 뿐만 아니라 문주어(文主語)인 「나」가 되기도 한다는 점으로 미루어 *help*는 보통의 사역동사와는 다르다. 문주어 쪽으로 초점을 옮기면 직접목적어는 나타나지 않고,

(23) I helped (to) push the car.

가 된다. 여기서는 (*to*) *push*의 의미상의 주어는 문주어인 *I*이다. 이 V + *to*- 부정사의 용법(연쇄동사구, 連鎖動詞句)에 대해서는 Ⅸ장에서 설명하고자 한다.

사역동사 *make*에는 다음과 같은 용법도 있다.

(24) She made John a good husband.

(25) John made his wife happy.

여기서는 보어가 부정사가 아니라 명사나 형용사이므로, 뜻도 「~을 시키다」가 아니라 「~이 되게 하다」라는 뜻이며, 지금까지 본 사역동사의 경우와는 다르다. 따라서 보어로 명사나 형용사가 오는 경우 이 동사를 작위동사(factitive verb)라고 불러 구별하게 된다. 구조는 얼핏 보면 사역동사와 다른 것 같지만 기저(基底)에 부정사구가 있으므로 기본구조는 같다. 즉,

(26)

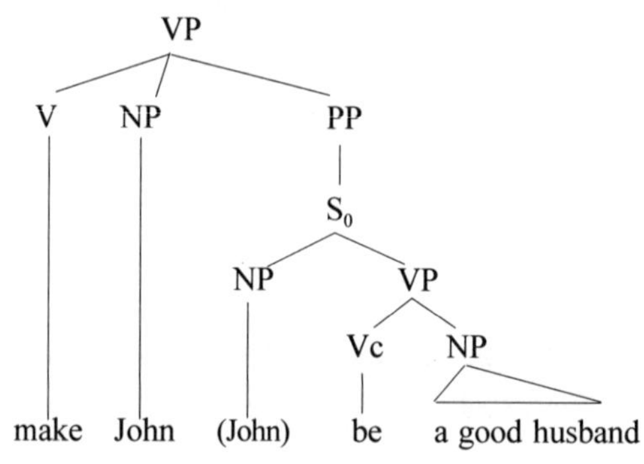

여기서 보어의 부분은 [to be a good husband] ((25)에서는 [to be happy])가 되므로 부정사구가 있는 것이다. 그러나 작위동사인 *make* 뒤에 오는 *to be*는 정적인 동사이며, 이때 [to be]는 반드시 삭제되므로 (24), (25)처럼 된다. 이에 반하여 (15)의 *to be punctual*의 *to be*는 생략될 수 없다. 사역동사의 보어이며 동적인 *to be*이기 때문이다.

(27) They elected Jimmy Carter (to be) president of the United States.

(28) They chose Tom (to be) captain of the team.

(29) They appointed Nelson (to be) admiral.

이들 동사는 「선출하다」, 「임명하다」 등의 뜻을 가지며, 어떤 사람을 어떤 자격을 가지는 사람으로 만드는 것이기 때문에 작위동사의 대표적인 것이라고 하겠다. 이 경우 *make*와는 달리 *to be*를 생략하지 않는 용법도 가능하다. 이 *to be*의 *to*는 They elected Mr. Green to the Academy라고 할 때의 *to*와 같이 목표를 나타내고 있다. 위에서 본 *president / captain / admiral*에 관사가 붙지 않는 것은 사람 자체가 아니라 자격을 나타내는 추상명사로 간주되기 때문이다. 만일 실제로 사람을 가리키는 것이라면 the president/the captain이 될 것이며, 물론 이러한 표현도 불가능한 것은 아니다.

다음 용례는 명명(命名)한다는 뜻의 작위동사의 경우이다.

(30) They named the baby Henry.

(31) They nominated Jones the next chairman.

(32) He called me a fool.

이들 동사는 단지 고지함에 그치는 것이 아니라 말하는 동작 자체가 행위적인 뜻을 지녀서, 명명함으로써 어떤 것으로 만드는 것이기 때문에(Henry라고 명명하면 이 애는 Henry가 되어 버린다) 작위동사가 되는 것이다. 이때에도 *to be*는 생략되는 것이 보통이다. 위와 같이 정적인 *to be*는 삭제할 수 있지만 동적인 *to be*는 삭제할 수 없다. 다음 용례를 (31)과 비교해 보기 바란다.

(33) They asked Jones to be the next chairman.

이 *ask*는 의뢰한다는 뜻이므로 사역동사이며, 따라서 *to be*를 삭제할 수 없는 것은 (15)의 경우와 마찬가지다.

다음, 보통의 타동사가 형용사를 보어로 하여 작위적으로 쓰이는 경우가 있다.

(34) I declare the meeting open.

이것은 의장이 개회를 선언하는 경우로, 선언함으로써 회의가 열리게 되므로 명명하는 작위동사와 동일한 성격이다.

(35) He painted the house green.

(36) He folded the newspaper small.

(37) The cat licked the saucer clean.

(38) She boiled the eggs hard.

(39) He carved the meat thin.

이것을 우리말로 하면 「녹색으로 칠했다」 「작게 접었다」 「깨끗이 핥아버렸다」 「딱딱하게 삶았다」 「얇게 썰었다」와 같이 부사적인 어귀가 동사를 수식하는 표현이 되지만, 영어에서는 어떤 대상물에 작용하여 그것을 일정한 상태로 만든다는 의미의 타동사를 작위동사의 유형으로 쓰고 있다. 즉, (35)는 made the house green by painting이라는 뜻이다.

(40) He pushed the door open.

이것도 마찬가지로 「문을 밀어서 열리게 했다(made the door open by pushing)」라는 뜻이지만, 우리말로 하면 「밀어젖혔다」라는 한 개의 동

사가 된다. 영어에서도 「밀어젖히다」라는 한 개의 동작으로 본다면,

(41) He pushed open the door.

가 된다. 이때에는 동사와 형용사가 하나의 복합동사(復合動詞, compound verb)가 되었다고 간주된다. 즉, V → V + A라는 V의 확산을 인정하여 *push open*을 하나의 타동사로 보는 것이다. 마찬가지로,

(42) a. He set his slaves free.
b. He *set free* his slaves. (= liberated. released)

(43) a. He cut his speech short.
b. He *cut short* his speech. (= curtailed)

(44) a. He made his intention clear.
b. He *made clear* his intention. (= clarified)

확고하게 복합동사로 인정되는 것으로 *make ready*(= prepare oneself)/ *make merry*(= have fun) 등이 있다.

(45) They made ready for the attack.

(46) Let us make merry.

이것은 본래 make *oneself* ready [merry]라는 표현에서 재귀대명사가 생략되어 이루어진 것이라고 설명된다.

(47) She made John a good wife.

이것은 「그녀는 존의 좋은 아내가 되었다」라는 뜻으로, 위에서 본,

(24) She made John a good husband.

와 비교하면 구조가 다르다고 생각하지 않으면 안 된다. (24)의 *made*는 작위동사로 *John*은 그 직접목적어이지만, (47)의 *John*은 간접목적어이다. 즉, (24)의 *a good husband*는 *John*을 가리키지만, (47)의 *a good wife*는 주어인 *she*를 말하는 것이다. 이러한 차이는 (47)이

(48) She made herself a good wife for John.

에서 생겨난 것이라고 이해하면 된다. 즉, 재귀대명사인 *herself*를 생략하여 *for John*을 간접목적어로 하고 그래서 (47)이 파생한 것이라고 보는 것이다.

또 자동사가 임시적으로 사역동사나 작위동사로 쓰이는 수가 있으므로 여기에 예문을 들어둔다.

(49) She talked me to sleep.

(50) He slept himself sober.

(51) She cried herself hoarse.

위에서 (49)는 She talked and caused me to sleep, (50)은 He slept and made himself sober, (51)은 She cried and made herself hoarse를 줄인 것이라고 보면 이해가 될 것이다. 위에서 작위동사에서 온 복합동사에 대해 말했지만, 사역동사도 복합동사를 만들 수 있다. 예를 들면,

(52) Live and *let live.*

(53) He *let go* the rope.

(54) We have to *make do* with sandwiches this evening.

(53)의 *let go*「놓다」는 본래 *let*의 목적어(the rope)를 복합동사의 목적어로 하고 있다. (54)도 마찬가지로 *make* something *do*「어떤 것으로

때우다」라는 표현과 더불어 *make do*라는 복합동사의 용법이 발달하여 *make do with* something이 되었다. 이러한 종류의 복합동사가 V → V + V, 즉 V의 확산(擴散)이라고 보는 것은 위의 V → V + A의 경우와 동일하다.

Ⅲ

관계사절(關係詞節)

I장에서 설명한 NP의 전개규칙은

(l) NP → (Det) N

이었다. 그러나 I (16)의 *a teacher of English*와 같이 PP를 동반하는 표현도 있다. 이것은 *teacher*라는 낱말이 지니는 뜻으로 보아「무엇」을 가르치느냐 하는 관계개념이 내포되어 있기 때문이다. 이러한 관계개념을 구체화하면 *of English*라는 PP가 된다. 이 PP는 teacher의 뜻을 완결하는 보어다. 따라서 teacher와 같이 관계개념을 내포하는 명사는 PP로 확산되는 것이므로, 이것을

(2) N → N PP

라고 나타낸다. 그러나 *a book on the shelf* 의 경우에는 PP인 *on the shelf*를 *book*의 보어라고 말할 수는 없다. 왜냐하면 *book*의 뜻 자체가 장소규정을 보어로 요구하는 일이 없기 때문이다. 전자가 [a] [teacher of English]라는 구조를 가지는데, 후자는 [a book] [on the shelf]라고 분석된다. 그리고 이 두 개의 구성소를 [a book on the shelf]라는 한 개의 NP로 마무리 지을 수 있는 것은 기저에 관계사절(關係詞節, relative clause)이 깔려 있기 때문이다. 관계사절을 동반하는 NP의 구조는,

(3) NP → NP S

라는 NP의 확산이며, 이러한 전개규칙을 가지고서 위의 예문을 도형으로 나타내면,

(4)

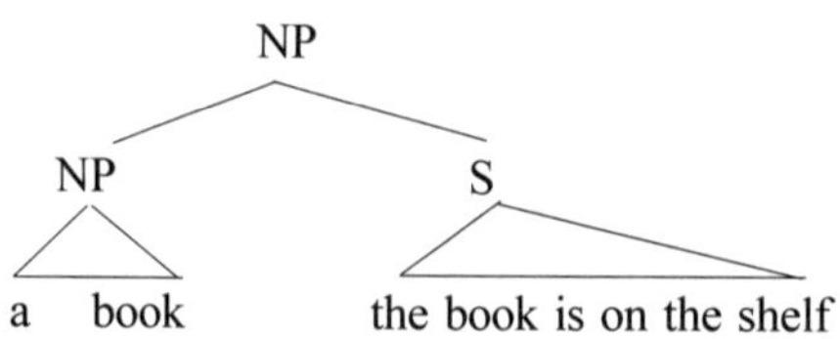

선행사인 *a book*을 받는 *the book*이 관계대명사로 바뀌어 [a book] [which is on the shelf]가 되며, 여기서 *which is*가 생략되어 a book on the shelf가 되었다고 설명할 수 있다. 이 *which is*(일반적으로 관계대명사 + be 동사)의 생략을 Whiz-deletion이라고 알려져 있는 일반적인 현상이다.

이와 같이 관계사절은 NP에 대한 어떤 사항을 기술하는 것이므로 NP의 확충이라 하겠다. 유사한 예를 들면,

(5) He lives in *an apartment house that is thirty stories high.*

여기서의 NP → NP S의 구조는 [an apartment house] [the apartment house is thirty stories high]이며, 선행사는 부정관사가 붙은 새 정보의 명사이고, 이것을 받는 문에서는 부정관사가 정관사로 바뀌게 된다. 이것이 바로 전방조응적(前方照應的, anaphoric) *the*라고 불리우는 것이다. 또한 이 [the apartment house]는 관계대명사 *which*(또는 *that*)로 바꿈으로써 선행사에 연결되어 하나의 기술문이 되고 있다. 다음 문에

서는 관계대명사가 전치사의 목적어로 되어 있으나 풀이는 같다.

(6) She solved in five minutes a problem *that* I had struggled *with* for two hours.

관계대명사 *that*는 직접 전치사의 목적어가 될 수는 없으므로 전치사가 후치되어 있는데, 이것은 *that*가 대명사라기보다는 접속사의 성격을 띠고 있기 때문이라고 생각된다.

그런데, 관계사절이라고 해서 언제나 위에서 본 바와 같이 선행사를 수식하는 것은 아니다. 선행사가 *the*를 동반하여 특정한 물건을 가리키는 명사일 때 그렇다.

(7) The apartment house that he lives in is thiry stories high.

이것을 (5)와 동일한 방식으로 설명할 수는 없다. 이 정관사는 그가 살고 있는 아파트만으로 한정한다는 뜻을 나타내고 있어 이 *the*는 *apartment house*에만 붙는 것이 아니라 [the] [apartment house that he lives in]이라고 분석해야 되며, 그 기저에 있는 구조는 [the △] [he lives in an apartment house]라고 생각된다. 즉, 「그는 아파트에 살고 있다」「그 아파트」라는 제한이 붙어 있는 명사로서, 관계사절 안에 있는 *an apartment house*를 선행사의 위치에 오게 하여, 후에 선행사가 생기게 된 것이다. 이 정관사는 후방조응적(後方照應的, cataphoric), *the*라고 불리운다. 유사한 예를 들면,

(8) The river which flows through London is the Thames.

이것도 [the △] [a (certain) river flows through London]이라고 분석되어, 그 river를 선행사로 만들고, 그 뒤가 제한적 관계사절이 된 것이다.

(9) The students to whom this letter is addressed should reply in writing to the undersigned.

이것도 꼭 같은 유형으로, 그 기저구조는 [the △] [this letter is addressed to certain students]이다.

선행사에 정관사가 붙어 있다고 해서 언제나 이것이 후방조응적 *the*라고 말할 수는 없다. 예를 들어,

(10) This is the house that Jack built.

의 경우를 생각해 보면, 이 *the house*는 문맥(文脈)으로 알 수 있거나 (anaphoric의 *the*), 그렇지 않으면 눈으로 보고 있는 집이 되어, 처음부터 어느 집인지 알고 있는 경우가 된다. 그 때의 환경에 따라 알고 있는 대상을 가리키는 정관사를 외부조응적(外部照應的, exophoric) *the*라고 부른다. (10)의 *the house*는 이러한 *the*를 동반하는 것으로 관계사절이 제한적인 것은 아니다. 그 기저에 있는 구조는 [the house] [Jack built this house]이며 관계사절은 기술적인 것이라 하겠다.

(11) We are blessed with the sun that ripens the rice.

여기서 *the sun*이 외부조응적이라는 것은 분명하며, 따라서 제한적 관계사절이 올 이유가 없다. [the sun] [the sun ripens the rice]라고 풀이되는 것이다. 이와는 대조적으로,

(12) The house that Jack built is this.

는 (10)의 주어와 술어명사를 반대로 한 것이지만 관계사절의 성격이 달라진다. (12)는 제한적인 것이어서 [the △] [Jack built a house]에서 온 것이며, *the*는 후방조응적이다. 위에서 본 바와 같이 관계사절을

포함하는 NP → NP S의 구조에는 다음 세 가지 경우가 있다.

i) 새 정보의 선행사 + 기술적 관계사절. 예 (5) (6)
ii) 구 정보의 선행사 + 기술적 관계사절. 예 (10) (11)
iii) 후방조응적 선행사 + 제한적 관계사절. 예 (7) (8) (9)

이 iii)의 후방조응적인 선행사는 다음과 같은 경우에 분명해진다.

(13) *The* little food there was in the house was stale.

이것은 [the △△] [there was *a little* food in the house]에서 왔다고 생각하지 않을 수 없다. 단독으로 **the* little food라고 할 수는 없기 때문이다. (*는 비문법적인 것이라는 표시)

(14) *The* book of John's that I borrowed is on the shelf.

이것도 [the △△△] [I borrowed *a* book of John's]에서 나온 것이며, 단독으로 **the* book of John's라고 할 수는 없다.

(15) *The* several houses along the road were all closed.

이 정관사도 후방조응적이다. [the △△] [several houses were along the road] → [*the* several houses which were along the road]. 여기서 *which were*의 생략 (Whiz-deletion)이 이루어졌다.

(16) I am thinking of *the* many happy meetings we have had in the past.

이 *the*도 (15)에서와 같이 설명할 수 있다.

(17) The picture went to *the* one who made the highest offer.

이 *one*이라는 낱말은 *this one / that one / these ones / those ones*처럼 쓰

이지만 단독으로 *the one이라고 할 수는 없다. 위의 경우는 제한적 관계사절 때문에 *the*가 붙은 것이다.

(18) Half *the* few rooms available faced due north.

여기에도 [half the △△] [a few rooms were available]이 있고, Whiz-deletion이 있다. *Half*는 *all* 이나 *both*와 같이 관사 앞에 올 수 있는 선행한정사(先行限定詞, pre-determiner)다.

선행사에 *the*가 붙어 있는 경우 관계사절은 제한적이 아니면 기술적인데, 문맥으로 보아 양쪽으로 다 해석할 수 있는 경우가 있다. 이를테면,

(19) The policeman who knows the way has offered to guide us.

제한적이라고 보면 [the △] [one policeman knows the way]에서 온 것이며, 기술적이라면 [the policeman] [the policeman knows the way]에서 온 것이라 하겠다. 우리말로 하면 전자는「길을 아는 경찰관이」가 되지만, 후자의 경우는「길을 아는 경찰관은」이 되어 조사로 그 차이를 구별할 수 있을 것이다. 또 다음과 같은 관계사절도 있다.

(20) The policeman, who knows the way, has offered to guide us.

이 경찰관은 문맥으로 이미 (길을) 알고 있는 사람이며(전방조응적 *the*), 뒤따르는 관계사구는 이를 기술하는 것이고, 관계사절 앞뒤에 쉼표(,)가 있는 것으로 미루어 보아 독립성이 강하다 하겠다. NP → NP S의 S가 NP의 지배에서 이탈하여 NP와 VP 사이에 삽입된 문의 형식으로 되어 있다. 이러한 관계사절을 동격(appositive)이라 부를 수 있다. 우리말로 하면「경찰관은 길을 알고 있었으므로」라 하면 되겠다.

(21) The Greeks who were philosophical liked to talk.

여기서도 *the Greeks*가 희랍인 전체를 가리킨다면 관계사절은 기술적이며, [the Greeks] [the Greeks were philosophical]에서 온 것이라고 간주되지만, 만일 희랍인 일부에 관한 이야기라면 [the △] [some Greeks were philosophical]이라는 제한적 관계사절이 된다. 두 경우에다 Whiz-deletion을 가하면 [the Greeks philosophical]이 되며, 이 기술적(predicative) 형용사를 명사 앞에 가지고 가서 귀속적(attributive)으로 쓰면 양쪽이 다 *The philosophical Greeks*가 되어 버린다. 그래서

(22) The philosophical Greeks liked to talk.

가 되나, (21)의 애매성은 여전히 남게 된다. 발음상으로는, 기술적인 경우에는 *Greeks*에, 제한적인 경우에는 philosophical에 강세가 와서 구별된다.

(23) The industrious Chinese control the economy of Singapore.

이것은 (22)의 경우와 동일하다.

(24) My vegetarian aunt is coming to dinner tonight.

이것도 두 가지 뜻으로 풀이된다. 처음부터 특정한 숙모를 생각하여 기술적 관계사절을 동반하는 것이라면 [my aunt] [my aunt is vegetarian]에서 [my aunt who is vegetarian] → my vegetarian aunt가 되지만, 몇 사람의 숙모 중에서 채식주의를 하는 사람으로 한정을 한다면, [my △] [an aunt of mine is vegetarian]이 밑에 깔려 제한적 관계사절에서 *vegetarian*이 온 것이 된다.

(25) My aunt, who is vegetarian. is coming to dinner tonight.

라고 하면 동격의 관계사절이 된다는 것은 말할 나위도 없다.

(26) All the brave soldiers pushed on.

이것도 [all the soldiers] [all the soldiers were brave]에서 오면 기술적이고, [all the △] [some soldiers were brave]에서 오면 제한적인 뜻이 된다.

고유명사는 어떤 특정한 것을 가리키는 것이므로 제한적 관계사절을 취하는 일은 없으며, 또한 기술적 관계사절을 취하는 경우라고 할지라도 동격의 관계사절로 하는 것이 일반적이라 하겠다.

(27) John, who knows the way, has offered to guide us.

(28) Paul, who is intelligent, will go far.

지시사(demonstrative)가 붙은 명사도 동일하다.

(29) This house, which Jack built, is now empty.

고유명사는 정관사를 취하지 않는 것이 보통이지만 때로는 *the young Wordsworth*처럼 정관사가 붙는 수도 있다. 이것은 어느 한때의 Wordsworth를 생각하여 「그 때에는 젊었었다」라는 한정이 붙어, 이때문에 *the*가 붙는다고 생각된다. 따라서 [the △] [*Wordsworth* was young *then*]이라는 구조가 된다. 같은 식으로,

(30) The England that I remember from my youth exists only in my memory.

여기서도 옛날 일정기간에 국한된 영국을 생각하고 있으므로 *the*가

붙어 있는 것이다.

이것과는 별도지만 강의 이름 등에도 정관사가 붙어 있으나 이것은 습관상으로 그러는 것이므로 제한적 관계사절에서 오는 것은 아니다. 이를테면 *the Thames*라고 하지만 이 *the*는 고유명사 안에 들어 있는 것으로 생각해야 한다. 즉, 다음과 같이 분석된다.

(31)

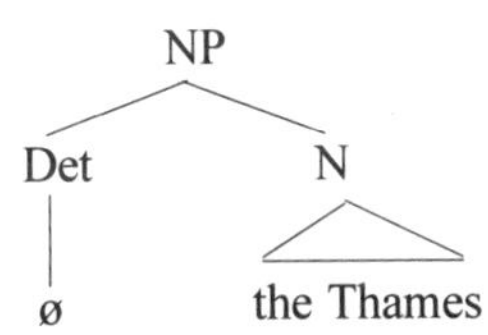

관계사절에는 또한 연속적(continuative)이라고 불리는 용법이 있다.

(32) He placed a bone in front of the terrier, who speedily licked it dry.

(33) I appealed to the principal, who, after holding a conference, granted my request.

이들은 동격의 관계사절과 유사한 점이 있으나 NP → NP S의 S가 주문(主文)의 뒤에 접속된 모습을 하고 있어 관계사절은 [and he]와 같은 역할을 하고 있다. 그래서 연속적이라고 불린다.

(34) The decision was postponed. which was exactly what he wanted.

이 역시 연속적 관계사절인데 이 관계대명사는 주문(主文) 안에 있는 NP가 아니라 주문 전체를 받고 있다. 그러므로 이것은 NP → NP S의 구조에서 발달한 특별한 용법이라 하겠다. 즉, 두 개의 S가 연결된 것이라고 보아야한다. 연속적 관계사절이 주문 뒤에 계속되는 동격의 S로 되어 있는 것이다.

관계대명사에는 *who/ which/ that* 등이 있으나 대부분의 경우 바꿔 쓸 수 있다. 그러나 바꿔 쓸 수 없는 경우도 많다. 동격이나 연속의 관계사절을 유도하는 것은 *who/ which*이며, 또 선행하는 전치사의 목적어가 될 수 있는 것도 *who/ which* 등이다. 이 경우 *that*를 쓸 수 없는 까닭은 *that*의 대명사적인 성격이 약할 뿐만 아니라 오히려 접속사적인 기능을 가지고 있기 때문일 것이다. 다음 장에서 설명하겠지만 *that*는 관계접속사라고 할 수 있는 기능을 가져 *that*-절을 만드는 데 쓰인다. 이 접속사적인 용법과 관계대명사로서의 용법은 별 개의 것이 아니지만 *that*가 관계대명사인 *who/ which*와 교체 할 수 있는 경우에도 자연히 용법의 차이는 있게 마련이다. (11)의 *the sun that ripens the rice*의 *that*를 *which* 로 바꾸어 the sun *which* ripens the rice라고 하면 태양이 몇 개 있는데 그 중의 한 개로 제한하였다는 느낌을 가져온다. 동격으로 하면 the sun, *which* ripens the rice가 되어 뜻에는 차이가 없으나 이렇게 되면 설명적이 되어 *that*에 의한 기술적 관계사절의 느낌이 약화된다. *the sun*과 *ripens the rice* 사이에 들어가는 *that*가 접속사적으로 두 개의 부분을 연결할 때 비로소 강한 느낌이 생기게 된다.

NP 의 전개규칙을 I (27)에서는 NP → (Det) N이라 하였는데, 본장에서는 NP → NP S가 첨가되어 다음과 같이 된다.

$$(35)\ \text{NP} \rightarrow \left\{ \begin{array}{l} \text{(Det) N} \\ \text{NP} \quad \text{S} \end{array} \right\}$$

또 본장의 예문 중 (13), (*a*) *little*. (15) *several*, (16) *many*, (18), (*a*) *few*

등 수량사(quantifier)가 등장하였는데, 이들은 수사와 마찬가지로 한정사의 일종이며, 또한 관사 뒤에 오는 후치한정사(後置限定詞, post-determiner)다. 선행한정사로서의 *half* / *all* / *both* 등에 관해서는 이미 설명한 바 있다. 따라서 한정사(Det)의 전개규칙은 다음과 같이 된다.

$$\text{(36) Det} \rightarrow \text{(Pre-det)} \begin{Bmatrix} \text{Art} \\ \text{Dem} \\ \text{Gen} \end{Bmatrix} \text{(Post-det)}$$

〈Gen(속격 명사)에 대해서는 XXVI장에서 설명하기로 한다.〉

Ⅳ

감각동사(感覺動詞)와 지각동사(知覺動詞)

물적 지각(物的 知覺, physical perception)을 표현하는 동사(*see* / *hear* 등)는 감각동사(sensory verb)로 일괄할 수 있는데, 여기엔 공통적인 구조가 있다.

(1) a. I saw the boy cross the bridge.
  b. I saw the boy crossing the bridge.
  c. I saw the letter burnt.

(2) a. I heard the door slam just at midnight.
  b. I heard the door slamming all night long.
  c. I have never heard Russian spoken.

(3) a. We felt the house shake.
  b. I felt my heart beating wildly.

(4) I smell something burning in the kitchen.

이들 구조를 어떻게 보아야 하는가. (1)의 a.는 「나는 그 소년이 다리를 건너는 것을 보았다」라는 뜻이며, 우리말로 하면「소년이 다리를 건너다」라는 문이 감각동사의 목적어로 쓰이고 있으나 영어에서는 그렇지 않다. (32) 이하에서 설명하겠지만 감각동사가 문 전체를 목적어로 할 때에는 심적 지각(mental perception)의 동사가 되어버려 그 뜻이 달라진다. 감각동사로서는 직접 감각의 대상을 목적어로 하는 것이므로 위의 예문 I saw the boy 등은 모두 타동사 + 목적어가 된다. 그러면 뒤따르는 부정사구나 분사구가 어떠한 관계로 맺어지느냐가 문제된다. 이들 부정사구나 분사구의 의미상의 주어는 바로 앞에 있는 NP, 즉 감각동사의 직접목적어이다. 이점은 사역 · 작위동사의 구조와 유사하지만 감각동사는 보어를 필요로 하지 않는다. 이들 부정사구나 분사구는 보어같이 보이지만 사실은 목적어에 대해 기술하고 있는데 지나지 않으므로 말하자면 관계사절에 가까운 성격을 지니고 있다 하겠다. 그러므로 감각동사의 구조는 다음과 같다고 생각할 수 있을 것이다.

(5)

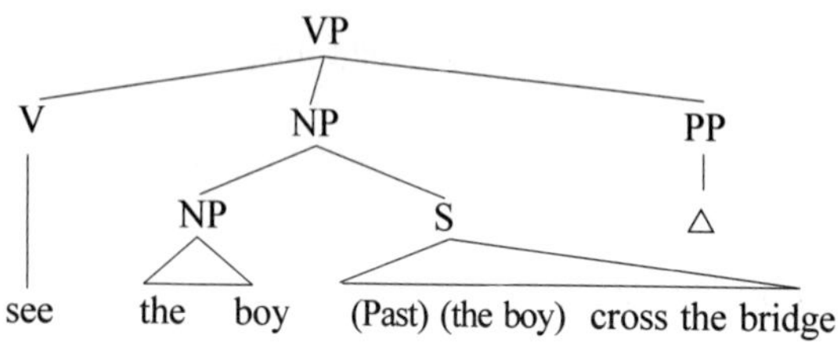

즉, 감각동사의 목적어인 NP는 [NP S]라는 구조가 되지만 이것이 관계사절로 되지 않고 *cross the bridge*가 PP의 위치로 옮겨져 (1)의 a.가 되었다고 풀이된다. 보어의 위치라면 보어 표식인 *to*가 붙어야 하지만, 사역동사 *make*와 마찬가지로 감각동사의 경우에도 *to*는 자취를 감춘다.

단, 수동문에서는 *to*가 등장하게 된다(이점도 *make*와 동일하다).

(6) The boy was seen *to* cross the bridge.

(1)의 b.와 c.의 분사구의 경우, [to be crossing] / [to be burnt]에서는 *to be*가 삭제되었다고 설명된다. b.의 경우는 [NP S]를 관계사절로 하여 [the boy who was crossing the bridge]로 하고 이에 Whiz-deletion을 가하여 *the boy crossing the bridge*「다리를 건너고 있는 소년」이라고 해석해도 뜻에 별다른 차이는 없으나, 감각동사의 경우에는 보어화한 [to be crossing the bridge]에서 *to be*를 삭제한 것으로 생각해야 한다. 이것은 옛 영어의 어법으로도 증명할 수가 있다. 영역성서(英譯聖書)의 Authorized Version(1611)에 다음과 같은 문이 있다.

(7) When they saw Mary, that she rose up hastily and went out, … (*John*, 11:31)

여기서 *saw*의 목적어는 *Mary*와 *that*-절 등 두 개로 되어 있다. 우리말로는「마리아가 갑자기 일어나 나가는 것을 보고」가 되겠는데, 영어에서도 Revised Standard Version(1952)에는,

(8) When the Jews … saw Mary rise quickly and go out, …

라고 되어 있는 것을 볼 수 있다.

물적 지각은 아니지만 물적 동작을 나타내는 동사의 용법도 감각동사와 같은 유형이다. 이를테면, *catch*의 용법은 현재분사를 동반하는 감각동사와 같다고 생각된다.

(9) I caught the boy smoking a cigar.

이것도 [the boy who was smoking a cigar]라고 해석될 수 있지만, 시가를 피우고 있는 현장을 붙잡았다, 다시 말해서 *smoking a cigar*가 보어의 위치에 놓여 있는 것으로 풀이해야 되겠다.

(10) I catch you bending.

이것은 걸레질 같은 것을 하면서 무릎을 꿇고 몸을 굽힌 사람에게 뒤에서 발길로 질러버리겠다고 위협할 때 쓰는 말이므로 bending이 보어적으로 쓰인 게 분명하다.

(11) I caught the boy being cruel to my dog.

(12) They caught the tiger alive

이들도 똑같은 예문들이다. 또 *eat, drink* 등 동작동사의 경우에는 보어의 위치에 형용사가 오지만 이것 역시 목적어에 대하여 술어적인 역할을 하고 있다.

(13) The Japanese eat fish raw.

(14) He drinks his coffee black.

(15) You must serve the fish hot.

이러한 경우 목적어 [NP S]의 S가 기본문형의 PP의 위치로 옮겨진 것이라고 설명해 왔다. 그런데 보어적인 역할을 하는 것이라면 왜 처음부터 PP의 위치에 있는 것이라고 해석할 수는 없겠는가 하는 의문이 생길지도 모른다. 하지만 애초부터 보어를 요구하는 것이 바로 사역 · 작위동사였다. 따라서 이들 동사는 보어와 인과관계로 결합되어 있으므로 동사가 부정되면 보어도 부정되고 만다. 이를테면,

(16) He failed to persuade John to see the doctor.

설득하는 데 실패했다는 것은 존이 의사의 진찰을 받지 않았다는 결과를 초래한 것이 된다. 그러나,

(17) I failed to catch the boy stealing flowers from my garden.

에서는 붙잡지는 못했으나 꽃은 도둑 맞았다는 이야기가 된다. 이렇게 되는 것은 *stealing flowers* ... 는 동사의 보어가 아니라 목적어 [NP S]의 S에서 왔기 때문이다.

감각동사가 [NP S]를 목적어로 하고 있는 것은 다음 문의 경우에서도 마찬가지다.

(18) I see a lot of cars in the parking lot.

이것은 얼핏 보면 VP → V NP PP라고 생각될지 모르나 그렇지가 않다. 동사가 *put*이라면 *in the parking lot*은 보어가 되지만 *see*는 그런 보어를 필요로 하는 동사가 아니다. 따라서 이것도 (5)처럼 다음과 같은 도형으로 나타낼 수 있다.

(19)

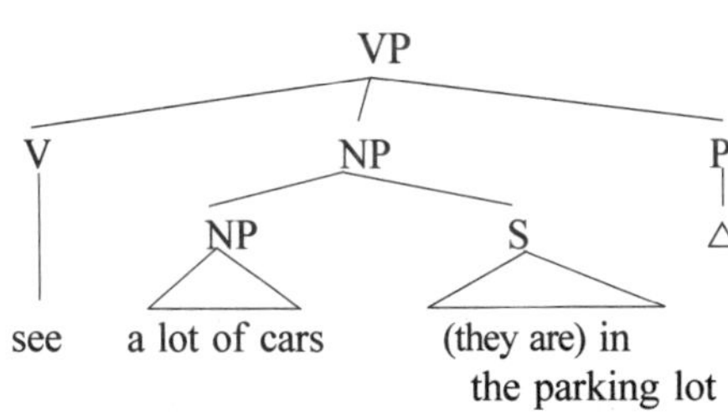

이것도 「주차장에 있는 많은 차」가 아니라 「많은 차들이 주차장에 있는 것을」 보았다는 뜻이므로 *in the parking lot*가 PP의 위치로 옮겨졌다고 풀이되는 것이다.

(20) I taste the wine in the sauce.

이것도 같은 유형의 문이다.

감각의 주체는 인간(생물)이므로 사람이 주어로 등장하는 것은 당연하지만, 사람이 수동적으로 외계의 자극을 받는 경우와, 적극적으로 감각을 발휘하는 경우의 두 가지가 있다. 지금까지 보아온 예문들은 모두 수동적인 경우로서「보인다」「들린다」「느껴진다」「냄새/ 맛이 난다」라는 뜻이었다. 그러면 능동적인 경우의 용례들을 보자.

(21) The doctor felt the pulse.

(22) She smelled the roses.

(23) She tasted the steak and then put sauce on it.

이들 목적어는 단순한 NP지만 다음 용례에서는 [NP S]를 목적어로 한다.

(24) I watched the boy jump.

(25) He *looked at* the girl playing the piano.

(26) I don't like to *listen to* other people talk.

(27) I *listened to* her playing the piano.

여기서는 *look at/ listen to*가 하나의 타동사로 그 역할을 하고 있다. 동사와 전치사의 결합이 밀접한 경우 이것을 전치사동사로 취급할 수 있겠는데, 이에 대해서는 XI장에서 설명하고자 한다.

이상은 주어가 모두 사람의 경우였으나 감각동사는 또한 물건(무생물)을 주어로 하는 경우도 있다.

(28) The steak tastes delicious.

(29) The roses smell sweet.

(30) This carpet feels soft.

여기 쓰인 감각동사는 뒤에 술어형용사를 동반하고 있어 연결동사(Vc)의 기능도 겸하고 있다고 간주된다. 그러면 이 구조를 어떻게 설명할 것인가? (28)의 「이 스테이크는 맛이 좋다(맛이 있다)」는, 자기가 스테이크를 먹고 맛이 있다는 뜻이므로 본래 *taste*의 주어는 사람이다. 단지 사람을 표면에 내놓지 않고 대신 스테이크를 주제로 내세운 표현인 것이다. 그러므로 그 구조는,

(31)

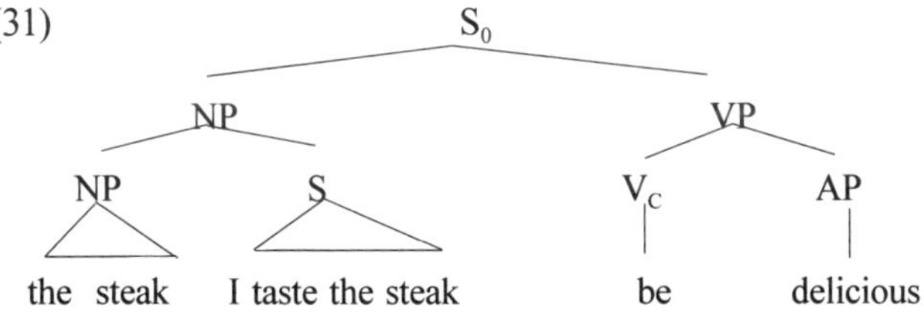

우선 [the steak]라는 기지(旣知)의 물건이 있고, 이에 대해서 [I taste the steak]라는 기술적 관계사절이 있으며, 이 *taste*로 연결동사 *be*를 대치했다. 따라서 *the steak*를 주어로 한 (28)의 문이 이루어졌다고 설명할 수 있겠다. 다른 용례도 마찬가지다.

감각동사의 용법을 살펴보면 *that*-절을 목적어로 할 때도 있다. 이 때에는 물적 지각이 아니라 심적 지각을 뜻하므로 감각동사가 아니다. 그래서 이것을 지각동사 (perceptive verb)라고 부르기로 한다.

(32) I saw that the house was no longer there.

(33) I hear that he made a gross mistake.

(34) I felt that the plan was unwise.

여기서의 *see*는「보아서 안다」, *hear*는「들어서 알고 있다」, *feel*은「…라는 느낌이 든다」라는 뜻으로 쓰여, 심적 내용이 *that*-절이 되어 목적어로 등장하고 있다. 옛 영어에는 감각과 심적 지각을 동시에 나타내는 용법이 있었음을 볼 수가 있다. Authorized Version에는,

(35) God saw the light, that it was good. (*Genesis,* 1:4)

라는 표현이 있는데, 오늘날의 영어에는 이런 어법은 없다. Revised Standard Version에서는

(36) God saw that the light was good.

라고 되어 있다.

이 *that*-절은 심적 지각의 내용을 이루는 것으로, 문의 형태를 취하고는 있지만 동사의 목적어 위치에 있으므로 NP로 취급된다. 따라서 NP가 *that*-절로 되는 경우를 공식화하지 않으면 안된다. 이것을,

(37) NP → it S

로 나타낼 수 있다. 이 *it*가 학교문법에서 말하는 예비의(preparatory) *it*, 또는 선행의(anticipatory) *it* 인데, 이 *it*가 NP의 위치에 오면 S가 그 내용을 가리키는 that-절이 되는 것이다.

즉, *that*는 문을 *it*에 관계시키는 접속사이므로 관계접속사(relative conjunction)라고 불러 두기로 한다. 전장에서 다룬 관계대명사인 *that*와 별개라고 할 수는 없다. 여기서 (34)를 택해 그 구조를 보면,

(38)

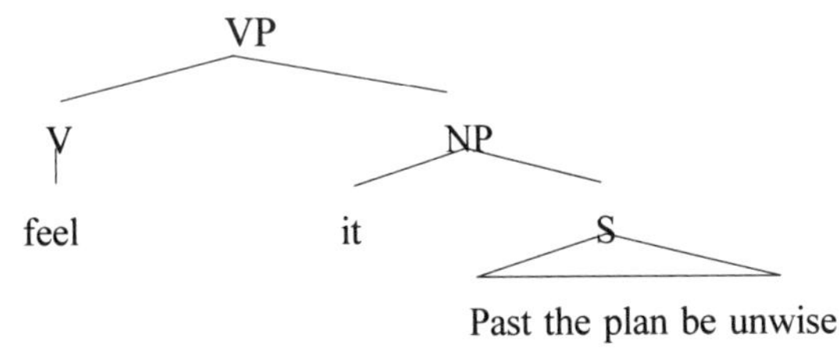

이 된다. 이 S가 관계접속사를 취하게 되면 [that the plan was unwise]가 된다. 그러고 *it*와 *that*-절은 연속된 채 공존할 수는 없어, 이때에는 *it*가 삭제된다는 일반적인 규칙을 설정할 수 있으므로, 이때에도 *it*는 삭제되어 (34)의 문이 이루어진 것이라고 설명할 수 있다. 따라서 표면상으로는 *that*-절이 동사의 직접목적어가 되어 있는 것이다.

That-절은 심적 지각의 대상이 되어 있는 사항을 나타내지만 다른 구조로도 같은 사항을 나타낼 수 있다. 이를테면,

(39) I felt the plan to be unwise.

이것은 (34)와 실질적으로는 같은 뜻이다. 다른 점이 있다면 *that*-절의 경우에는 지각한 내용을 기술하는데 중점을 두지만, 부정사구의 경우에는 지각작용에 중점을 두고 있다는 것이다. (39)의 구조는 (34)의 구조에서 파생한 것으로 *the plan*이 *it* 대신에 들어가 *feel*의 직접목적어 위치에 등장하고 나머지 *be unwise*가 보어표식인 *to* 를 취하여 보어 (PP)의 위치를 차지한 것으로 풀이된다. 이런 파생구문은 다음 장에서 취급하게 될 사고동사에서도 흔히 볼 수 있는 현상이다. 지각동사의 예를 첨가하면,

(40) All the members recognized that he was their representative.

(41) All the members recognized him as their representative.

(42) All the members recognized him to be their representative.

(40)은 전원이 「그가 대표자라는 것을 인정하였다」는 것, (41)은 전원이 「그를 대표자로 안정하였다」는 것이므로 *him*이 *recognize*의 직접목적어, as their representative는 보어가 되어 PP라고 간주된다. 즉, (41)은 [V NP PP]라는 구조이다. 이와는 대조적으로 (42)의 *to be their representative*는 같은 의미의 보어라고 할 수는 없다. [him to be representative]가 하나의 문과 같은 통일성을 나타내고 있어 이 구조의 파생을 생각하면 이해가 갈 것이다. (42)는 (40)과 (41)의 중간적인 뜻이 된다고 볼 수 있을 것이다.

주의할 것은 (32), (33)과 같은 문을 부정사구의 구조로 바꿀 수 없다는 것이다. 여기서는 *that*-절의 사실성이 강하기 때문이다. 사실성이 두드러지지 않는 *that*-절을 취하는 사고동사의 경우에는 부정사구문으로의 전환이 용이하다. 이에 관해서는 다음 장에서 설명하기로 한다.

본장에서는 *that*-절이 NP의 위치에 온다는 것을 설명하고, NP → it S 라는 전개규칙을 첨가하였다. 따라서 NP의 전개규칙은 다음과 같이 확충되어 버렸다.

$$(43)\ \text{NP} \rightarrow \left\{ \begin{array}{l} \text{(Det) N} \\ \text{NP S} \\ \text{it S} \end{array} \right\}$$

V

지각동사(知覺動詞)와 사고동사(思考動詞)

전장에서 설명한 바와 같이 심적 지각의 동사는 지각된 내용을 *that*-절로 표현한다. 그리고 *that*-절의 내용은 주어나 또는 말하는 사람에 의하여 사실성을 인정받고 있는 사항이다.

(1) He realized that he had made a gross mistake.

(2) I learned that he was the house detective.

(3) I found out that he was an ex-convict.

(4) He forgot that you were coming

(3)의 구동사(句動詞) *find out*은 [사실을 알다] 또는 「꿰뚫어본다」라는 뜻으로, *that*-절로 표현된 내용의 사실성이 전제되어 있다. (4)의 *forget*는 부정적인 뜻을 갖고 있지만 「당신이 온다」라는 사항은 화자에 의해 이미 전제되어 있는 사실이다. 이러한 사실은 부정문이나 의문문에 있어서도 마찬가지다.

(5) John didn't realize that Mary was rich.

(6) Did you hear that Mary was killed in a traffic accident?

문의 주어는 *that*-절의 내용을 모르고 있을지라도 화자는 이미 그 사실을 알고 있다. 객관적인 진위의 여부는 말고라도, *that*-절의 내용은 이미 사실로서 인정되어 있는 것이다.

또 전장에서 *that* 절에서 파생한 직접목적어 + 부정사구라는 구문이 있어 이것을 *it*-대치에 의한 것이라고 말한 바 있다.

(7) I understand that he is willing to help.

(8) I understand him to be willing to help.

(7)은 *that* 절의 내용을 알고 있다는 뜻인데 반하여, (8)은 「내가 아는 바로는 그가 기꺼이 도와줄 것 같다」 정도의 뜻으로 다소 의미의 초점이 다르다 하겠다. (8)의 경우는 내용의 사실보다는 이해작용에 더 중점이 놓여 있다.

(9) I found that the cage was empty.

(10) I found the cage to be empty.

(11) I found the cage empty.

(9)는 새장에 있는 새를 보러 갔다가 「새장이 비어 있다」는 사실을 알았다는 것이고, (11)은 「새장을 보니」 비어 있었다라는 직접적인 지각을 나타내는 경우이고, (10)은 그 중간에 드는 경우여서 양쪽으로 다 해석할 수 있을 것 같다. 여하간 *that*-절의 내용은 발견된 사항이지 미리부터 전제되어 있는 사실은 아니다. (11)과 유사한 표현으로 형용사인 *empty*의 위치에 분사나 전치사구가 쓰이는 경우도 있다. 그 용례를 들면 아래와 같은 것들이다.

(12) I found my wallet stolen.

(13) I found the paper missing.

(14) He found his wife not at home.

이들 문에서의 직접목적어는 눈앞에 있는 것이 아니므로 *find*는 감각동사가 아니다. (9)~(11)에서 설명한 *find*와 마찬가지로 *to be*가 생략된 것이라고 설명할 수 있을 것이다. 그러나

(15) I found the boy studying in the library.

에서는 감각동사라고 볼 수도 있다. 이때에는 전장에서 다룬 *I saw the boy crossing the bridge*와 동일하게 풀이할 수 있다.

이상, 지각동사의 용법을 고찰해 보았는데, 이와 동일하게 *that*-절을 거느리는 동사에 사고동사(ideative verb)가 있다. 이 동사의 특성은 *think, suppose, believe* 등에 잘 나타나 있다. 목적어인 NP가 [it S]라는 것은 지각동사와 다를 바 없으나, 이 S는 주어의 사고 내용을 나타내고 있다. 이를테면,

(16) I think (that) Mary is intelligent.

(17) I believe (that) John is the man for the job.

(18) I expect (that) he will win the election.

이들 문에서 *that*를 괄호 안에 넣은 것은 *that*가 생략되는 수가 많기 때문이다. 이 접속사는 지각동사의 경우에도 흔히 생략이 되지만 사고동사의 경우도 구어에서는 일반적으로 생략된다. 그것은 *that* 절이 사고동사의 내용이라는 의식이 약하여 그 만큼 종절(從節) 그 자체의 독립성이 강하기 때문이라고 생각된다. 이러한 사실은 이 종절이 주절이 될 수 있다는 사실로 보아도 알 수 있다. (16), (17)은,

(19) Mary is intelligent, I think.

(20) John is the man for the job, I believe.

라고 표현할 수도 있으며, 이렇게 되면 본래의 주절은 부가적인 설명(comment)이 되어 버린다. 같은 *believe*라도 다음과 같은 경우에는 종절을 주절로 바꾸지 못한다.

(21) I believe that there is a God.

여기서는 적극적인 자기의 신념을 나타내며 *that*-절에 표현된 내용의 사실성을 말하고 있으므로 (20)에서와 같은 가벼운 설명의 사고동사가 아니다. (또 이것을 *1 believe there to be a God라고 부정사화 할 수도 없다.)

일반적으로 사고동사는 능동성이 약하므로 수동형으로 바꾸었을 때의 주어로는 예비의 *it*를 사용하며 *that*-절을 주어로 쓰지는 않는다.

(22) It is thought that Mary is intelligent.

(23) *That Mary is intelligent is thought by me.

사고동사는 [it S]를 목적어로 하는 타동사지만 주어와 목적어와의 대립이 약하여, (23)과 같은 수동형을 만들 수는 없다. 이것은 *that*-절을 다른 대용형(代用形)으로 바꿔 나타내는 경우에 *It*가 아니라 *so*를 쓴다. (*l think so / I believe so*)는 것을 보아도 알 수 있다(물론 (21)과 같은 경우에는 *I believe it*가 되어 *think*도 *it*를 취할 수 있다. 뒤에서 설명함). 또 *that*-절의 부정적 대용형으로는 단지 *not*(I think not / I believe not)만으로도 족하다.

사고동사의 보통용법이 일반 타동사와 다른 점을 도형으로 나타내면 다음과 같이 될 것이다.

(24)

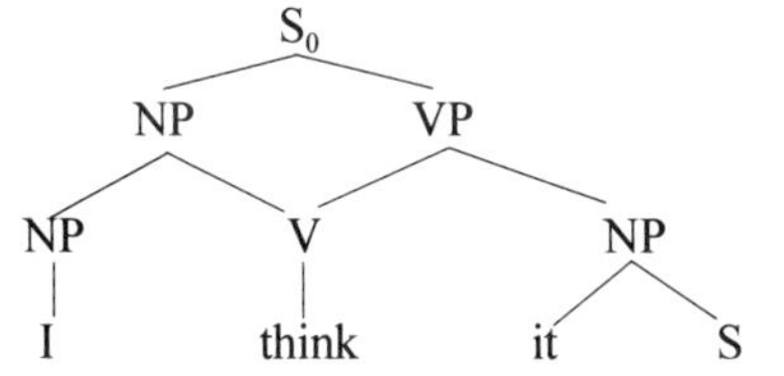

즉, 사고동사는 타동사적 성질이 약하기 때문에, 일반 타동사처럼 목적어가 한 단계 아래 있는 것이 아니라 주어의 NP와 목적어의 NP가 같은 계층에 놓이게 된다. 따라서 사고동사의 경우에는 목적어라고 하기 보다는 보어이며, 이러한 사실은 대용형인 *so*에서도 볼 수 있고, *seem*이라는 사고동사의 용법에서도 볼 수 있다.

말할 것도 없지만 *seem*은 반드시 비인칭의 *it*을 주어로 하며 *that*-절을 뒤에 거느린다.

(25) It seems (to me) that Mary is intelligent.

이 구조는 다음과 같이 된다.

(26)

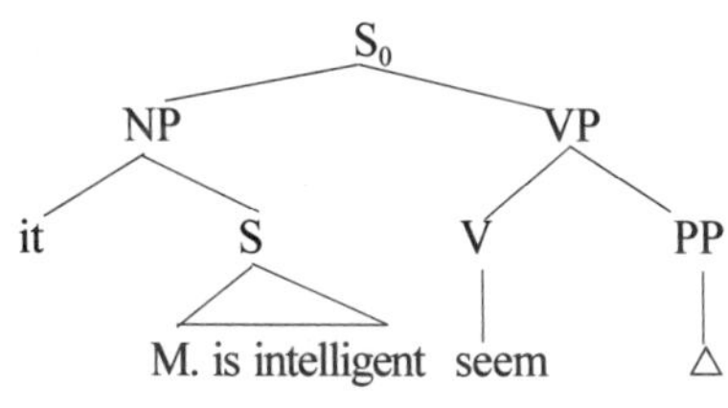

종절의 S는 반드시 seem의 보어의 위치로 옮겨진다. 이 *It seems*와 (22)의 *it is thought*는 같은 성질이라고 간주된다. 본래는 *think*도 *seem*과 마찬가지로 비인칭 동사였으며, 지금도 *methinks, methought* 등에서 그 흔적을 볼 수 있다.

사고동사에서는 부정사의 이동 현상을 볼 수 있다.

(27) a. I think Bill didn't leave.

b. I don't think Bill left.

a.와 b.는 같은 뜻이지만 a.의 경우는 다소 자신이 있는 표현이고, b.의 경우는 그다지 자신이 없다는 어감을 풍기고 있다. 그러나 지적 의미에는 차이가 없다. 사고내용은 *Bill didn't leave*이지만 이 *not*를 주절로 옮겨갈 수도 있는 것이다. 이것은 (24)에서 본 바와 같이 주절과 종절이 수평화되어 있기 때문이라고 설명할 수 있겠다.

문 중에서의 부정사(Neg)의 위치는 NP와 VP 사이에 놓인다. NP에 대하여 VP로 긍정 진술하는 것이 긍정문이고, NP에서 VP를 거부 배척하는 것이 부정문이기 때문이다. 따라서 부정문의 구조는 다음과 같이 나타나게 된다.

(28) $S_0 \rightarrow$ NP Neg VP

(27)의 예문은 우리말로 a.「빌이 떠나지 않았다고 생각한다」 b.「빌이 떠났다고는 생각하지 않는다」라고 해석할 수 있지만, 다음에서는 b.를 직역할 수 없을 것이다.

(29)a. I believe that John will not leave until tomorrow.

b. I don't believe that John will leave until tomorrow

(30)a. His father thinks that tutors are not necessary at all.

b. His father doesn't think that tutors are necessary at all.

위의 *until tomorrow*나 *a all*은 a에서처럼 동일문 중의 부정사와 관련되는 것인데, 이 *not*가 b에서는 주절 쪽으로 이동하고 있다. 사고동사에서는 이런 현상이 가능한 것이다.

사고동사의 특이성은 부가의문(tag question)에서도 볼 수 있다. 이것도 주절과 종절과의 수평화를 토대로해서 설명할 수 있는 것이다.

(31) I suppose the Giants won, didn't they?

보통의 부가의문은 문을 의문형으로 하고, 긍정과 부정을 반대로 해서 만들게 된다. *I suppose*가 주절이면 부가의문은 *don't I?*가 될 것이다. 그러나 실지로는 *didn't they*라고 되어 있는데 그것은 *the Giants won*이 주절로 간주되어 있기 때문이다. 이와 마찬가지로,

(32) a. I suppose the Giants didn't win, did they?

b. I don't suppose the Giants won, did they?

두 문 중 b.에서는 부정사가 이동하고 있으나 부가의문에는 아무런 영향도 미치지 못하고 있다.

That-절 대신에 *so*가 쓰이는 경우에도 부정사의 이동을 볼 수 있다. 다음 두 문을 비교해 보자.

(33) Max believes that John will come back soon and I believe so, too.

(34) Max believes that John won't come back until later and I don't believe so, either.

위에서 (33)은 긍정문이므로 문제가 없으나 (34)의 *I don't believe so, either*는 (33)과 마찬가지로「나도 그렇게 생각한다」라는 뜻이다. 여기서는 *that*-절 대신에 *so*를 쓰고 있으나 부정사의 이동이 있기 때문에 *I don't believe so*가 되며, 이것이 부정문이므로 *too*가 아니라 *either*가 된 것이다.

전장에서 지각동사의 구문이 지각내용보다도 지각작용에 중점을

두는 경우에는 *that*-절이 직접 목적어 + 부정사구의 구조로 전환된다는 말을 하였다. 이 같은 현상은 사고동사의 경우에도 나타난다.

(35) I think (that) Mary is intelligent.

(36) I think Mary to be intelligent.

(37) I think Mary intelligent.

이들 문구조의 연관관계가 *it*로의 대치 또는 *to be*의 생략으로 설명된다는 것은 전장에서 언급한 바와 같다. 또 Tns에 대해 설명한다면, (35)에서는 주절이나 종절이 모두 현재로 되어 있는데, 이때에는 Pres *be*를 *to be*로 대치하면 된다. 주절이나 종절의 Tns가 모두 과거인 경우에도 마찬가지다.

(38) Most people supposed he was innocent.

(39) Most people supposed him (to be) innocent.

다음, 주절이 현재이고 종절이 미래인 경우인데, 영어동사에는 그 자체로써 미래시제를 나타내는 형태는 없고 *will*로써 나타낸다.

(40) I expect you will look after John.

(41) I expect you to look after John.

이것도 *will*을 *to*로 바꾸면 된다.

(42) I expected the doctor would examine John.

(43) I expected the doctor to examine John.

(42)는 *expected*가 과거시제이고, 종절의 *would*도 과거시제이므로, 이때에도 *would*를 *to*로 바꾸면 된다.

(44) I believe John has convinced Bill.

(45) I believe John to have convinced Bill.

(44)의 종절은 완료형이지만 시제는 주절과 같이 현재형이다. 양쪽의 시제가 같은 경우에는 완료형의 부정사화는 (45)에서처럼 *to have* + 과거분사가 된다.

문제는 주절과 종절의 시제가 다를 경우이다.

(46) I suppose the man was on the scene.

(47) I suppose the man to have been on the scene.

(46)의 주절은 현재, 종절은 과거이다. 이러한 상황하에서는 종절의 부정사화는 완료형의 경우와 마찬가지로 *to have* + 과거분사가 된다. (47)이 바로 그런 경우이다. 현재완료형에서 온 (45)의 *to have* + 과거분사와 꼭 같다.

다음 주절의 주어와 종절의 주어가 같은 사람을 가리키는 경우를 보면,

(48) Rocky expects that he will win the election

(49) Rocky expects himself to win the election.

이 되어 재귀대명사(reflexive pronoun)가 쓰이고 있다.

(50) Rocky expects him to win the election.

이 되면 *Rocky*와 *him*이 서로 다른 사람으로 되어 버린다. 하나의 단문 안에서 주어와 목적어가 같다는 것을 나타내려면 재귀대명사를 목적어로 쓰는 것이 일반적인 규칙이다.

또 (49)와 (50)과는 달리

(51) Rocky expects to win the election.

이라는 표현도 있다. 이 부정사구의 의미상의 주어는 문주어인 *Rocky* 지만, (49)의 문이「로키는 선거에서 승리하리라 믿고 있다」라는 뜻인데 비하여 (51)은「선거에서 이길 생각이다」라는 뜻으로 그 뜻하는 바가 같지 않다. 이 *expect*는 사고동사가 아니라 'intend' 정도의 뜻을 가지는 정의동사(情意動詞, emotive verb)인 것이다. 사고동사 *think*도 같은 용법으로 쓰이는 경우가 있다.

(52) He thinks to win the election.

이 *think*도 'intend'라는 뜻인 정의동사로 쓰이고 있는 것이다. 정의동사에 관해서는 Ⅷ장에서 설명하겠지만, (51), (52)의 구조는 (49), (50)의 구조와는 다른 것이다.

지금까지의 용례에 동사의 완료형이나 진행형이 등장했는데, 이런 형태의 시제를 이루는 조동사 *have*와 과거분사, 조동사 *be*와 현재분사의 구조에 관해 언급이 있어야 하겠다. 조동사(Aux)는 V의 확충이라고 볼 수 있으므로, 우선

(53) V → Aux V

라는 규칙을 세울 수 있을 것이다. 또 Aux는

(54) Aux → (have-en) (be-ing)

라고 바꿔 쓸 수가 있다. 이 *-en*과 *-ing*는 뒤에 오는 V와 결합하여 V-en(과거분사), V-ing(현재분사)가 된다는 약속이다〈자세한 것은 XIII장으로 미룬다〉.

본장에서 다룬 종절을 부정사구로 바꿀 때의 규칙으로 말하자면, 주절과 종절의 시제가 같을 경우에는 종절의 주어를 주절의 목적어 위치로 옮겨놓은 다음 종절의 Tns를 *to*로 바꾸는 (Tns → *to*) 전환의 규칙을 세운다. 또 주절이 현재며 종절이 과거인 경우에는 종절의 Tns → *to have-en*이 된다. 미래는 법조동사(modal auxiliary)인 *will*/*would*로 나타내는데, 영문법에서는 미래시제라는 Tns는 없고 *will*과 *would*가 각각 Pres와 Past라는 Tns가 된다. 부정사구전환의 경우에는 Pres나 Past로 하면 위의 규칙을 적용할 수 있다〈법조동사에 관한 자세한 설명은 XIII장으로 미룬다〉.

Ⅵ

사고동사(思考動詞)와 인식동사(認識動詞)

비인칭동사 *seem*에 관해서는 이미 전장에서 다룬 바 있는데 이것도 앞서 설명한 사고동사와 동일하게 전환될 수 있다.

(1) a. It seems (that) I have caught a cold.
    b. I seem to have caught a cold.
(2) a. It seems (that) he was late for the train.
    b. He seems to have been late for the train.
(3) a. It seems (that) they will leave the city.
    b. They seem to leave the city.

이들 문에서도 *it*-대치를 볼 수 있는데, 이 *it*는 문의 주어이며, 사고동사의 경우처럼 목적어로 쓰면 *it*가 아니다. 종절의 주어를 문의 주어로 삼는 것을 주제화(topicalization)라고 한다. a.가 단지 사고내용의 표현인데 반하여, b.는 일정한 구체적 주제에 대한 진술이므로 뜻의 뉘앙스가 달라진다. 보통의 사고동사도 수동형으로 하면 *it*가 주절의 주어가 되어 *seem*의 구문과 비슷해진다. 여기서도 주어인 *it*를 종절의 주어로 바꾸는 주제화 현상이 이루어진다.

(4) a. It is thought (that) Mary is intelligent.

b. Mary is thought to be intelligent.

(5) a. It is believed (that) the window was broken by a thief.

b. The window is believed to have been broken by a thief.

사고동사의 구문에서 부정사의 이동이 가능하였듯이, *seem*의 경우에도 가능하다.

(6) a. It seems (that) John is not ill.

b. It doesn't seem (that) John is ill.

a.나 b.나 지적 의미에는 차이가 없다. 따라서 여기서도 주제화가 가능하다. 즉,

(7) a. John seems not to be ill.

b. John doesn't seem to be ill.

이라고 할 수 있는 것이다. 주어에 뒤따르는 부정의 법조동사인 *can't/couldn't*도 함께 이동된다.

(8) a. It seems (that) Judy can't comprehend economics.

b. Judy can't seem to comprehend economics.

또 *seem*은 *it*-대치 이외에 *to be*의 생략을 허용하는데, 이것도 보통의 사고동사와 그 경우가 다를 바 없다.

(9) It seems (that) John is happy.

(10) John seems to be happy.

(11) John seems happy.

(9)와 (10)은 실질적으로 같은 뜻이 된다. 다른 것이 있다면 사람을 주제로 삼느냐 않느냐의 차이 뿐이다. 그러나 (11)은 반드시 (10)과 같은 뜻이라고 할 수는 없다. 왜냐하면 (11)은 John looks happy(행복해 보인다)라는 뜻으로도 생각할 수 있기 때문이다. 이렇게 되면 *seem*은 사고가 아니라 외형을 말하고 있는 것이므로 기능변화를 일으켜 *look* 처럼 외견동사가 되고, 따라서 뒤에 직접 AP를 취하는 일종의 연결동사(Vc)라고 풀이하게 된다. 이와 마찬가지로 *appear* 또한 사고동사적으로도 쓰이고 외견동사적으로도 쓰인다.

(12) It appears that he is very old.

(13) He appears to be very old.

(14) He appears very old.

(12)는 사고동사적, (14)는 외견동사적, (13)은 중간적으로 쓰인 용례라고 볼 수 있다.

(11)의 *seem*은 의미론적으로는 외견동사로 분류되고 문법적으로도 그러한 기능을 가진다고 이해되지만, 발생론적으로 보면 (10)의 *to be*의 생략에서 온 것이다. 그렇다면 *to be*는 어떤 경우에 생략되는가? 그것은 *be* 뒤에 오는 AP나 NP가 주관적인 평가를 내포하는 경우라고 말할 수 있다. 지금까지의 예문이 모두 그러하다. 이에 반하여 객관적인 것을 진술할 경우의 *to be*는 생략되지 않는다. 예를 들면,

(15) The baby seems to be sleeping.

(16) He seems to be a doctor.

의 경우에는 *to be*를 생략할 수 없으나,

(17) He seems a good doctor.

처럼 주관적인 평가가 내포되면 *to be*를 생략할 수 있다.

(18) The patient seems (to be) asleep.

위에서 말한 이유를 토대로 하면 *to be*를 생략할 수 없지만 문법서에 따라서는 생략이 인정되기도 한다. *There seems to be*(It seems there is에서)라는 표현 방식에서도 *to be*는 생략될 수 있는 것 같다. 이를테면,

(19) There seems (to be) every hope that business will get better.

이 *be*는 존재를 뜻하는 본동사지만, 마치 *there*를 주어로 하는 연결동사처럼 다루어지고 있다.

위에서 본 바와 같이, 사고동사의 목적어인 *that*-절이 연결동사 *be*를 수반하는 구문인 경우 이것은 부정사구 구문으로 전환될 수 있다 하겠다. 이런 현상이 가능한 까닭은 주어에 관해 언급하는 형용사나 명사가 다소간의 차이는 있지만 주관적인 내용을 담고 있기 때문이다. 만일 *that*-절이 객관적인 내용을 가지게 되면 부정사구구문으로의 전환이 이루어질 수 없게 된다. 예를 들면,

(20) John thinks that Harry likes artichoke hearts.

(21) I believe that Smith goes there Sundays.

여기에서 쓰인 *think*나 *believe*는 understand 정도의 뜻이다. 이렇게 객관적인 내용을 담은 *that*-절의 대용형은 *so*가 아니라 *it*인 것이다.

(22) Harry believes Oswald killed Kennedy and John believes *it,* too.

(23) If this did not happen to me, I would not have believed *it.*

(24) Every child says "I hate you" to a parent (or thinks *it*) at some time or another.

(24)의 *it*는 앞에 오는 "I hate you"를 가리키는 대명사다.

같은 *believe*라 할지라도 단순한 사고동사인 경우에는 능동성이 약하므로 수동형으로 바꾸면 주어는 *that*-절이 아니라 *it*가 된다는 것은 이미 설명하였다.

그러나 *that*-절의 객관성이 강한 경우에는 *that*-절이 주어가 될 수 있다.

(25) That Mary is not happy is believed by them.

(26) That Mary is happy is not believed by them.

여기서는 사고하는 사람의 능동성이 확실하므로 *by them*이라는 동작주가 나타나 있다. 또 (25)나 (26)에서도 *that*-절이 사실의 표출이므로 부정사의 유무에 따라 뜻이 달라진다. 능동성이 약한 *believe*나 *think*에서 볼 수 있는 부정사의 이동현상은 이 경우에는 일어나지 않는다.

사고동사의 능동성이라면 *consider*나 *imagine*이 좋은 예가 될 것이다. 이들은 사실성이 강한 사항을 대상으로 할 때 *that*-절을 목적어로 취하지만, 주관성이 강한 사항에 대해서는 부정사구구문이나 *to be*의 생략을 택하는 경향을 보인다. 우선 *that*-절의 예를 들면,

(27) I consider that she has acted disgracefully.

(28) He imagines that people don't like him.

이것이 연결동사 *be*를 취하는 *that*-절이면,

(29) a. We consider that he is a genius.

b. We consider him to be a genius.

c. We consider him a genius.

이들 a. b. c.는 같은 뜻이 되지만 *consider*의 능동성이 점차 강해지고 있다. 이것이 한 걸음 더 나아가면,

(30) We consider him *as* a genius.

가 된다. 이렇게 되면 *consider*는 regard처럼 「간주한다」라는 뜻이 되어 *as a genius*라는 PP를 보어로 하게 된다. (30)에서는 *consider*가 기능변화를 일으킨 것이라고 보아야 한다.

다음 *imagine*에 대해서도 같은 말을 할 수 있다.

(31) a. I imagined that she was beautiful.

b. I imagined her to be beautiful.

c. I imagined her beautiful.

(32) I imagined her as a beautiful woman.

사고동사 중에서 주로 사실에 대한 지식을 나타내는 것에 *know*가 있다. *know*는 지각동사와 사고동사의 성격을 함께 갖추고 있는 특수한 동사로, 이것을 인식동사(cognitive verb)라고 부를 수 있을 것이다. 이 동사가 *that*-절을 목적어로 취할 때 이것은 화자가 이미 인지하고 있는 사실을 나타낸다.

(33) I know that Mary is married.

(34) He doesn't know that Mary is married.

(35) I didn't know that Mary was married.

(33)에서는 화자와 문주어가 동일인이므로 *I don't know that Mary is married라고 할 수는 없다. 자기가 전제하고 있는 사실을 자기가 모른다고 할 수는 없기 때문이다. (34)에서는 문주어가 화자가 아니고, (35)에서는 과거의 시점에 관한 일이므로 부정문이라도 모순은 없다. 인식동사 *know*에 붙는 *that*-절에서 부정사가 이동하는 일은 없다. 위에서 *I don' t know* that Mary is married는 있을 수 없다고 말했으나, 이 *I don't know*가 'I am not sure at all'이라는 뜻인 경우에는 이러한 구문이 가능하다. 단 이때에는 이미 인식동사라 할 수는 없다.

that-절은 인식된 사실의 내용을 나타내는 것이므로 주어로 쓰일 수가 있다.

(36) That Mary is married is known *by* everyone.

그러나 다음과 같이 쓰이는 것이 더 보편적이다.

(37) That Mary is married is known *to* everyone.

이때에는 인식의 주체성이 약해져서 *by everyone*이 *to everyone*이 되었다고 생각된다. 이것이 한걸음 더 나아가서 인식의 주체가 문제시 되지 않는 경우에는 *that*-절은 주어로 쓰일 수가 없게 된다.

(38) It is known that water is composed of hydrogen and oxygen.

이러한 용법은 지각동사의 경우에도 볼 수 있다.

(39) It was seen that the plan was useless.

사고동사 *think*와 인식동사 *know*의 용법을 비교해 보면 몇 가지 차이점을 발견하게 된다. 우선 의문사를 내포하는 문을 보면,

(40) *What* do you think you have to do?

(41) Do you know *what* you have to do?

의문사 *what*는 양쪽에서 다같이 *do*의 목적어로 쓰이고 있지만, (40)에서는 문두에 나와 있다. 부정사의 이동이 가능한 것처럼 *think* 뒤에 놓여진 *that*-절이 주절과 동열에 있으므로(V (24)의 도형 참조) 문두에나섰다고 설명할 수 있겠다. (41)에서는 *that*-절이 목적어이므로 그 안에서 의문사가 선행한데 지나지 않는다. 아래와 같은 비교도 같은 현상이라 하겠다.

(42) *Who* do you think he is? - Do you know *who* he is?

(43) *I think who he is. - I know who he is.

(44) *Do you think whether he is coming? - Do you know whether he is coming?

(45) *I think whether he is coming. - I know whether he is coming.

또 *that*-절의 대용형은 *so*였으나 어떤 물음에 대한 답으로 *know*가 쓰이는 경우에는 다음과 같이 된다.

(46) A: There's going to be a holiday tomorrow.

B: I know. 또는, I know that (already).

즉, 목적어 없이 쓰거나, 또는 *that*를 목적어로 쓴다.

한편 *know*는 사고동사로서의 성질을 가지고 있어서 직접 목적어 + 부정사구라는 구문을 이루기도 한다.

(47) a. I know that she is a liar.

b. I know her to be a liar.

a.의 *that*-절은 화자의 주관적인 판단을 나타내고 있으므로 b.로의 전환이 가능하다고 설명될 수 있을 것이다. 다음의 예문도 같은 용법을 보여주고 있다.

(48) Soames knew her name to be Marjorie Ferrar.

*Know*의 경우는 뒤에 오는 *to be*를 생략할 수가 없다. 옛 영어에는 직접목적어 + *that*-절이라는 구문이 있기도 했다.

(49) [AV] I knew thee that thou art an hard man. (*Matt. 25:24*)

[RSV] I knew you to be a hard man.

[AV]의 구조는 Ⅳ(7)과 동형이다. 즉, 지각동사의 용법과 유사하다. 또한 *know*에는 다음과 같은 용법도 있다. 과거의 경험을 되돌아보는 경우로서 현재완료형이 쓰이는 경우다.

(50) I *have* never *known* a man (to) die of love, but I *have known* a disappointed lover (to) lose weight.

(51) *Have* you ever *known* her (to) lose her temper?

부정사의 *to*는 생략할 수도 있다. 그러나 수동문에서는 *to*를 절대로 생략하지 못한다.

(52) She has never been known to lose her temper.

이런 경우는 부정문으로 쓰이는 것이 보통이다. 이 구문은 감각동사인 *see*나 *hear*가 경험을 나타내는 경우에 다음과 같은 구조를 취하는 것과 같은 계열이라고 간주된다.

(53) a. I have never seen him smile.

b. He has never been seen to smile

(54) a. I have never heard him sing a song.

b. He has never been heard to sing a song.

이 seen이나 heard의 용법과 위의 *known*의 용법은 같은 계열의 것이다.

지금까지 보아온 지각 · 사고 · 인식 등 여러 동사는 모두 목적어로 [it S]인 NP를 취한다. 이 *it*와 *that*-절은 특별한 경우(Ⅷ의 (21) 참조)를 제외하고 *it that* ... 처럼 접속해서 나타나는 경우는 없지만 *that*-절이 후치되는 경우에는 당연히 *it*가 남게 된다. 주어로 쓰인 *it*의 예는 (38), (39)에서 볼 수 있다. 목적어로서는,

(55) I believe *it* with difficulty *that* John has convinced Bill.

(56) I think *it* a pity *that* you shouldn't try harder.

(57) We consider *it* impossible *that* we would get along together.

(56)과 (57)에서는 *it* 뒤에 *to be*가 생략되어 있다.

(58) I consider it foolish to interfere.

이것도 *to be*가 생략된 것이며, I consider it (to be) foolish to interfere에서 나온 것인데, 이 문은 한 걸음 더 나아가 I consider that *it* is foolish to interfere로까지 소급해 올라간다. 이 *it*는 *to interfere*라는 부정사의 선행사로서(이에 관해서는 Ⅷ장에서 설명한다), 이 *it*가 I consider [it that …]의 *it* 대신 들어간 것이므로 (58)의 *it*는 *to interfere*의 선행사이고 *that*-절의 선행사가 아니다.

이 밖에 *consider*나 *imagine*에는 동명사구를 목적어로 취하는 용법도 있다.

(59) I'm considering *hanging my job.*

NP가 동명사구(gerundive phrase)인 경우는 뒤(Ⅷ 6))에서 다루기로 한다.

사고동사의 경우는 *that*-절이 주어로 쓰이지 않는 것이 보통이라고 말했으나 다음과 같은 표현은 가능하다.

(60) That John needs medical attention seems clear.

이것이 가능한 것은 다음과 같은 파생경로에 따른 것이다.

(61) a. It seems that *it* is clear that John needs medical attention.

b. *It* seems (to be) clear that John needs medical attention.

c. That John needs medical attention seems clear.

a.의 종절에 있는 *it*가 우선 주제화되어 b.가 되고 다음에 이 *it* 대신 *that*-절이 문주어가 되었다. *that*-절은 보통 *seems*의 주어가 될 수 없지만, 위와 같은 경로를 밟으면 *seems clear*의 주어가 될 수 있는 것이다.

VII

고지동사(告知動詞)

고지동사(告知動詞, communicative verb)는 사고동사와 마찬가지로 *that*-절을 목적어로 취한다. 대표적인 *say*의 용법을 보자.

(1) He said (that) he had been ill for a week.

사고동사인 *think*나 *believe*의 경우와 마찬가지로 이 *say* 역시 능동성이 약해서 *that*는 생략되는 것이 보통이다. 또한 고지 내용을 나타내는 *that*-절은 사고내용을 나타내는 *that*-절처럼 대용형을 쓸 경우에는 *so*가 온다.

(2) "Is he going?" - "He says so?"

그러나 고지내용보다도 발설된 말 자체가 문제가 될 때에는 *it*가 쓰인다.

(3) He said he must go, and said it with a peculiar determination in his eyes.

또한 *that*-절 안에 의문사가 있는 경우 이것이 문두에 나온다는 점에서도 *think*와 그 구조를 같이 하고 있다.

(4) How old did you say he was?

수동형으로 바꾸면 *it*가 주어로 쓰인다는 점도 동일하다.

(5) It is said (that) Harry is guilty.

이것은 *That Harry is guilty is said라고는 하지 않으며, 그렇다고 능동형으로 바꾸어 They [People] say (that) Harry is guilty라고도 하지 않는게 일반적이다. 그것은 왜냐하면 주어와 목적어와의 대립이 약하기 때문이다. (5)에서도 종절의 주어를 주절의 *it*와 대치시켜 주제로 삼는 일은 흔히 있는 일이다. (5)의 *Harry*를 주제화 하면,

(6) Harry is said to be guilty.

가 된다. 다음 두 개의 예문도 같은 방법으로 설명된다.

(7) Bill is said to have worked hard.

(8) He is said to pride himself on keeping his word.

(8)에서 *himself*가 쓰이고 있는 것은 기저에 *he prides himself*의 의미가 깔려 있기 때문이다.

Say 이외의 고지동사의 용례를 보면,

(9) a. It is rumored that John is in France.

b. John is rumored to be in France.

(10) a. It is rumored that he died in Nice.

b. He is rumored to have died in Nice.

일반적으로 *rumor*는 수동형으로 쓰인다. 다음도 같은 유형이다.

(11) The passengers were all reported (to be) safe.

다음은 종절의 주어가 주절의 목적어로 전환된 경우이다.

(12) He declared both the letters to have been written by the same hand.

(13) I declare his story (to be) true.

이 *to be*의 생략은 임의적이다. 그러나 주어 *I*가 의장으로서 개회를 선언한다는 표현은,

(14) I declare the meeting open.

이며, 이때 *open* 앞에 *to be*를 갖다놓을 수는 없다. 이 경우의 *declare*는 Ⅱ장에서 설명한 작위동사에 포함되는 것인데, 작위동사의 경우는 *to be*의 생략이 의무적이다. 마찬가지로 *pronounce*를 써서 목사가 결혼의 성립을 선언하는 경우는,

(15) I now pronounce you man and wife.

라고 하여 *to be*를 쓰지 않는데, 이것은 작위동사로서의 기능을 수행하고 있기 때문이다. 고지동사로 쓰인다면 *to be*의 유무는 임의적인 것이 된다. 즉,

(16) The minister pronounced them (to be) man and wife.

고지동사 중에는 사실성이 강한 내용을 말하는 것이 있다. 이를테면 *affirm*이나 *assert* 등이 바로 이런 것이다.

(17) a. He affirmed that the statement is true.
  b. He affirmed the statement to be true.
  c. He affirmed the truth of the statement.

(18) a. The witness asserted that John is innocent.
  b. The witness asserted John to be innocent.
  c. The witness asserted John's innocence.

위의 용례 중 c.에서는 *true*나 *innocent*에서 파생한 파생명사인 *truth*나 *innocence*가 직접목적어로 쓰이고 있다. 이러한 용법은 사고동사에서는 볼 수 없는 것들이다. 위의 *assert* 대신 *think*를 써서 *The witness thought John's innocence라고 할 수는 없다. 이와 마찬가지로,

(19) a. I believe that God exists.
  b. I believe in God's existence.
  c. *1 believe God's existence

위 용례 중에서, a.는 b.로 바꾸어 발할 수 있지만 c.에서처럼 파생명사인 *existence*를 직접목적어로 할 수는 없다. 그러나 고지동사의 경우는,

(20) They announced the birth of their first baby.

(21) He protested his innocence.
  (그는 자기의 결백을 주장했다.)

에서처럼 파생명사로 목적어를 삼을 수가 있다. 사물을 객관적인 대

상으로 보고 있기 때문이다.

고지동사의 이러한 성질로 인해 *that*-절의 대용형으로 *it*가 쓰인다는 것은 쉽게 납득이 갈 것이다.

(22) John asserts that Bill is dead, and Mary asserts it, too.

사고동사에서 볼 수 있는 부정사의 이동도 여기서는 있을 수 없다. 그러므로 다음 두 문은 같은 뜻이 아니다.

(23) a. John asserts that Bill is not dead.
b. John doesn't assert that Bill is dead.

위에서 본 바와 같이 고지동사와 사고동사에는 공통점도 있지만 차이점도 있다. 또 고지동사는 *say, rumor* 등의 부류와 *declare, assert* 등의 부류로 나누어지는데, 이러한 구분은 물론 용법상의 차이에서 기인한다. 더구나 *say*에는 다음과 같은 표현도 있다.

(24) He said to hurry.

이것은 He said that I should hurry의 다른 표현인 바, *that*절을 쓸 때에는 문어적이며 구어에서는 (24)처럼 말하는 것이 보통이다. 「그는 나에게 서두르라고 말했다」라는 뜻으로 He said *to me*가 내포되어 있으며, 이 *me*가 부정사 *to hurry* 의 의미상의 주어인 것이다.

(25) He said to everybody to hurry.

여기서는 *said to everybody*라고 되어 있으므로 *to hurry*의 의미상의 주어는 분명히 *everybody*이다.

(26) He said for you to hurry.

이것은 He said (to me) for you to hurry「그는 너더러 서두르라고(나에게) 말하였다」라는 뜻으로 *for you*가 *to hurry*의 의미상의 주어가 된다. 이런 표현법으로 보아 (24)는 He said (to me), (for me) to hurry의 축약 표현이라고 생각할 수 있다. 여기서의 (to me), (for me)는 화자를 말하는 것이 분명하므로 생략된 것이지만, 이것이 만일 화자가 아닌 다른 사람인 경우에는 모두 표출되어야 한다는 것은 두 말할 필요도 없다.

(27) He said to Harry for Bill to hurry.

위에서 *say*라는 동사의 용법을 보았는데, *shout* 등도 동일한 구조를 가지고 있다.

(28) They shouted to him to jump the ditch.

(29) Tom repeated to everybody to be quiet.

이 *repeat*는 고지동사로 쓰이고 있다.

그런데 (24) 이하의 문구조는 어떠한 것인가? 이들은 모두 목적을 나타내는 부정사구를 내포하고 있다고 풀이된다.

(30) The policeman blew his whistle for the cars to stóp.

에서 *for the cars to stop*은「차들이 정지 하도록」이라는 목적을 나타내고 있다. 그리고 이 부정사구는 이미 기술한 바 있는 PP → S_0로 설명할 수 있다. 단, 목적을 나타내는 PP는 VP의 직접적인 보어가 아니라 이의 확산이라고 간주되므로,

(31) VP → VP PP

라는 전개규칙을 설정할 필요가 있다. 따라서 (30)의 구조는,

(32)

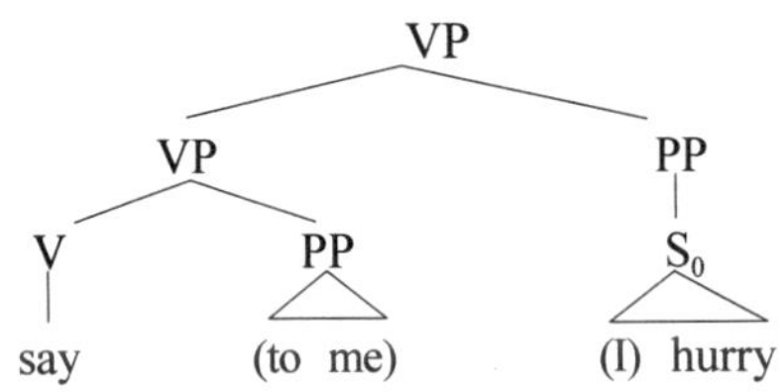

이 된다. 또 *for-to*라는 보어표식에 의하여 *for the cars to stop*이 되었다고 설명할 수 있다. 마찬가지로 (24)는 (33)의 구조를 가지며, (to me), (for me)가 생략된 것이다.

(33)

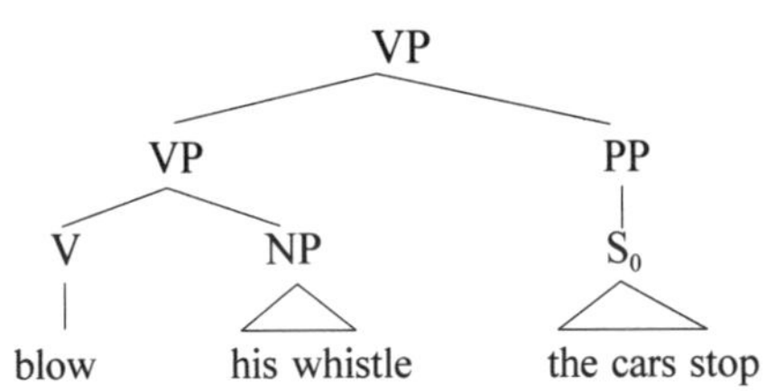

이렇게 해서 (24) 이하의 문구조는 설명이 되지만, *say*에는 다음과 같은 용법도 있다는 점을 알아야 한다.

(34) She said give this to Dick.

이 *give*를 *to give*라고 해도 뜻에 차이는 없다. 그러나 이 경우에는 *to*를 생략했다기보다는,

(35) She said to me, “Give this to Dick.”

라는 직접화법의 명령문에서 온 것이라고 생각된다. 이러한 사실은

다음과 같이 의문문이 *say* 다음에 오는 경우가 있다는 것을 보아도 알 수 있다.

(36) He said would she kindly leave him alone.

이 문을 직접화법으로 하면,

(37) He said to her. "Will [Would] you kindly leave me alone?"

이 되고, 간접화법으로 하면,

(38) He asked if she would kindly leave him alone.

이 된다. (36)은 그 중간적인, 이른바 묘사화법(描寫話法, represented speech)인 것이다. 문미에 의문부호를 붙이는 경우도 있다.

고지동사 *tell*의 용법도 일률적인 것은 아니다. 본래의 용법상으로는,

(39) I told him my name.

에서처럼 간접목적어와 직접목적어를 취한다. 이 경우의 간접목적어는 기저구조에서 PP라고 간주된다. 다음 용례에서 보는 바와 같이,

(40) He told the news *to everybody in the village.*

PP가 표면에 나와 있는 경우도 있고, *say/ shout/ explain* 등이 언제나 [to NP]를 취하는데 반해서, *tell*은 간접목적어를 취하는 경우가 많다. (39)가 바로 그러한 예지만, 직접목적어로 *that*-절이 쓰이는 경우도 있다.

(41) John told Mary that she should telephone Bill immediately.

(40)에서 보듯 간접목적어가 PP인 경우에는 이 구조가 VP → V NP PP라고 설명되지만, PP가 아닌 간접목적어가 *tell*의 바로 뒤에 왔을 때의 구조는 어떠한 것일까? 간접목적어란 본시 PP에 지배되는 NP가 직접목적어인 NP 앞으로 옮겨진 것이므로, 같은 NP라 하여도 동렬이 될 수는 없고 간접목적어가 한 단계 낮은 위치에 있다고 생각된다. 그러므로,

(42) V → V NP

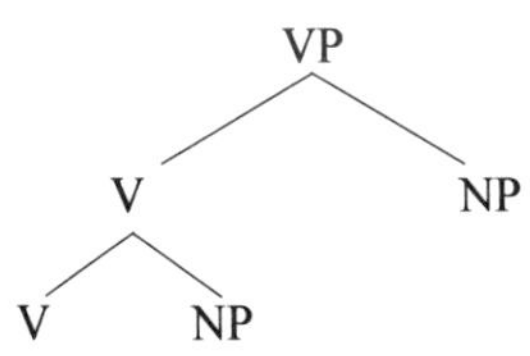

라는 구조가 된다. 간접목적어는 VP에 직접 지배되는 NP가 아니라 간접적으로 지배되는 요소라는 것이며, 동사와의 관계가 PP의 경우보다 밀접하다〈XVI(31) 이하 참조〉. 이런 점 때문에 *say*와 *tell* 사이에 용법상의 차이가 생기게 된다.

(43)a. He said (to me) (that) he'd seen you in town.

b. He told me (that) he'd seen you in town.

(44)a. He said to me, "Come to see us again."

b. *He told me, "Come to see us again."

(43)에서 *said*는 *to me*를 반드시 필요로 하는 것은 아니지만 *told*는 반드시 *me*를 필요로 한다. (44)의 직접화법에서 *said to me*는 좋지만

**told me*라고는 하지 않는다.

그런데 *tell*에는 다음과 같은 용법도 있다.

(45) John told Mary to telephone Bill immediately.

이것은 (41)과 같은 뜻이 되지만, (41)의 *tell*이「알리다」라는 고지동사인데 대하여, (45)의 *tell*은「이르다」라는 사역동사다. 사역동사는 Ⅱ장에서 말한 바와 같이 [V NP PP]의 PP가 *to*-부정사구인 경우를 말하는 것이며, 이때의 NP는 직접목적어이다. 그러므로 (45)의 *Mary*는 직접목적어라고 해석되는 것이다.

(46) I asked him his name.

(47) I asked him to do the job.

이 *ask*도 (46)에서는 고지동사「물어 보다], (47)에서는 사역동사「부탁하다」로 쓰여졌다. 그러므로 (46)의 *him*은 간접목적어, (47)의 *him*은 직접목적어라고 간주된다. 그런데 *ask*가 어떤 사람에게 무엇을 요구한다는 뜻으로 쓰이는 경우 *ask for* NP라는 표현이 있다.

(48) She asked him for advice.

이 *him*은 간접목적어라고 간주된다. 그러나 (47)의 *him*은 *to do the job*의 의미상의 주어가 되어 있으므로 직접목적어라고 풀이하지 않을 수 없다.

(49) I asked (him) that he (should) do the job.

이를 [ask for NP]의 NP → it S의 경우라고 풀이하면, [ask for it that S]

에서 *that*-절 앞에 있는 *it*와 그 전치사 *for*가 탈락하여 (49)의 문이 된 것으로 보면 된다.

(50) The policemen asked to see the license.

이것은「경관이 면허증을 보여 달라고 했다」라는 뜻이므로 부정사 *to see*의 의미상의 주어는 문주어(*ask*의 주어)와 같다. 이것은 Ⅸ장에서 다루게 될 동사의 연쇄적(連鎖的, catenative) 용법이다.

다음에 드는 *beckon*/ *motion*/ *signal* 등은 말에 의한 고지가 아니라 몸짓에 의한 고지인데, 그 용법은 아래와 같다.

(51) He beckoned (to) me to come nearer.

(52) He motioned (to) me to go out.

(53) He signaled (to) me to start.

여기에서 단지 *me*라고 하면 사역동사의 직접목적어라고 해석될 수도 있으며, *to me*라고 하면 (25)의 고지동사와 동일한 용법이 되어 버린다.

위에서 고지동사가 사역동사로 쓰이는 경우를 고찰하였는데, 반대로 사역동사가 고지동사로 기능이 바뀌는 경우도 있다.

(54) The judge ordered the sheriff to arrest John.

(55) The judge ordered the sheriff that he (should) arrest John.

(56) The judge ordered that the sheriff (should) arrest John.

(54)는 사역동사로 쓰인 *order*의 용례지만, (56)에서는 명령을 받는 직접목적어가 없다. 여기서는 *order*가 고지동사로 쓰인 것이라고 이해된다. 즉, 'issued an order that S'라고 하는 것과 동일하다. (55)는 중간

적인 단계지만, 이 *order*는 'give an order'라는 뜻으로 쓰여, *the sheriff*는 간접목적어, *that*-절은 동사 *order*의 고지내용을 나타내는 직접목적어가 되는 것이다.

본장에서 새로 추가한 확충규칙은 다음 두 개이다.

(31) VP → VP PP

(42) V → V NP

Ⅷ

정의동사(情意動詞)

정의동사(情意動詞, emotive verb) 안에 포괄되는 동사로는 *regret* / *admire* / *resent* 등의 부류와, *like* / *hate* / *want* 등의 부류가 있는데, 그 용법은 일률적인 것이 아니다. 우선 *regret* 동사를 예로 들어 보자.

(1) I regret that I cannot speak English.

이 *that*-절은 자기가 영어를 말할 수 없다는 사실을 나타내고 있으며, *regret*는 그 사실을 유감으로 생각한다는 뜻이다. 사실이라는 것을 보다 명백히 하기 위해 *the fact*를 *that*-절 앞에 놓기도 한다.

(2) I regret the fact that I cannot speak English.

또 *that*-절 대신 동명사구(gerundive phrase)를 쓸 수도 있다.

(3) I regret being unable to speak English.

이 경우에도 동명사구 앞에 *the fact of*를 첨가할 수 있다.

(4) I regret the fact of being unable to speak English.

한 걸음 더 나아가서 동명사구 대신에 *inability*라는 파생명사를 쓸 수도 있다.

(5) I regret my inability to speak English.

위의 예를 보아도 알 수 있듯이 동명사구는 NP의 역할을 하고 있다. 이것은 문이 명사화된 것이다. 여기서 다음과 같은 전개규칙을 설정할 필요가 있다.

(6) NP → S_0

즉, S_0가 명사화되면 동명사구가 되는 것이다. (3)의 VP는 다음과 같은 구조를 보여 주는데,

(7)

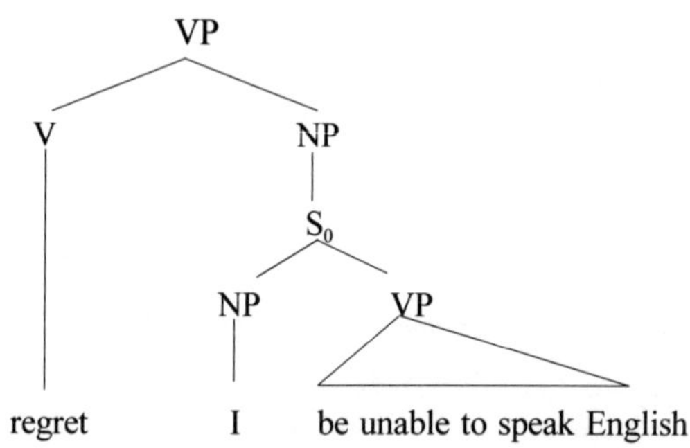

여기서 S_0를 동명사구로 전환하는 경우, 형성소(formative)는 *Poss-ing*가 된다. 즉, S_0 → NP VP에서 NP의 N에 's라는 소유격어미(possessive eding)를 붙이고, VP의 V에 동명사의 어미 *-ing*를 붙인다. 그래서 (7)의 S_0는 *my being unable to speak English*라는 동명사구가 되는데, 의미상의 주어인 *my*는 문주어와 동일하므로 삭제되어 *being unable to speak*가 되는 것이다.

(8) I regret that he is absent.

(9) a. I regret his being absent.

b. I regret him being absent.

(10) I regret his absence.

(9) a.의 동명사구에 *his*가 있는 것은 (3)과는 달리 동명사의 의미상의 주어가 문주어와 다르기 때문이다. b.에서는 이 *his*가 *him*으로 되어 있지만 이것은 *his*가 *regret*의 바로 뒤에 있어 직접목적어라는 느낌을 주고 있기 때문일 것이다. 대명사의 경우에는 *his*가 쓰이지만 보통명사나 고유명사의 경우에는 소유격이 쓰이는 경우가 드물다.

(11) I regret John being absent.

라는 표현이 *John*'s보다 훨씬 보편적이다. 이처럼 소유격이 쓰이지 않게 되면 동명사와 현재분사와의 구별이 불투명하게 된다. 영어를 모국어로 하는 사람들의 어감으로 보면 양자의 구별이 애매할지 모르지만, 우리는 문법이론상으로 보아 양자를 구별해 두어야 한다.

(12) a. I regret that I have followed his advice.

b. I regret having followed his advice.

(13) a. I regret that I didn't work harder at school.

b. I regret not having worked harder at school.

(12)의 *that*-절은 현재완료, (13)의 *that*-절은 과거시제로 되어 있으나, 동명사구로 하면 다같이 *having* + 과거분사로 되고 마는데, 이것은 부정사구의 경우와 같다. 또 *regret*에는,

(14) I regret to say that I cannot accept your offer.

처럼 부정사구를 동반하는 표현법도 있지만, 이것은 연쇄동사구로 취급하여 다음 장에서 다루기로 한다.

*Regret*의 목적어인 *that*-절 앞에 *the fact*를, 동명사구 앞에 *the fact of*를 갖다 놓을 수 있다고 말했는데, 이 구조는 NP의 확산으로 보아 다음과 같이 나타낼 수 있다.

(15) NP → NP PP

여기에서 PP는 *the fact*의 내용을 설명하는 것이다. 관계사절의 경우에는 선행사가 실체명사인 것이 원래의 모습이지만, *fact*처럼 그 자체가 실체명사가 아닌 것은 보어로서 PP를 취한다. (2)와 (4)의 구조는,

(16)

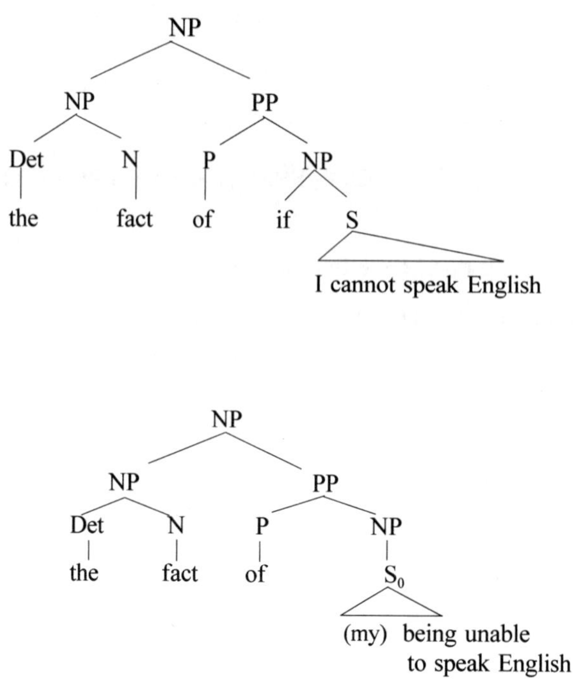

전자에서는 S가 *that*-절이 되어 *it*가 삭제되었고, 이에 따라 *of*도 삭제되어 *the fact that* ...가 등장했다고 설명할 수 있다.

다음 *admire* 의 용례를 보면,

(17) Everybody admires his courage.

(18) I admire him for his bravery.

(19) I admire John's [John] trying so hard.

에서처럼 여러 형태의 목적어를 취한다. (19)에서는 동명사구(NP → S_0)가 목적어로 되어 있으나 뜻의 초점은 동명사 즉 동작을 나타내는데 있다. (17)에서 그의 용기가 admire의 대상인 것처럼 (19)에서는 그의 노력이 칭찬을 받고 있다. 따라서 여기서는 *that*-절을 쓸 수 없다. 그러므로

(20) *I admire that John tries so hard.

는 문이 아니다. 그러나 *that*-절 앞에 *it*를 놓아서,

(21) I admire *it* that John tries so hard.

라고 할 수는 있다. 이미 설명한 바와 같이 *that*-절이 사고내용이나 고지내용을 나타내는 경우 이에 직접 선행하는 예비의 *it*는 삭제된다. (21)의 *it*가 삭제되지 않은 것은 예비의 *it*가 아니기 때문이다. 예비의 *it*는 NP → it S의 *it*였다. 그러나 (21)의 *it*는 XIX장에서 논할 장면의 *it* (situation *it*)인 것이다. 이것은 그 상황에서 문제가 되어 있는 것을 막연하게 나타내는 낱말로서 'what is in question'이라는 뜻이 된다. 이 *it*는 그 자체가 NP이며, *that*-절은 그 내용을 설명하는 것으로 되어 있

다. (16)에서 *the fact*라는 NP가 PP를 취한다고 말했는데, 이 *the fact*가 막연한 장면의 *it*로 된 것이라 이해하면 되겠다. (15)에서 제시한 것처럼 NP → NP PP라는 구조이므로 그 자체가 NP인 *it*는 삭제할 수 없는 것이다.

Resent 라는 동사에 대해서도 같은 말을 할 수 있다.

(22) He resented my remarks.

(23) He resented my being here.

(24) I resent being ridiculed.

(25) John resents *it* that people are always making fun of him.

좋고 싫은 것을 나타내는 정의동사에 있어서도 같은 형태의 용법이 있다. 우선 동명사구를 목적어로 하는 경우,

(26) I don't like John doing that.

(27) I hate people getting to the theatre late.

(28) He loves playing piano.

(29) I dislike Bill staying so late.

(30) I dislike being spoken to like that.

(31) He detests people laughing when he himself perceives no joke.

(32) He detests having to get up early.

이들 동사도 *it*와 *that*-절을 동반할 수 있다.

(33) I like *it* that you are here.

(34) I just love *it* that you are moving in with us.

(35) I dislike *it* that you change the regulations without notice.

이 [it that S]와 더불어 [it when S]도 있다.

(36) I resent it when I am ridiculed.

(37) I dislike it when you do that.

이들에 관해서는 XIX장에서 설명하기로 한다.

이상의 정의동사 중 *dislike*와 *detest*를 제외하면, 다른 것들은 동명사 뿐만 아니라 부정사구도 목적어로 취할 수 있다.

(38) I like my wife to dress well.

(39) I hate you to get into papers.

이들 문에서 *like*나 *hate*의 목적어는 *my wife*나 *you*가 아니라「처가 좋은 의복을 입는다」,「네가 신문에 난다」라는 사실이다. 즉, *my wife to dress well / you to get into papers*라는 부정사구 전체인 것이다. 이것은 외견상 사고동사의

(40) I expect you to come tomorrow.

(41) I think Mary to be intelligent.

와 흡사하지만 실은 다른 문형이다. 이미 설명한 바와 같이 사고동사는 원래 *that*-절을 목적어로 취하며, 여기서 전환되어 부정사구가 된 것이다. 그러나 정의동사의 경우에는 *that*-절과는 아무런 관계가 없이 처음부터 부정사구를 목적어로 취하고 있는 것이다. 사고동사의 목적어는 NP → it S(이것이 *that*-절이 됨)였으나 정의동사의 목적어는 이 규칙으로 설명되지 않는다. 따라서 새로운 NP의 전개규칙을 설정하지 않으면 안된다. 이것은,

(42) NP → it S_0

라고 하겠다. S_0 → NP VP의 [NP VP]가 부정사구가 되는 것이지만, 그러기 위해서는 *for-to*를 써서 *for* NP *to* VP라고 해야 한다. [it S]가 *that*라는 관계접속사를 취하여 *that*-절이 된 것과 마찬가지로 [it S_0]는 *for-to*라는 보어표식를 취하여 부정사구가 된다. 이를테면,

(43) It is a rule here *for* men and women *to* sit apart.

에서, 주어의 NP는 다음과 같은 구조가 된다.

(44)

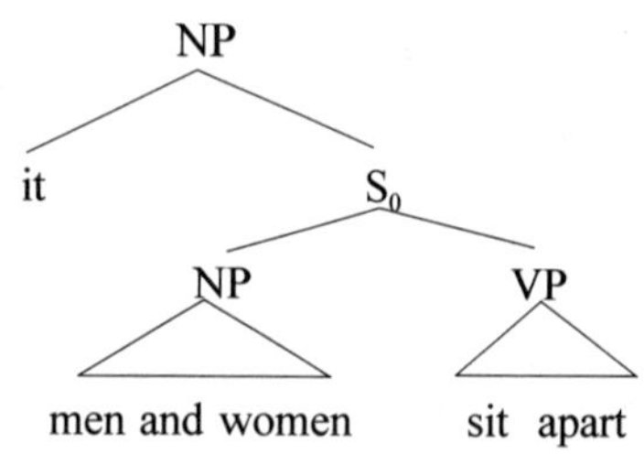

이 *it*가 문주어로 남고 *for men and women*이 후치되어 바로 (43)의 문이 되었다. (38), (39)에서는 이러한 NP가 목적어가 되어 있다. 따라서 (38)의 VP는

(45)

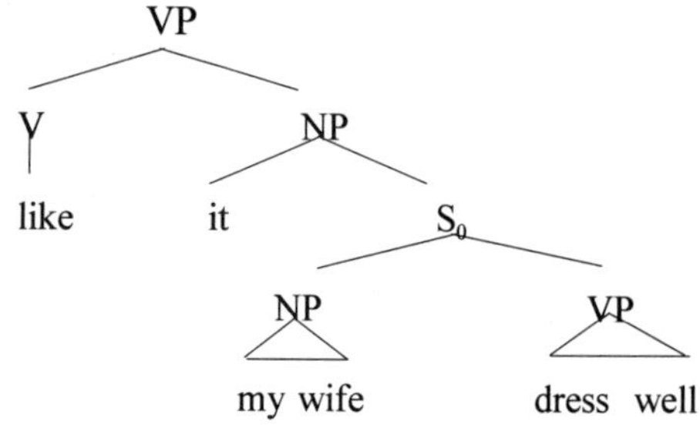

이라는 구조이며, *for-to*를 첨가하고 그 앞에 있는 *it*를 삭제하면 [like for my wife to dress well]이 되지만, 표준영어에서는 *for*까지도 없애버린다. 이것은 *my wife*를 직접목적어인 *it*의 위치로 옮김으로써 *for*가 없어진 것이라고 보는 것이다.

정의동사 중 특히 의욕을 나타내는 *want*는 부정사구를 목적어로 삼으며, 동명사구를 목적어로 취하지는 않는다.

(46) I want you to come.

(47) I want my son to be happy.

이 경우 I want *for* you to come이라는 표현도 있지만 표준영어의 어법은 아니다.

부정사구의 경우에도 동명사구의 경우처럼 의미상의 주어가 문주어와 동일한 경우에는 생략된다.

(48) I want to go home.

(49) a. He likes to read in bed.

b. He like reading in bed.

(50) a. I hate to tell a lie.

b. I hate lying.

(49), (50)의 b.는 동명사의 경우인데 동명사는 NP → S_0에서 온 것이므로 명사로 취급된다. 따라서 b.의 동명사는 의미상의 주어가 생략되어 있지만 여전히 목적어가 된다. 그러나 a.의 부정사구의 경우는 동사적인 성질이 강하므로 목적어라 하기보다는 주어에 대한 술어적인 것이라는 느낌이 더 짙다. 만일 목적어로 본다면 (48)은 *1 want myself to go home 이 되어야 한다. V장에서,

V (49) Rocky expects himself to win the election.

V (51) Rocky expects to win the election.

이라는 두 문을 비교하여 전자의 *expect*는 사고동사지만 후자의 *expect*는 'intend'라는 뜻이 되어 정의동사로 쓰였다고 말했다. 정의동사와 직접 연결되는 부정사구는 목적어가 아니라 보어라고 해석된다. 보어로서의 부정사구는 II (12)에서 본 바와 같이 PP → S_0라는 경우이다. 이 부정사구의 의미상의 주어와 술어동사의 주어가 동일하므로 이것을 연쇄동사구(catenative VP)라고 부를 수 있다. 이것은 다음과 같이 나타낼 수 있다. 또 (49)의 a.와 b.의 구조는 각각 다음과 같이 된다.

(51) VP → V PP → V S_0 → V to VP

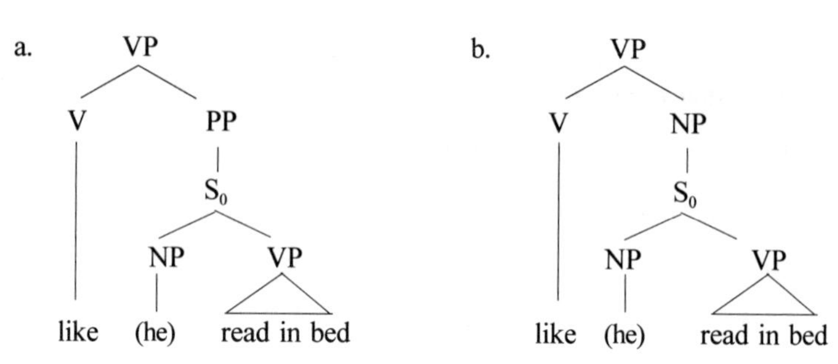

a.에서는 보어표식인 *to*가, b.에서는 동명사형성소인 *-ing*가 *read*에 붙어서 각각 규칙에 따라 *to read*와 *reading*이 된다.

다음은 부정사구와 동명사구의 의미상의 차이인데, 부정사구는 동사적이고, 동명사구는 명사적이라는 기본적 차이가 있다. 전자는 행위를 동적(dynamic)인 사건으로, 후자는 행위를 정적(static)인 상태로 파악하여 표출하는 것이다. (49)의 a.와 b.는 실질적으로는 같은 뜻이지만 부정사구는 동작에, 동명사구는 상태에 중점을 두고 있다. 특정한 행위에 대한 의욕을 나타내는 동사가 목적어로서 동명사구를 취하지 않고 부정사구를 취하는 것은 당연한 일이라 하겠다.

(52) I want to read in bed.

이에 반하여 *enjoy*는 목적어로서 동명사구를 취하지 부정사구를 취하지는 않는다.

(53) I enjoy reading in bed.

침대에서 책을 읽는다는 상태를 문제시하고 있기 때문이다.

다음 예문에서는 *want* 뒤에 *-ing*형이 쓰이고 있지만, 이것은 동명사가 아니다.

(54) The house wants painting.

(55) My shoes want mending.

(56) The man wants watching.

이를 *-ing* 형은「페인트칠하기」「수선」「감시」라는 뜻의 명사이다. 동명사와 구별해서 동작명사(action noun)라 부르기로 한다. 명사이므로 의미상의 주어를 가질 필요가 없다. 그리고 이 *want*는 'need'(…이 필요하다)라는 뜻을 내포하는 타동사다.

동명사구와 부정사구, 동명사와 동작명사, 연진동사구 등의 문제에 관해서는 다음 장에서 다루기로 한다.

본장에서는 부정사구나 동명사구가 NP의 위치에 등장한다는 것을 말하였다. 그렇다면, NP의 전개규칙을 다음과 같이 확충시킬 수 있다.

(57)

$$NP \rightarrow \left\{ \begin{array}{ll} \text{(Det)} & N \\ NP & S \\ NP & PP \\ it\ S & \\ it\ S_0 & \\ S_0 & \end{array} \right\}$$

Ⅸ

연쇄동사구(連鎖動詞句)

우리는 일반적으로 동사를 자동사와 타동사로 구별하고 있다. 그러나,

(1) I like to read in bed.

의 *to read in bed* 를 타동사 *like*의 목적어, 즉, 부정사구의 명사적 용법이라고 보는 것은 이 어법을 설명하는데 적당하지 못하다고 생각된다. 이 문에 대한 물음은,

(2) What do you *like to do?*

이지

(3) What do you *like*?

가 아니다. 만일 위의 부정사구가 명사적 성격을 가진 것이라면 (3)의 물음에 대해 I like ice-cream / I like baseball처럼 (1)에서도 그런 답이 나와야 하겠지만 그렇게는 되지 않는다. (2)의 물음이 있어서 비로소 (1)이라는 답이 나오게 되므로 *like to do*라는 결합은 매우 긴밀한 것이며, *to do*가 *like*의 목적어가 아니라, *like to do*라는 결합으로 하나의 동사구를 이룬다고 간주된다. 이러한 사실은,

(4) She used to *like to watch* television and physical exercises.

(5) She used to *like* watching television and physical exercises.

의 두 예문을 비교해 보면 알 수 있다. (4)에서는 *like to watch*가 한 개의 동사의 역할을 하여 *television*과 *physical exercises*를 목적어로 하고 있다. (5)에서는 *watching television*이 「텔레비전을 본다」라는 동명사구이며, 이것이 *physical exercises*와 함께 *like*의 목적어가 되어 있다.

전장에서 설명한 바와 같이 동명사구는 NP → S_0에서 나온 것이므로 타동사의 목적어가 될 수 있다. 이와는 대조적으로 (4)의 *like to watch* ...는 연쇄적(連鎖的, catenative)인 동사구를 이루고 있다. 전장 (51) a.에서 본 바와 같이 이것은 V + *to* VP 라는 구조로서 이때의 V는 자동사나 타동사가 아니라 연쇄동사구이며 *to* VP는 그 보어가 되는 것이다. 원래의 구조는 [V PP]이며, 이 PP → S_0가 *to* VP로서 앞에 있는 V와 긴밀하게 결합된 것이어서 [V PP]라고. 나타낼 수 있겠다. 따라서 궁극적인 형태는 다음과 같다.

(6)

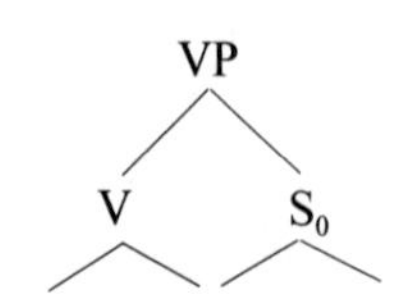

이 부정사구는 명사적 용법도 아니고, 부사적용법도 아니며, 동사적인 용법이라 하겠다.

위의 *like*와 같은 정의동사는 한편으로는 타동사로서의 용법이 확립되어 있어 부정사구가 목적어라는 느낌을 주지만, 노력을 나타내는 동사(*try / endeavor / strive / contrive* 등)의 경우에는 뒤따르는 부정사구를 목적어로 보기가 무리하다는 느낌이 든다. 사전을 보아도 이런 것들을 타동사인지 자동사인지 확정짓지 못하고 있는 경우가 많은 것 같다. 따라서 연쇄동사구라고 호칭한다면 문제가 명쾌해질 것 같다.

(7) He tried to climb the mountain, but he couldn't.

(8) He tried climbing the mountain(to see what it was like at the top).

(8)은 동명사구를 거느린 것으로 *try*는 타동사로 쓰이고 있다. 그가 산에 오르는 것을 시도했다는 뜻이다. (7)의 *tried*는 노력을 나타내는 동사로 부정사구와 결합하고 있다. 이것은 *he couldn't* 뒤에 생략된 동사가 *climb*이지 *try*가 아니라는 것을 보아도 분명하다. 구어에서는 명령형의 경우 *try to do* 대신에 *try and do*가 쓰이는데, 이것도 연쇄적 성격을 잘 나타내주고 있다 하겠다.

(9) Try and get some rest.

(10) You must try and come to the party.

연쇄동사구를 만드는 동사의 종류에는 여러 가지가 있으나, 어떤 동작에 대한 의욕을 나타내는 동사를 우선 들 수 있다.

(11) I want to go home.

(12) I didn’t mean to make you angry.

(13) What do you intend to do after graduation?

(14) We agreed to sign the contract.

(15) He consented to make a speech.

(16) I would not choose to live in Alaska.

(17) We thought to return early.

소망의 뜻을 가지는 동사도 이 구조로 쓰인다.

(18) I didn't wish to give trouble.

(19) We hope to see you again soon.

또 전장에서 설명한 *like*나 *hate*와 유사한 것으로,

(20) Would you care to go to a show tonight?

의 용례가 있다. 결의를 나타내는 동사나 약속· 주장 · 의뢰 등의 뜻을 가지는 동사들도 연쇄적으로 쓰인다.

(21) He elected to become a doctor.

(22) He determined to study harder.

(23) He decided to learn English.

(24) He resolved to make an early start.

(25) He promised to help us.

(26) He swore to tell the truth.

(27) He claimed to be the owner of the land.

(28) He offered to go in my place.

(29) They asked to go for a walk.

(30) The doctor demanded to know what I had been doing.

이 가운데 *promise*는 간접목적어를 동반하는 수도 있다. 이를테면,

(31) He promised me to be here at six o'clock.

이것은 얼른 보기에는 사역동사와 유사한 것처럼 보이지만 부정사구의 의미상의 주어가 문주어와 동일하므로 연쇄동사구라고 보아야 하겠다. 이 *promise*는 고지동사의 한 유형으로도 쓰인다. 따라서 (31)은

(32) He promised me that he would be here at six o'clock.

라고 할 수도 있다. 여기서는 that-절이 직접목적어이며 *me*는 간접목적어가 된다. (31)에서도 역시 *me*는 간접목적어가 되어 있다. 이것은 생략할 수 있으며, 그렇게 되면 (25)처럼 연쇄동사구라는 사실이 명백해진다. 간접목적어의 위치에 관해서는 VII (42)에서 언급했는데, (31)의 구조는 다음과 같다.

(33)

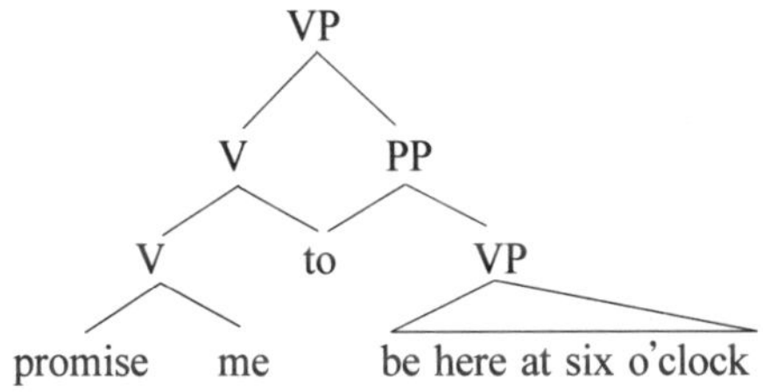

노력을 뜻하는 동사 *try*의 용례는 위에서 보았다. 그 밖의 노력을 뜻하는 동사로는 다음과 같은 용례를 들 수가 있다.

(34) She endeavored to control her disgust.

(35) He strived to understand.

(36) They contrived to live on a small income.

(37) In spite of these insults, she managed to keep her temper.

(38) He didn't ventrue to experess his opinion.

(39) Don't bother to lock the door.

(40) He helped (to) push the car.

사역동사로 쓰이는 *help*에 관해서는 Ⅱ(22)에서 다루었는데, *help*는 연쇄동사로 쓰여도 *to*를 생략할 수 있다.

연쇄동사구의 연쇄는 동작의 양태(樣態, manner)를 뜻하는 동사가 선행할 때 한층 긴밀해진다. 이를테면,

(41) I hastened to tell him the good news.

(42) The king condescended to speak to her.

(43) He passed by without deigning to look at me.

(44) He refused to answer my question.

(45) He neglected to lock the door.

(46) Don't hesitate to join us.

(47) The car failed to climb the hill.

이 *fail*은 뒤에서 언급할 준조동사(準助動詞, semi-auxiliary)에 가깝다.

행위에 수반된 감정을 나타내는 동사도 연쇄적으로 쓰인다.

(48) I regret to say I can't come.

(49) I grieve to hear of your failure.

(50) I rejoice to hear that you are well again.

(51) She shuddered [trembled] to think what was going to happen.

이들 동사가 나타내는 감정은 부정사구가 나타내는 행위가 원인이

되어 결과적으로 생긴 것으로, (48)을 It makes me regret to say…, (49)를 It grieves me to hear… 라고 하면 뜻이 잘 통하게 된다. 위에서 본 표현은 이 *it*구문을 인칭주어로 하여 I regret to say … / I grieve to hear … 라고 한 것이라고 풀이할 수 있다. 다음의 형용사구문들도 같은 성질을 가지는 것들이다.

(52) I am glad to hear that you are well again.

(53) I am sorry to hear of your failure.

이에 관해서는 ⅩⅩ장에서 언급하기로 한다.

(54) The little dog laughed to see such fun.
(Nursery rhyme)

이것도 「그렇게 재미있는 것을 보고 웃었다」라는 뜻으로 앞서 설명한 원인을 나타내는 부정사구라고 간주된다. 마찬가지로 본래의 자동사인 *go*가 연쇄적으로 쓰인 예로서,

(55) I'll go to see him.

과 같은 문이 있다. 「만나러 간다」라는 뜻이므로 부정사구는 in order to see him 이라는 뜻으로 해석될지 모르나,

(56) I want to *go and see* him.

에서는 *go and see*로 되어 있다. *1 want *to go to see him*이라는 표현에서 *to*가 중복되는 것을 피하기 위해 *go and*가 된다는 것은 *to see him*이 어떤 목적의도를 나타내는 PP가 아니라는 사실을 나타내고 있다.

(57) I went to the airport to meet him.

이 *to meet him*은 분명히 목적의도를 나타내는 PP이다. 그 구조는 Ⅶ (32)에서 이미 제시했지만 다음과 같이 된다.

(58)

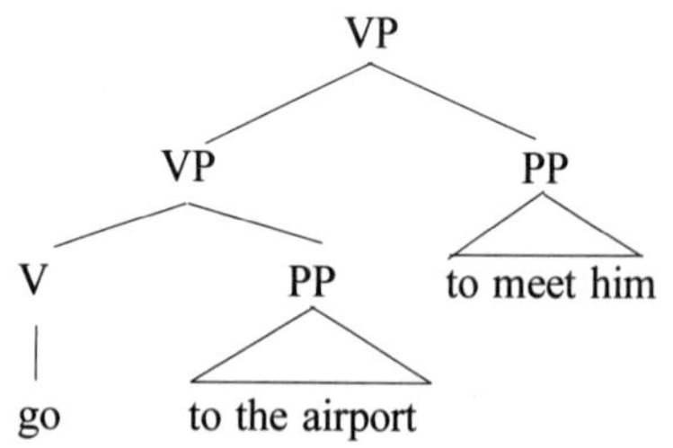

즉, 목적을 나타내는 부정사구는 VP → VP PP의 PP로서 VP의 확산이며, *to the airport*는 V의 보어인데, 이와는 대조적으로 *to meet him*은 *go to the airport*의 보어가 되어 있다. 전자는 내재적 보어(intrinsic complement), 후자는 외재적 보어(extrinsic complement)라 불러 구별할 수 있을 것이다.

(59) He stopped to talk.

이것은「걸음을 멈추고/하던 일을 잠시 두고서 말을 했다」라는 것으로 stopped and talked라는 뜻이므로, *to talk*는 내재적 보어로서 *stop*의 연쇄동사로서의 용법으로 보아야 한다.

(60) He stopped talking.

이것은「말하는 것을 멈추었다」라는 뜻이므로 *talking*은 동명사, *stop*은 타동사가 된다.

또한 자동사가 연쇄적으로 쓰이는 예로서 다음과 같은 문을 들 수 있는데, 여기에 나온 부정사구는 목적이 아니라 결과를 나타내고 있다.

(61) I awoke one morning to find myself famous.

(62) Hobbes lived to be ninety-one.

(63) He grew up to be a nice gentleman.

(64) The good old days have gone never to return.

(61)은 Byron이 "I awoke one morning and found myself famous"라고 했다는 말에서 나온 것인데, 인용할 때에는 (61)처럼 쓰는 것이 보통이다.

(65) I think peace has come to stay.

「평화가 정착했다, 영속적인 것이 되었다」라는 뜻이며, 이 *come*은 아직 「온다」라는 원래의 뜻을 가지고 있는 것처럼 느껴지지만,

(66) The workers came to distrust the manager.

(67) He came to see that he was mistaken.

등에서는 *come to do*는 「무엇무엇 하게 되다」라는 뜻으로 원래의 뜻은 없어져 버렸다. 의미의 핵심이 부정어 안에 담겨져 있어서 (67)은 결과적으로 보면,

(68) He saw at last that he was mistaken.

이 된다. 이런 점으로 보아 *come to*는 변화의 과정을 나타내는 조동사처럼 되어 버렸다. 형식상으로는 *come*이 술어동사로서 Tns의 변화를 이루기도하고 조동사를 취하기도 하므로(*has come*) 완전히 조동사가

되어버린 것은 아니다. 따라서 이것을 준조동사(semi-auxiliary)라고 부르면 좋을 것 같다.

분명히 준조동사로 취급되는 것으로 *be to*/ *have to*/ *be going to* 등이 있다.

(69) a. John *is to* meet Mary at the airport.

b. Mary *is to* be met by John at the airport.

a가 수동형이 되면 *is to*는 그대로 있고 *John ... meet Mary*가 *Mary ... be met by John*으로 된다. 이것은 *is to*가 조동사에 불과하다는 사실을 잘 나타내는 것이라 하겠다. 이 기준을 적용하면 *tend to*도 준조동사라는 이야기가 된다.

(70) a. Bad examples tend to undermine morality.

b. Morality tends to be undermined by bad examples.

준조동사로 취급해도 되는 것을 몇 개 더 들어둔다.

(71) I *have* [I'*ve got*] *to* start tomorrow.

(72) She'*s going to* have a baby.

(73) How did you *get to* know her?

(74) He *made to* speak, but I stopped him.

(75) If this new law is passed we *stand to* lose our tax advantage.

이들은 모두 원래의 뜻에서 벗어난 용법이라 하겠다. (75)의 *stand to lose*는 「잃어버리는 것이 되다」라는 뜻이며, (74)의 *make to*는 「하려 하다」라는 뜻으로 *be about to*와 동일하다.

이런 의미로 보면 *be about to*도 준조동사라고 간주할 수 있을 것이다.

준조동사인지 연쇄동사인지 구별할 수 없는 경우도 있다. 이를테면 (47)의 *fail* 등이 이러한 예가 된다. 사실 준조동사의 구조는 연쇄동사구의 특수한 경우에 지나지 않으며 다음과 같이 나타낼 수 있다.

(76)

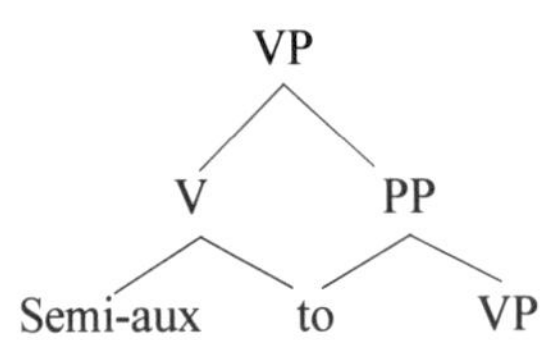

본장에서는 부정사구의 동사적 용법에 관해 설명했는데, 의미상의 주어가 표면에 나타나지 않는 경우라도 이 부정사구가 명사적으로 쓰이는 수가 있다. 이를테면,

(77) It is easy to please John.

에서 *to please john*은 명사구이다. 이 기저에는 NP → it S_0라는 구조가 들어 있다. 즉, '[it] [for one to please] is easy'라는 문이 기저에 있고 일반적으로 사람을 나타내는 *one*은 삭제되는 것이 원칙이므로 '[it] [to please John] is easy'가 되고 [to please John] 이 뒤로 와서 (77)의 문이 된 것이다. 이 부정사구를 *it* 자리에 옮겨 놓아,

(78) To please John is easy.

라고 할 수도 있으나 명사적 부정사구는 언제나 주어가 된다고 장담할 수는 없다. 다음 장에서 부정사구와 동명사구의 같은 점과 차이점을 고찰하기로 한다.

X

부정사구(不定詞句)와 동명사구(動名詞句)

Ⅷ장에서 부정사구는 동사적, 동명사는 명사적인 성격을 가진다고 이미 말하였다. 기본적으로는 그러한 차이가 있으나 일반적인 진술에서 쓰이면 양자 간의 차이는 그리 두드러지게 나타나지 않는다.

(1) I like {to drive / driving} fast cars.

(2) Children love {to listen / listening} to fairy tales.

(3) Some people can't bear {to watch / watching} bullfight.

양쪽 표현이 다 비슷한 것 같으나 부정사구는 행위에, 동명사구는 내용에 중점을 둔다. 만일 특정한 행위를 내세우고자 원하는 경우에는 부정사구를 쓰게 된다. 그 좋은 예가 바로 *want*라 하겠다.

(4) I want to go home now

이것을 좀 더 공손하게 말하면,

(5) I'd like to go home now.

가 된다. 특정한 행위를 원하는 경우 *I should like*(구어적으로는 *would like/'d like*)처럼 *like*를 쓸 수도 있다. 어떤 행위를 원하는데 실현되지 않은 경우에는 다음과 같이 말한다.

(6) a. I'd like to have gone.
b. I'd have liked to go.
c. I'd have liked to have gone.

모두「가고 싶었는데」라는 뜻이나 c.가 많이 쓰이는 것 같다.

(7) I don't like to swim in the river.

(8) I don't like swimming in the river.

부정의 *don't like*는 부정사구를 취하는 경우「하기 싫다」라는 의욕을, 동명사구를 취하는 경우에는「좋아하지 않는다」라는 감정을 나타내고 있다. 전자는 *don't want to* V에, 후자는 *dislike* V-*ing*에 해당하는 표현이라 하겠다.

(9) I hate to refuse every time.

(10) I hate refusing every time.

이들 *hate*의 용법은 *don't like* 의 (7)과 (8)의 용법과 유사하게 설명될 수 있다. 특정한 행위를「하기 싫다」라고 할 때에도 *hate*는 *like*와는 달리 *'d*를 취할 필요가 없다.

(11) I hate to tell you, but I've damaged your car.

그러나 *I'd hate*도 있다.

(12) I'd hate to catch a cold.

일반적인 진술인 경우에는 당연히 동명사구를 취하게 된다.

(13) I hate catching colds.

정의동사인 *prefer*에는 여러 가지 용법이 있다.

(14) I prefer to stay indoors.

(15) I prefer staying indoors.

(16) I'd prefer you not to go there alone.

(17) Would you prefer that I come on Monday instead of Tuesday?

(17)의 문은 *that*-절을 취하는 용례인데, 이때의 *prefer*는 'think it preferable that … '라는 뜻으로 사고동사의 성격을 띠고 있다고 생각된다. (2)에서 든 *love*는

(18) I'd love you to come and see my new house.

라고 할 수는 있으나 *that*-절을 취하지는 못한다. 이 동사는 사고동사가 될 수는 없고 어디까지나 정의동사이므로 *that*-절을 취할 수는 없으나, Ⅷ장 (33)에서 말한 바와 같이 *it*을 목적어로 하고 보어로는 *that*-절을 취하게 된다.

(19) I just love it that you are here with us.

어떤 동사는 동명사구를 목적어로 취하지만 부정사구를 취하지는 않는다. 이것은 이미 설명한 바 있는 *dislike/ detest*나 *enjoy/ avoid/ keep*

등의 경우라 하겠다. 모두 실질적인 사항을 대상으로 하기 때문이다.

(20) I've enjoyed talking with you about old times.

(22) You cannot avoid meeting her if you both work in the same office.

(22) He kept studying all the summer.

(23) Most invalids appreciate receiving flowers.

(24) He put off going to the dentist.

(25) Do you recollect meeting her?

(26) Would you mind my opening the window?

(27) Would you mind opening the window?

위의 문에서 (20)의 *talking*과 (25)의 *meeting*은 술어동사의 시점보다 더 이전의 시간을 가리키고 있다. 과거라는 것을 명시하려면 *having met*처럼 완료형으로 하는 것은 가능하지만, 그렇게 하지 않아도 술어동사의 뜻으로 보아 과거라는 것을 알 수 있다.

(28) I remember hearing you speak on that subject.

이것도 *having heard*라고 할 수 있겠으나 위에서 본대로「당신이 말하는 것을 들었다」라는 과거의 일을 나타낸다. 다음의 *never forget*도 *remember*와 같은 뜻이다.

(29) I'll never forget hearing you speak on that subject.

동명사구의 의미상의 주어가 문주어와 다를 때에는 (26)에서처럼 이를 뚜렷하게 나타내야 한다. *Remember*나 *forget*에 대해서도 같은 말을 할 수 있다.

(30) I remember my mother [mother's] saying this.

(31) I've forgotten them [their] doing that.

또한 *that*-절의 구문도 있다.

(32) I don't remember that I have invited him.

(33) I was forgetting that you don't like beans.

*Remember*에는 부정사구를 동반하는 용법도 있으나 이렇게 되면 뜻이 달라진다.

(34) I'll remember to fill out the form.

이것은「잊지 않고 서식에 기입을 하겠다」라는 뜻이며,

(35) I remember filling out the form.

「서식에 기입한 일을 기억하고 있다」와는 뜻이 다르다.

(36) Don't forget to fill out the form.

여기서 부정의 *forget to*는 *remember to*에 해당한다.

(37) He tried knocking at the back door, as nobody heard him at the front door.

(38) He tried to open the door.

(38)의 용법은 전장에서 다룬 바와 같이 노력을 의미하지만 동명사구를 동반한 (37)은「시도하다」라는 뜻이다. 동일한 동사지만 뜻이 변함에 따라 용법까지 변하는 또 하나의 예를 들어둔다. 사고동사로서 의 *imagine*은

(39) Imagine you've been shipwrecked.

(40) Imagine yourself (to be) on a desert island.

처럼 쓰이지만, *can imagine*이라고 하면 상상의 대상이 현실성을 띠게 되어 동명사구가 된다.

(41) Can you imagine George cooking the dinner?

(42) I can't imagine (my) marrying a girl of that sort.

(42)에서 *marrying*의 의미상의 주어는 문주어와 동일하므로 *my*는 불필요할 것 같으나 *my*를 넣으면 한층 객관성이 증대된다. *Consider*라는 사고동사도 「숙고한다, 고려한다」라는 뜻으로 동명사구를 목적어로 할 때가 있다.

(43) I'm considering *changing my job.*

「직장을 옮길 것」을 객관적인 문제로 생각하고 있다.

다음 동명사(gerund)와, 이와 동형인 동작명사(action noun)를 구별하는 문제를 생각해 보자. 이미 Ⅷ장 (54) 이하에서 *want*가 동작명사를 목적어로 하는 경우를 설명했는데, *need*나 *bear*도 같은 종류의 동사다.

(44) My coat needs mending.

(45) His language doesn't bear repeating.

(46) The cloth won't bear washing.

이 들 *-ing*형은 동명사가 아니라 동작명사이다. 「나의 의복을 수선할 필요가 있다」, 「그의 말투는(지독해서) 되풀이해서 들을 수 없을 지경이다」, 「이 천은 빨 수가 없다」라고 할 때 이 *-ing*형은 명사이므로 의미상의 주어는 문제가 되지 않는다. 의미상의 주어를 문제로 할 때에는 수동형이 된다. 이를테면 (44)의 동작명사를 부정사로 대신 쓰면,

(47) My coat needs *to be mended.*

가 될 것이다〈이 *needs to*는 준조동사라고 간주된다〉.

단독으로 -ing형이 쓰였을 때, 동명사로 볼 수도 있고 동작명사로 볼 수도 있는 경우가 있다. 이를테면,

(48) I like swimming.

이것은「(자기가) 수영하는 것」을 좋아한다는 뜻으로, 또는「수영」이라는 스포츠를 좋아한다는 뜻으로도 해석할 수 있다. Ⅷ장 (50) b.에서 *I hate lying*을 동명사의 예로 들었는데 이것도「(자기가) 거짓말을 하는 것」도 되고「거짓말」이라는 동작명사라고 풀이 할 수도 있다. 동작명사란 동명사가 한층 더 명사화하여 말 그대로의 명사가 되어버린 것이다. 양자의 문법적인 차이를 도형으로 나타내면 다음과 같이 된다.

(49)

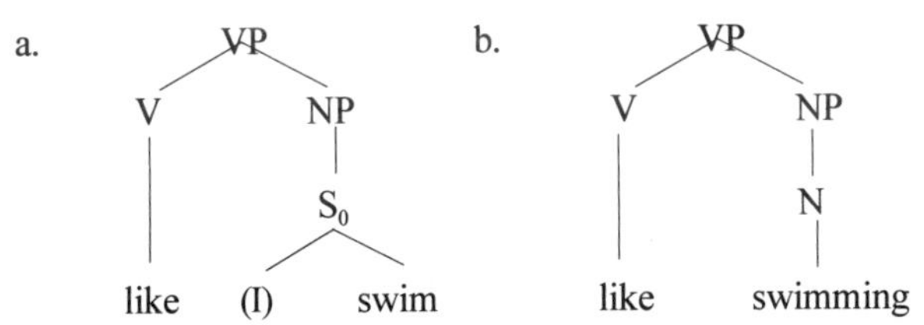

a는 동명사, b는 동작명사의 경우이다. a에서는 *swim → swimming*이라는 전환을 볼 수 있으나 b에서는 처음부터 *swimming*이라는 명사로 되어 있다. 동명사도 결국은 NP이므로 *like*의 목적어라고 해도 무

방하나, *swimming*의 의미상 주어는 *like*의 주어와 동일하므로 *like*와의 결합이 동작명사보다 긴밀하다. What do you like? 라는 물음에 대해 I like tennis / I like swimming이라고 답하는 경우 *swimming*은 동작명사다. 동명사로서의 *swimming*을 기대하려면 물음은 What do you like doing? 이라야만 한다. 이미 말한 바와 같이 I like to swim이라는 답을 기대하는 물음은 What do you like to do?였다. 여기서 우리는 연쇄동사구를 본 것이지만 동명사의 경우에도 보통의 목적어가 아니라 연쇄적인 성질이 있다고 보아야 한다. 위에서 든 *enjoy/avoid/keep* 등의 경우에도 똑같은 말을 할 수 있다.

동명사구는 S_0에 형성소인 Poss-*ing*를 첨가하여 만드는 것이지만 이 소유격을 흔히 목적격으로 한다는 것은 이미 말한 바와 같다.

(50) a. I don't like John's [his] doing that.

b. I don't like John [him] doing that.

a보다 b가 더 보편적이지만 여하간 *doing that* 의 *doing*이 동명사라는 것은 *that*라는 목적어를 취하고 있는 것을 보아도 분명한 사실이다. 그런데 목적어가 없는 경우에는 소유격을 나타내는 's가 있느냐 없느냐에 따라 뜻에 차이가 생길 수 있다.

(51) a. I don't like Mrs. Bennett's dancing.

b. I don't like Mrs. Bennett dancing.

여기서 a와 b는 모두 「베넷트 부인의 춤」에 대한 이야기가 되겠지만 a는 「베넷트 부인의 춤(추는 모습)」이라는 뜻으로 받아들여지는 것이 보통이다. 즉, *dancing*이 동작명사로 간주되며, 이때의 구조는 보통 NP가 가지는 구조가 된다.

(52)

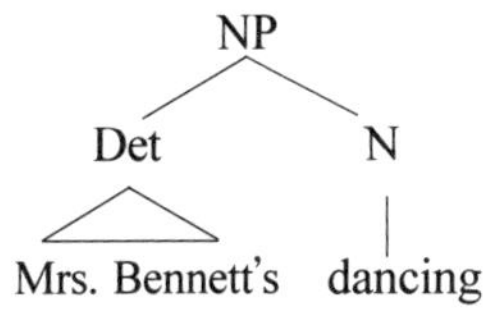

소유격 명사(Gen)는 한정사(Det)의 일종으로 취급된다. 관사와 같은 위치를 차지하여 서로 배제할 수 있기 때문이다.

(53) a. What do you think of my wife's singing?

b. What do you think of my wife singing?

이것 역시 a.는「아내의 노래 솜씨」, b.는「아내가 노래하는 모습」을 나타내서 구별할 수 있다. b.의 *singing*을 동명사로 보는 것은 문법적인 설명으로서는 정확하지만, 영국 사람들의 의식으로는 *Mrs. Bennett dancing/my wife singing* 의 *-ing* 형을 명사적인 것이라고는 생각하지 않으며 현재분사와 혼동할지 모른다. 동명사를 인정하지 않는 문법학자도 있으나 이 책에서는 현재분사와 동명사를 구별하는 입장을 취하기로 한다. 끝으로 동명사가 아니라 현재분사인 경우를 보기로 한다.

(54) I want you sitting there.

(55) I don't want him coming to my house so often.

(56) I don't want people playing the piano at all times of the day and night.

여기서 본 *-ing*형은 모두 현재분사이다. 이미 말한 바와 같이 *want*라는 동사는 뜻으로 보아도 원칙적으로 부정사구를 목적어로 한다. 여기서 목적어가 되어 있는 것은 *you to be sitting there/ him to be playing* ... 이며 이때 *to be*가 삭제된 것이라고 설명할 수 있다. 여기서는 진행형의 조동사 *to be*가 삭제되어 있으나, 다음 예에서는 수동형의 *to be*가 삭제되어 과거분사만이 남아 있다.

(57) I want the letter (to be) burnt.

(58) I want the truth spoken in court.

(59) I wanted two tickets reserved.

(60) She wanted her baby born in her own house.

같은 유형의 표현을 *like*나 *hate*에서도 볼 수 있다.

(61) I don't like such subjects discussed.

(62) I hate music played like that.

진행형 · 수동형의 조동사뿐만 아니라 형용사 앞에 오는 연결동사 *to be*도 삭제된다.

(63) I like my lunch hot.

(64) I don't like coffee weak

이들은 이미 Ⅳ장에서 언급하였다. 또한,

Ⅳ (13) The Japanese eat fish raw.

Ⅳ (14) He drinks his coffee black.

Ⅳ (15) You must serve the fish hot.

등은 표면상으로는 같은 구조처럼 보이지만 기저구조가 다르다는 것도 이미 설명한 바와 같다.

또한 *want*에서는 부정사의 이동이 가능하다는 점을 부언해 두기로 한다. 이러한 점이 *want*가 사고동사와 공통점을 지니고 있는 점이며, 이것은 이들이 취하는 목적어가 머릿속에서 상상된 내용을 담고 있다는 점이라 하겠다. 이를테면,

(65) a. I want John not to clean up the kitchen.
b. I don't want John to clean up the kitchen.

부정사구의 용법에는 명사적인 용법과 동사적인 용법이 있다고 했다. 또 목적을 나타내는 부정사구는 부사적인 용법이라고 말할 수 있다. 그밖에도 부정사구에는 형용사적이라고 할 수 있는 용법도 있다. 이때에는 명사에 대해 수식적인 기능을 가지게 된다.

(66) I have something to do.

(67) I have some bread to eat.

위의 *something to do*는 something which I should do이고, *some bread to eat*는 some bread which I can eat라 할 수 있다. NP + 부정사는 이런 관계사절을 내포한 NP, 즉,

(68) NP → NP S

에서 나온 것이라고 설명할 수 있다. 위의 예문은 관계대명사가 목적어가 되는 경우이지만 주어일 때도 있다.

(69) the case to be investigated

이것은 「조사해야 할 사건」 the case which is to be investigated 라는 뜻으로, 이 관계사절에서 *which is*를 삭제하면 (69)가 된다. 관계사절의 조동사로는 *is to* 이 외에도 has to/ will/ can/ should/ would 등을 생각할 수 있는데, 이러한 조동사가 부정사로 바뀌어 형용사적 용법의 부정사구가 생겼다고 설명 할 수 있다. 때로 관계대명사가 남아 있는 경우도 있다.

(70) I needed someone in whom to confide.

이것은 in whom I could confide에서 왔다고 설명되며, 관계 대명사까지 생략되면 전치사가 맨뒤로 옮겨진다.

(71) There is no seat to sit on.

관계대명사가 주어냐 또는 목적어냐에 따라 두 가지의 부정사구가 생긴다. 이를테면,

(72) a. I have a lot of books to be read

b. I have a lot of books to read.

a.는 a lot of books which are to be read, b.는 which I should read에서 나온 것이다. 또 다음에서,

(73) He has no friends to help him.

(74) He has a large family to support.

(73)은 who would help him이며 주어인 관계대명사, (74)는 which he should support이며 목적어인 관계대명사가 기저에 놓여 있다.

(75) I have no pen to write with.

(76) I had no money to buy the book (with).

(75)는 with which I can write 에서 온 표현이며, (76)도 *with*가 있으면 동일하게 해석할 수 있으나 *money*를 쓸 경우엔 *with*가 없는 용법도 쓰인다.

(77) She offered him the money to buy a car.

이런 경우의 *money*는 실체명사라고 하기보다는 추상적인 구매력을 뜻하며, 그 목적이 부정사구로 표출되어 있다고 생각된다. 이 구조는 Ⅷ장 (15)에서 제시한

(78) NP → NP PP

이며, 이때의 PP는 S_0로 쓰인 경우라 하겠다. (77)의 예를 도형으로 나타내면,

(79)

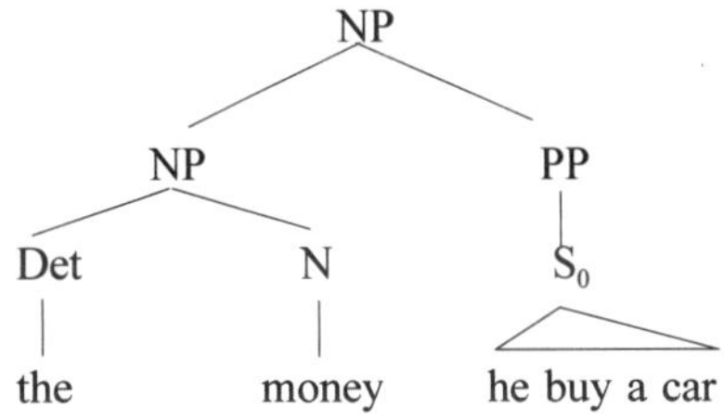

이 보어인 $S_{0가}$ *for him to buy a car*가 되며, 규칙에 따른다면 *offered him*이 선행했기 때문에 *for him*이 삭제되어 (77)의 문이 되었다고 설명할 수 있다. 관계사절을 내포하는 NP → NP S와 (78)의 NP → NP PP에는 유사한 점이 있어 (76)처럼 두 가지로 나타낼 수 있게 된다. 다음

예문도 (79)의 구조라고 설명할 수 있겠다.

(80) You have *a right to vote.*

(81) I have *no power to do it.*

(82) You have *no business to say that.*

XI

구동사(句動詞) · 전치사동사(前置詞動詞)

(1) The bus stopped and he jumped off.

이 문의 *jumped off*는 분명히 jumped off the bus라는 뜻으로 그 구조는 VP → V PP라고 생각할 수 있다. 즉,

(2)

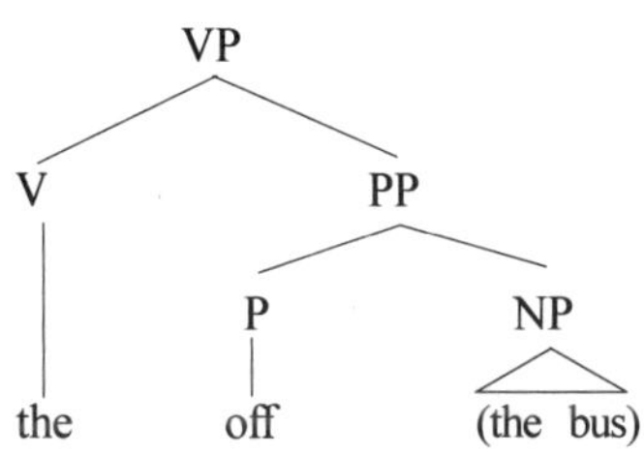

라는 구조로, PP에 지배되는 NP가 영(제로)이 될 때 *jump off*가 된다고 설명한다. 이 *off*는 단독으로 PP 상당어가 되어 있으나 이때에는 전치사라고 말할 수는 없다. 전치사라면 off it라고 해야 한다. 그런데도 그렇게 되지 않는 것은 *off* 뿐만이 아니라 영어의 모든 전치사가 역사적으로 보아 부사적소사(副詞的小詞, adverbial particle, 약호는 Prt)로서, 지금의 전치사는 Prt에서 발달한 것이고 본래는 Prt가 장소나 방향을 나타내는 부사적인 낱말이었기 때문이다. 따라서 (1)의 *jump off*는

(3)

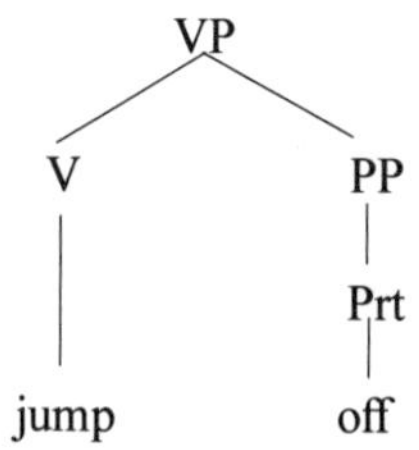

라고 볼 수 있다.

(1)과 같은 유형이지만 다소 차이가 있는 것으로 다음과 같은 경우가 있다.

(4) He came *into* the room. - He came *in.*

(5) He ran *out of* the house. - He ran *out.*

(4)의 *into*는 *in*과 *to*의 복합전치사이지만 지금에 와서는 일반적으로 한 개의 전치사라고 간주되고 있다. 그러나 PP에 지배되는 NP가 영(제로)인 경우에는 *in*만이 Prt로 남게 된다. (5)의 *out*는 지금도 Prt이지만(미국영어에서는 He looked *out the window*처럼 전치사적인 용법도 있지만), *out of* 로 보아 *in to*와 같은 복합전치사로 간주할 수도 있을 것이다.

이상은 Prt가 PP의 역할을 하는 경우인데, 이것은 Prt가 공간적인 방향을 나타내는 경우였다. 이에 반하여 다음 예문에서 보면 Prt가 비유적인 뜻으로 사용되어 V와의 결속이 긴밀하게 되어 있다.

(6) A war *broke out.*

(7) I *give up.*

(8) We finally *gave in.*

(9) The barter *struck out.*

(10) *Stop in* sometime.

(11) His grandfather *passed away* last night.

이때에는 V와 Prt가 결합된 숙어를 이루므로 V + Prt를 하나의 동사라고 보아야 한다. 따라서

(12) V → V Prt

라는 V의 확충을 인정하고 이것을 구동사(phrasal verb)라고 부르기로 한다.

구동사와 VP → V Prt는 때때로 그 구별이 애매한 경우가 있다.

(13) He *looked up* and saw her.

이 *up*은 위 방향을 가리키므로 비유적인 용법은 아니다. 그러나 *look up*은 단지 눈을 위로 한다는 뜻이어서 up이 PP 상당어라 할 수는 없고, 중간적인 위치에 있는 경우라 하겠다.

(14) stand up / sit down / sit up

이들도 중간적인 경우인데 *look up*와 마찬가지로 결속의 정도가 긴밀한 경우이므로 구동사라고 보아도 된다.

(15) The boy *talked back* to his teacher.

이 *talk back*은 말대꾸를 한다는 뜻이므로 역시 구동사로 볼 수 있다. 따라서 (15)의 구조는,

(16)

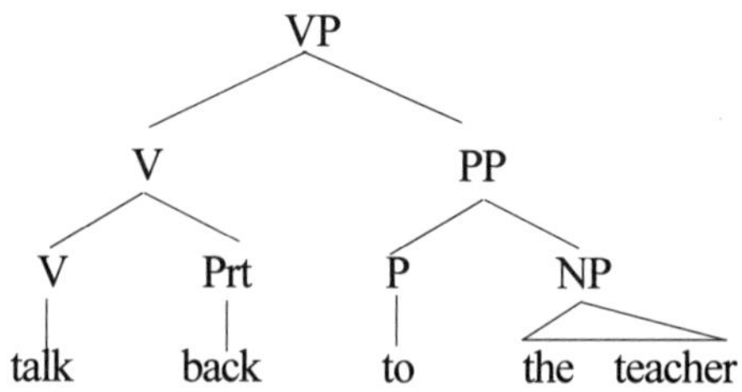

이 된다. 이와는 대조적으로

(17) Go back to your seat.

(18) Stand away from the hole.

에서는 *back*이나 *away*가 공간적인 방향을 가리키는 것이므로 (4), (5)의 *into*나 *out of*와 마찬가지로 복합전치사로 볼 수 있겠다. (4) He came *in*/ (5) He ran *out*처럼 이들도 뒤에 있는 NP를 생략하여 Go *back/Stand away* 라고 할 수 있다. 그러나 *back to*나 *away from*은 *into*나 *out of*처럼 그 결속관계가 성숙해 있지는 않다.

다음 용례에서는 동사와 Prt의 결합이 성숙해 있어 (15)처럼 구동사라고 인정하지 않으면 안 된다.

(19) John *gave in* to her plea.

(20) A burglar *broke in* at the window.

(21) He is *falling behind* with his payments for the TV set.

이상은 V + Prt 자동사로 쓰인 경우이지만, 아래와 같이 타동사로 쓰이기도 한다.

(22) The servant brought the dinner *in* (*to the room*).

(23) Please bring your wife *along* (*with you*).

(24) He pulled the cork *out (of the bottle).*

(25) The catcher threw the ball *back (to the pitcher).*

여기서 *in/ along/ out/ back* 등은 PP에 해당하는 Prt라고 볼 수 있겠으나 괄호 안의 PP가 없을 때에는 Prt를 목적어의 앞에다 내놓아

(26) The servant *brought in* the dinner.

(27) Please *bring along* your wife to dinner.

(28) He *pulled out* the cork.

(29) The catcher *threw back* the ball.

이라 할 수도 있다. 그렇게 되면 *bring in/ bring along/ pull out/ throw back* 이 하나의 타동사로서의 기능을 가져 구동사가 된다는 것이다. 그러나 구동사라 할지라도 목적어가 대명사인 경우에는 Prt가 목적어 다음에 놓이게 된다. 즉,

(26)' The servant *brought* it ***in***.

(27)' Please *bring* her *along.*

(28)' He *pulled* it *out.*

(29)' The catcher *threw* it *back.*

영어에는 구동사가 대단히 많다. 단음절의 기본적인 동사와 운동의 방향을 가리키는 Prt가 결합하여 여러 가지 뜻을 나타낸다. 예문은 풍부하게 있으나 여기서는 몇 개를 드는 데 그치기로 한다.

(30) He *put on* his coat. He *put* his coat *on.* He *put* it *on.*

다음의 문들도 같은 용례를 보여주고 있다.

(31) *Hand in* that paper on date.

(32) She *put out* the light.

(33) They *put off* the meeting.

(34) He *tore up* the letter.

(35) She *crossed out* five words.

(36) They *talked over* that matter.

구동사의 타동사적 용법과 아주 닮은 것에 전치사동사(前置詞動詞, prepositional verb)가 있다. 이를테면

(37) I want to talk about that matter with you.

에서, *talk about*는 (36)의 *talk over*와는 달리 *about*가 전치사로 쓰이고 있다. 따라서 *talk over*가 [V + Prt]라는 한 개의 타동사인데 반해 [*talk*] [*about that matter*]는 [V PP]라는 구조가 된다. 그러나 *talk about*는 결속이 긴밀하여 *get talked about*(소문이 나다)라는 수동형이 되기도 한다. 즉, *talk about*가 한 개의 타동사처럼 기능을 발휘하므로 이런 점에서 구동사와 유사하다 하겠다. 그래서 이 결합을 전치사동사라하여 단순한 [V PP]와 구별할 필요가 생긴다. 이 구조는,

(38) VP → V͡P NP

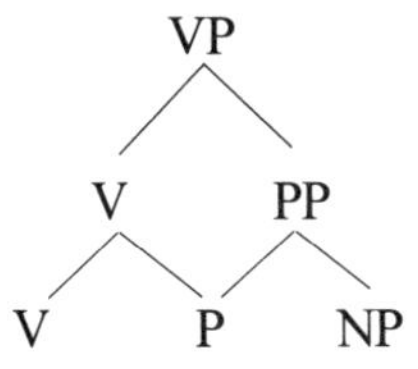

라고 나타내야 하며, 단순한 [V PP]가 아니라 V와 P 사이가 매우 긴밀한 관계에 있다.

전치사동사의 예를 몇 개 더 들어 보면,

(39) Mary *looked after* her little sister. (= took care of)

(40) We can *call on* her tomorrow. (= visit)

(41) You can *rely upon* that man. (= trust)

이들은 V͡P NP라고 분석되어 수동문이 가능하다.

(42) That man can be *relied upon.*

(43) I was *laughed at* in a company.

또한 의문문으로 하면 NP를 의문사로 하여

(44) *Who* did Mary look after?

처럼 된다. 이와는 대조적으로

(45) Mary lived in England.

에서는 *in England*가 장소를 나타내는 PP이므로 이것을 의문문으로 바꾸면 PP는 의문사 where가 된다.

(46) *Where* did Mary live?

그런데 (45)를 수동문으로 하는 것은 불가능하다. 그러나 장소를 나타내는 PP라고 해서 수동문이 되지 말라는 법은 없다. 이를테면,

(47) The bed was empty, though it looked as if it had been *slept in.*

(48) The chair has never been *sat in.*

(49) This house was *lived in* by George Washington.

(50) This country was *dwelt in* by the Celtic race.

(45)의 수동문은 불가능한데도 (50)의 수동문이 가능한 것은 후자의 경우 *dwell in*이 타동사인 inhabit처럼 민족이나 종족과 거주지 사이의 상관관계를 느끼게 하기 때문이다. 비유적으로 쓰이는 *arrive at*의 수동형은,

(51) The unexpected result was arrived at.

처럼 가능하다. 그러나,

(52) *The village was finally arrive at.

라는 문은 성립하지 않는다. 여기서는 *arrive at*를 타동사로 볼 수 없기 때문일 것이다. 이 문제에 대해서는 XV장에서 언급하기로 한다.

구동사 + 목적어 [V + Prt NP]와 [V PP]와는 외견상 닮은 점이 있지만 말로 할 때에는 강세의 위치가 달라진다.

(53) a. The wínd *blew dówn* the chímney.

b. The wínd bléw *down the chímney.*

a.는 「바람이 굴뚝을 넘어뜨렸다」라는 뜻으로 *down*은 Prt이며 강세가 붙고 따라서 *blew down*은 구동사, b.는 「바람이 굴뚝 아래로 붙어댔다」라는 뜻이며, 이 경우 *down* 전치사로 강세가 붙지 않는다.

또한 a.에서는 *down*을 뒤에 옮겨 놓을 수도 있으며 NP가 대명사인 경우에는 반드시 *blew it down*이 된다. 또 b.에서는 *blew violently down the chimney*라고 부사를 V와 Prt 사이에 넣을 수 있으나 구동사의 경우에는 V와 Prt 사이에 넣을 수 없다. 같은 예를 들면,

(54) a. He *turned óff* the líght suddenly.

b. He túrned *off* the *róad*.

(55) a. He is always *running dówn* his neighbors.

(악담하다)

b. He is rúnning *down the róad*.

다음은 구동사 뒤에 전치사구가 오는 경우를 고찰해 보자. 그 구조는 이미 (16)에서 제시하였는데 이것이 한층 더 진전되어 구동사와 전치사구의 결합이 긴밀해진 경우가 된다. 이것은

(56) All of us *looked forward to* the party.

(57) I had to *put up with* many inconveniences.

등으로 쓰이는 용법이며, *look forward to*(즐겁게 기다리다), *put up with*(…을 참다) 등이 한 개의 타동사처럼 기능을 발휘하고 있다. 이들은 수동형으로 바꾸어 쓸 수도 있다.

(56)' The party was *looked forward to* by all of us.

(57)' Many inconveniences had to be *put up with.*

이러한 결합을 전치사구동사(前置詞句動詞, prepositional phrasal verb)라고 부를 수 있겠다. 그 구조는 다음과 같이 나타낼 수 있다.

(58) V → V⌒Prt⌒P NP

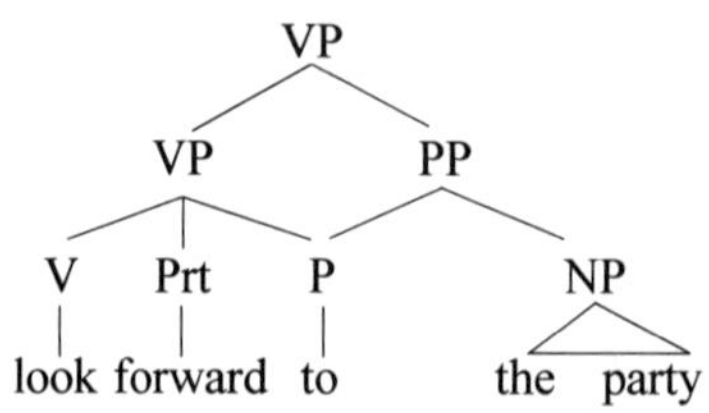

이와는 대조적으로 (16)의 구조, 즉 [V + Prt PP]가 되는 것,

(59) We'll *put up* at an inn.

(60) You can always *put up* with Mr. Kim when you come to Seoul.

이들은 위의 (15), (19), (20), (21)과 동형이며 *put up*(숙박하다)라는 구동사와 *at an inn/ with Mr. Kim*(김씨의 댁)이라는 PP로 분석한다.

구동사와 PP와의 결합이 성숙하여 전치사구동사가 된 것으로 (56), (57)에 다음과 같은 예문을 첨가한다.

(61) We have to *make up for* the lost time. (= compensate)

(62) I *caught up with* him this side the bridge. (= overtook)

(63) You must never *look down upon* other races. (= despise)

(64) He *went through with* his work. (= completed)

(65) They have *done away with* those old laws. (= abolished)

(66) *Look out for* cars when you cross the street. (= keep watching for)

우리가 I 장에서 본 VP의 기본구조는 VP → V (NP), (PP)였고, 본장에서 설명한 것은 이 V가 구동사나 또는 전치사 동사가 되는 경우였다. 이것을 요약하면,

(67) *Look out*! (조심해, 위험하다)

이것은 VP → V가 V → V + Prt(구동사)로 된 경우이다.

(68) He has *looked over* your work and has some comments to make.

(69) Would you *look* the applications *over* and tell me what you think of them?

이것은 VP → V NP의 V가 구동사인 경우이며 VP → V + PP NP, 또는 V NP Prt가 된다. 이 *look over*(= examine quickly)와 He looked *over the wall*(담 너머로 보다)를 비교해 보면, 후자는 [V PP]이며 대명사를 써도 looked *over it*가 된다.

(70) He opened the window and *looked out.*

이것은 VP → V PP의 PP가 Prt로 대용된 경우, 즉, *out*(*of the window*)라고 풀이 되는 경우이다. 〈(67)과 비교할 것.〉

(71) He *looked back* on the past.

이것은 VP → V PP의 V가 V + Prt로 되는 경우이고,

(72) He *looked in* the information. (= examined)

이것은 VP → V PP의 V가 전치사동사가 되어 V⌒P NP로 되는 경우이며,

(73) I really *look up to* Professor Brown. (= respect)

이것은 VP → V PP 의 V가 구동사(*look up*)인 동시에 전치사동사가 되어 있어 V⌒Prt⌒P NP로 되는 경우이다.

(74) I'll *look up* the number in the telephone directory.

이것은 VP → V NP PP의 V가 V + Prt로 되는 경우이다.

XII

상(相, ASPECT) 동사

동작의 완료를 나타내는 *have* + 과거분사와 동작의 진행을 나타내는 *be* + 현재분사는 영어의 문법형식으로 확립되어 있으나 그 밖의 동작의 상(aspect)을 나타내는 문법형식은 인정되고 있지 않다. 그러나 기동상(起動相, inchoative aspect)을 나타내는 *begin/ start*, 계속상(繼續相, durative aspect)을 나타내는 *keep/ continue*, 종동상(終動相, terminative aspect) 을 나타내는 *stop/ cease* 등은 그 용법이 독특하므로 이것을 끄집어내서 검토해 보기로 한다. 위에서 본 동사 중 *keep*나 *stop*은 다음에 동명사구가 오지만 기타의 동사는 부정사구와 동명사구 중 어느 쪽을 취해도 무방하다.

(1) a. He began to borrow money.
    b. He began borrowing money.

(2) a. It began to rain.
    b. It began raining.

(1)과 (2)는 각각 a.와 b.의 두 가지로 표현이 되지만 뜻은 같다. It is beginning raining도 가능하지만 *-ing*가 중복되는 것을 싫어하므로 *It is beginning to rain*이라고 하는 것이 보통이다. 이렇게 보면 부정사나 동명사가 다 같이 유사한 것이라고 생각할 수도 있겠으나 양자간에

뜻의 차이가 없는 것은 아니다. 이미 설명한 바와 같이 부정사는 좀 더 동사적이며 동명사는 좀 더 명사적이라 하겠다. 따라서 위의 a.는 돈을 빌린다 또는 비가 내린다는 현상의 시동에 중점이 있고, b.는 어떤 상태에 들어가는 것, 즉, 시작된 행위나 현상 자체에 중점을 두는 것이라 하겠다.

(3) He started to speak, but stopped because she objected.

(4) He started speaking and kept on for more than an hour.

여기서는 부정사와 동명사의 용법상의 구별이 잘 나타나 있다. 어떤 움직임을 나타내는 동사는 그 시동에 중점을 둘 경우 부정사구를 취하는 것이 보통인 것이다.

(5) The building began to collapse.

(6) Oil began to gush from the well.

(7) The plaster was beginning to fall from the wall.

또한 상태를 나타내는 동사, 즉, 일반적으로 진행형을 만들지 않는 동사도 시동을 나타내는 경우에는 부정사가 등장한다. 이를테면,

(8) He begins to look old.

(9) She began to feel dizzy.

(10) He began to understand the point.

*Begin*이 부정사구를 취하게 되면 연쇄동사구(連鎖動詞句)를 이루게 되는데 술어로서 중점이 가는 것은 부정사구이므로 *begin*도 Ⅸ장에서 말한 준조동사로 볼 수 있겠다.

(11) a. The noise began to annoy Joe.

b. Joe began to be annoyed by the noise.

수동형이 바로 부정사구에서 만들어지며 *begin*은 그대로 있는 것으로 미루어 *tend* 등과 같이 준조동사로 간주해도 되겠다. 시동상을 나타내는 동사에 *start*도 있다.

(12) a. He started to pack his books and clothes.

b. He started packing his books and clothes.

(13) A mine detector starts to buzz when it gets near anything made of metal.

이들 용례에서는 *start*와 *begin*을 서로 바꿀 수 있으나 *start*에는 다음과 같이 사역동사적인 용법도 있다.

(14) The boy started the ball rolling

(15) The news started me thinking.

(16) The smoke started her coughing.

이 *start*는「…을 시작하게 하다」라는 사역적인 뜻을 가진다. 문제는 V-*ing*가 동명사냐 현재분사냐 하는 점에 있다. 이들 문의 구조는

(17) A rich uncle started John in business.

의 구조와 평행하는 것이라고 생각된다. 이것은「존에게 사업을 시작하게 하였다」라는 뜻으로 [V NP PP]라는 구조가 된다. 이것과 (14), (15), (16)을 비교해 보면 *in business*라는 PP가 V-*ing*로 되어 있다. 여기에는 전치사가 없으나 V-*ing*을 동명사로 보고 전치사가 탈락했다고 보는 것이 옳을 것 같다. 이러한 전치사의 탈락은 나중에 언급이

되겠지만 많은 동명사에서 볼 수 있는 현상이다. 잘 알려진 예를 들면 다음 *hunting*이 바로 그런 예가 된다.

(18) We'll go hunting.

이것은 *go a-hunting*의 *a-*가 탈락한 것으로 *a-*는 전치사인 *on*이 약화된 것이다. Fox-hunting 때 부르는 유명한 노래에 "A-hunting we will go"라는 구절이 있다. 옛날에는 *a-*가 붙은 V-*ing*가 많이 쓰였으나 오늘날에 와서는 *a-*가 탈락하여 동명사인지 현재분사인지를 구별하기 어렵게 되었다. 그러나 여전히 이를 동명사로 보고 제로의 전치사가 있는 것으로 간주하는 것이 문법적으로 설명하는데 타당하다 하겠다. 따라서 (14), (15), (16)의 구조는 (17)과 같은 [V NP PP]가 된다. 도형으로 나타내면 아래와 같다.

(19)

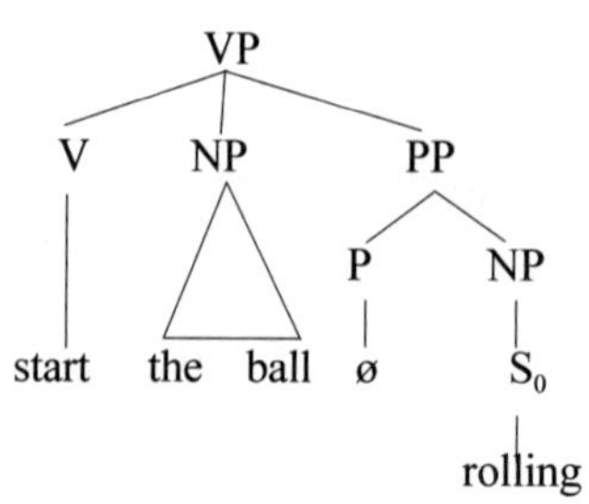

시동상을 나타내는 구동사에 *burst out*이 있다.

(20) They burst out laughing [crying].

이것은 *go hunting*의 *go*가 burst out이라는 구동사로 되어 있을 뿐, 뒤따르는 *laughing/ crying*은 *a-hunting*처럼 PP로 간주된다.

(21)

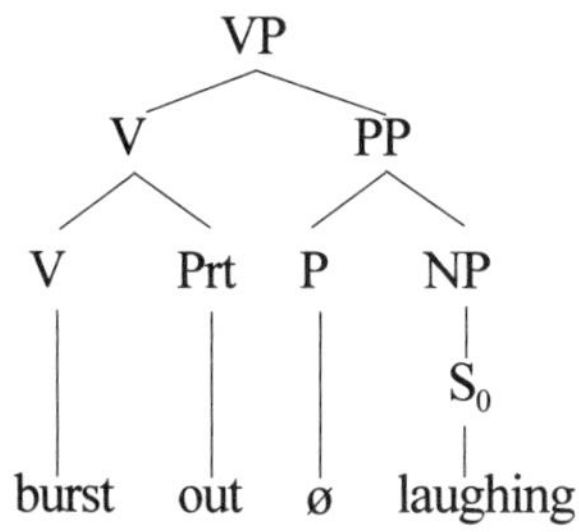

동명사가 있을 곳에 명사가 오면 전치사가 등장한다.

(22) They burst (out) *into* laughter [*into* tears].

여기서는 분명히 PP이다.

구동사라도 *come on*은 부정사구를 취한다.

(23) It came on to rain.

*Begin*은 동명사가 아니라 순수 명사를 목적어로 취하는 수도 있다.

(24) Let's begin our work.

(25) He has begun French.

(26) He has begun a letter [a book].

이때 *begin*은 타동사라 할 수 있겠으나 (24)는 begin to do our work, (25)는 begun to learn French, (26)는 began to write a letter [to read a book] 등이 축약된 것이라고 풀이된다. 기동상을 나타내는 *begin*이 부정사구나 동명사구를 취한다는 본질엔 변함이 없다. 위에

서 언급한 바와 같이 부정사구를 취할 때의 *begin*은 준조동사로 간주되나 동명사구를 취하는 경우에도 순수한 타동사로 생각할 수는 없다. Ⅹ장에서 본 동명사구를 목적어로 하는 *enjoy/ avoid* 등은 타동사라고는 하지만 연결적인 성격이 있다고 하였다. Begin 역시 이와 마찬가지로 What did you *begin doing?*에 대해 I began writing a book라는 답이 나오게 되어 동작의 상을 나타낼 뿐이므로, *begin*은 *enjoy/ avoid* 등보다 한층 더 연속적인 성격을 가지는 타동사라 하겠다.

다음 계속상을 나타내는 *continue*가 있는데, 이것도 *begin/ start*와 같이 부정사구나 동명사구 양쪽을 다 거느린다.

(27) a. You should continue to learn as long as you live.

b. You should continue learning as long as you live.

(28) Land prices continue to rise.

(29) How long will you continue working?

(28)은 가격의 상승이 몇 번씩이나 계속된다는 뜻으로 부정사가 쓰이고 있고, (29)는 일하는 시간의 길이를 묻고 있으므로 동명사가 적합하다.

구동사인 *go on*은 *continue*라는 뜻이며, 독립된 자동사로 쓰이지만, 다음과 같이 V-*ing*를 취하는 용법도 있다.

(30) Land prices went on rising.

(31) I hope it won't go on raining all day.

(32) We must go on working.

이 구조는 *go on*이 연결동사 (Vc)와 비슷한 기능을 발휘하고 V-*ing*가 현재분사 같이 보이지만, (20)처럼 동명사라고 간주하는 것이 좋겠다.

그렇게 하면 다음 문과 같은 구조가 된다 하겠다.

(33) Go on with your work.

Go on 다음에 부정사구가 오는 수도 있는데, 아래의 문에서 그 용법을 보자.

(34) I will go on to deal with that problem.

(35) He went on to say that we were welcome any time we cared to come.

이것은「계속 그 문제를 다룬다」「거듭해서 … 라고 말했다」라는 뜻으로, Ⅸ(59)의 *He stopped to talk*와 같은 경우, 즉 자동사 *go on*의 연쇄적인 용법이다.

다음은 *keep*의 경우인데, 이것은 본래가 타동사이다.

(36) You may keep the change.

(37) He keeps a dog and a cat.

(38) This clock keeps good time.

목적어가 올 자리에 동명사구가 오면 *keep*은 계속상을 나타낸다.

(39) The child kept crying.

(40) They keep sending my letters to the wrong address.

(41) The fire kept burning all night.

한편 *keep*은 목적어와 보어를 취하는 [V NP PP]라는 구조로 쓰인다. 즉,

(42) The snow kept us indoors.

(43) She keeps her children in good health.

이 *keep*은 'cause NP to continue to be'라는 뜻으로 사역동사의 일종이다. 이 PP가 올 곳에 형용사가 오는 수도 있는데 그렇게 되면 PP → S_0가 되어 작위동사의 일종이 된다.

(44) The sun keeps us warm.

(45) The teacher kept the children quiet.

(46) I kept myself warm by walking to and fro.

형용사 자리에 과거분사가 쓰이기도 한다.

(47) He kept his eyes fixed on the ground.

(48) Will you keep me informed of your address?

Ⅱ장에서 본 바와 같이 작위동사의 보어로 형용사나 과거 분사가 쓰이지만 현재분사는 쓰이지 않는다. 그러나 *keep*의 경우에는 *-ing*형이 쓰일 수 있다.

(49) I'm sorry I've kept you waiting so long.

(50) They kept the flag flying.

(51) He kept the stove burning.

여기에서의 -ing형은 현재분사인가 그렇지 않으면 동명사인가? 실용어구 *keep the pot boiling*(생계를 꾸려나가다)에서 옛날에는 *a-boiling*도 쓰인 것으로 보아 이 *boiling*은 동명사라고 간주된다. *keep*을 타동사로 하여 *keep crying* 등의 *-ing*형을 동명사로 간주하는 입장에서 본다면 위의 *-ing* 형도 동명사로 보아야 하며 상기한 예문의 구조는 (19)

의 도형으로 설명될 수 있다.

(46)의 예문에서는 *keep*의 목적어가 *myself*라는 재귀대명사로 되어 있다. 재귀대명사의 생략은 *make ready* / *make merry* 등에서도 볼 수 있는데 〈II장의 (45), (46)〉, 이 같은 현상은 *keep* 뒤에서도 볼 수 있다.

(52) He kept awake.

(53) Please keep quiet.

(54) The weather keeps fine.

이렇게 재귀대명사가 삭제되면 keep의 사역적인 뜻이 상실되어 *keep*의 'cause NP to continue to be'라는 뜻이 단지 'continue to be'가 되어 버린다. 즉, *keep*의 기능이 연결동사(Vc)의 일종으로 전환되었다고 풀이된다. 이러한 기능을 인정한다면 (39), (40), (41)에서 동명사라고 간주된 *-ing*형도 현재분사라고 풀이하지 말라는 법은 없게 된다.

동작의 반복적인 계속을 나타내는 *keep on*이라는 구동사가 있다.

(55) Strike quick, strike hard, and *keep on* striking.

(56) She *kept on* moving and looking around listening to the wind.

이 *keep on*을 타동사 *keep* + *on*이라는 구동사라고 생각하면 뒤따르는 *-ing*형은 동명사가 되어버리지만, 만일 *keep*(oneself) *on*에서 온 자동사라고 해석하면〈위의 (4)에 그 용례가 있다〉, 위의 *keep on*의 경우처럼 *-ing*형은 전치사가 탈락한 동명사라고 생각할 수 있고, 또는 *keep on*이 연결동사화한 것이라면 *-ing*형은 현재분사라고 해석될 수도 있을 것이다.

종동상을 나타내는 *stop*은 동명사를 목적어로 한다〈부정사구를 동반하는 연쇄적 용법에 대해서는 Ⅸ(59)에서 설명하였다〉.

(57) Please stop talking.

(58) It has stopped raining.

(59) As long as you live, your heart never stops beating.

구동사 *leave off* 역시 타동사적으로 쓰인다.

(60) It has left off raining.

*Stop*은 또한 *prevent* 처럼 [V NP PP]형으로 쓰인다.

(61) He stopped her from talking.

전치사를 생략할 수도 있다.

(62) He stopped her talking.

여기에서 *her*는 목적격 또는 소유격, 양쪽으로 다 간주될 수 있다.

(63) What can stop our going if we want to go?

이 *our going*을 *us* (*from*) *going*으로 할 수도 있다. 하여간에 *-ing*형은 동명사이다. 이 *stop*은 타동사이므로 수동형으로 쓰일 수가 있다.

(64) They were stopped talking.

이 *talking*은 (*from*) *talking*이며 PP이다. *start*의 경우도 마찬가지이다. (14)의 수동형은

(65) The ball was started rolling.

이며, 이 *rolling*은 *a-rolling*으로 PP라는 것은 이미 설명한 바와 같다.

종동상을 나타내는 *cease*는 부정사구나 동명사구를 다 같이 취할 수 있다. 이때 시동상의 경우처럼 어떤 상태의 종결에 중점을 둘 때에는 부정사를 취하는 것이 보통이다.

(66) The old German Empire ceased to exist in 1918.

(67) They ceased to be Christians.

(68) You will soon cease to think of him.

한편 동작의 계속상태가 종결한다고 할 때에는 *stop*처럼 동명사를 취하는 일이 많다.

(69) The factory has ceased making bicycles.

(70) The girls ceased chattering when the teacher came in.

부정사구를 취할 때에도 *stop to* VP는 연쇄동사구를 이루며 *cease to* VP는 준조동사적인 기능을 갖는다. 다음 예문에서도 *come to*나 *cease to*는 준조동사라 하겠다.

(71) 'Jehovah' *came to* be used synonymously for the ineffable name Jahweh. The name Jahweh *ceased to* be used by the Jews.

수동형은 본동사에서 이루어지는 것이므로 이에 앞서는 동사는 준조동사라고 간주된다.

다음의 *finish*나 *quit*는 의지적 타동사지 상의 동사는 아니지만, 동명사를 취한다는 점에서 그 용법이 비슷하다.

(72) a. She finished her college course last year.

b. She hasn't finished *reading* that book yet

(73) a. I've quit my job.

b. I've quit *working.*

또한 *set*도 *start*와 유사한 용법을 가지고 있다.

(74) a. He set the machine in motion

b. He set the machine *going*.

이 *going*도 동명사로서 PP의 기능을 가지고 있다고 해석된다.

XIII

조동사(助動詞)

동사의 완료형(*have* + 과거분사), 진행형(*be* + 현재분사), 수동형(*be* + 과거분사) 등을 만들 때 *have*와 *be*는 동사 (V)의 확충형을 만드는 조동사(Aux)로 쓰인다. 확충형을 만들어내는 규칙은 V (53)에서 제시한 것처럼,

(1) V → Aux V

이다. V는 부정사이므로 이것을 과거분사나 현재분사로 바꿔야 하는 것이다. 따라서 Aux의 바꿔쓰기 규칙은 다음과 같이 된다.

(2) Aux → (have-en) (be-ing) (be-en)

이 -en은 다음에 오는 V와 결합하여 과거분사(V-en)를 만들며, -ing는 다음에 오는 V와 결합하여 현재분사(V-ing)를 만든다는 것을 나타내고 있다. 각 부분이 괄호 안에 들어 있는 것은 Aux가 실제로 나타나는 모습에 다음 여섯 개의 경우가 있다는 것을 가리키는 것이다.

i) Aux → have-en

She has sung a song. 완료형(完了形)

ii) Aux → be-ing

She is singing a song. 진행형(進行形)

iii) Aux → be-en

The song was sung by her. 수동형(受動形)

iv) Aux- → have-en + be-ing

She has been singing a song. 진행완료형(進行完了形)

v) Aux → be-ing + be-en

The song is being sung. 수동진행형(受動進行形)

vi) Aux → have-en + be-ing + be-en

*The song has been being sung.

위에서 vi)의 수동진행완료형은 이론상으로는 가능하지만 실제로는 쓰이지 않는 것 같다. 참고로, i)의 구조를 도형으로 나타내면 다음과 같다.

(3)

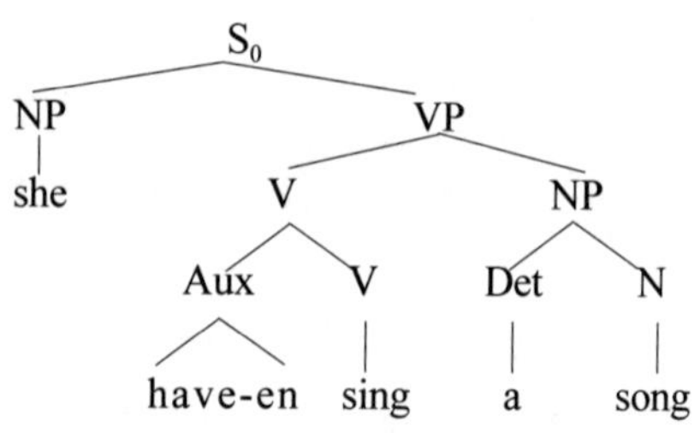

여기서 *sing* + *en*이 *sung*으로 되는 것은 Past + *sing*이 *sang*으로 되는 것처럼 영어의 어형론(morphology)의 규칙에 따른 것이다. 과거분사에는 여러 가지 형태가 있으나 현재분사는 모두 규칙적으로 V + *ing*가 되어 있다.

위에서 든 *have*와 *be* 이외에, *do*도 부정문이나 의문문에서 조동사로 쓰인다. 부정문은 V장 (28)에서 언급한 것처럼,

(4) S_0 → NP Neg VP

라는 구조를 가지며 부정사로 *not*을 쓴다. 이 *not*은 VP의 V가 Aux를 취할 때 *have not / be not*처럼 Aux의 뒤에 오지만, 직접 V가 Neg와 결합하게 되면 *do*를 쓴다. 즉,

(5) Neg V → do not V

가 된다. 이것이 *do*가 조동사로 쓰이는 용법 중의 하나인데, 이밖에 또 의문문에서 쓰이는 용법이 있다.

의문문(Q)은 보통 평서문을 토대로 해서 만드는 것으로 S에 Q라는 구성소가 가미된 특별한 경우라고 생각된다. 즉,

(6) S → Q S

여기서 의문문이 만들어지는 경로를 예를 들어 설명한다면 우선 yes-no question 인

(7) Did you see her yesterday?

라는 문을 고찰해 보자. 이 구조는

(8)

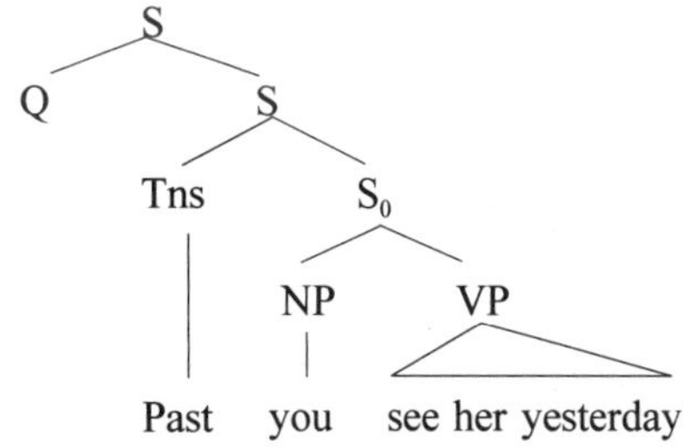

여기서 의문문을 만들려면 우선 Tns를 Q의 장소에 갖다 놓는다. 평서문에서는 주어의 NP가 Tns의 앞으로 나와 Tns + V라는 순서가 되지만 의문문에서는 Tns가 주어보다 앞선다. 그리고 이 Tns는 V에서 떨어져 나가 버린다. 이렇게 고립된 "Tns"는 다음과 같이 바꿔 쓸 수 있다.

(9) *Tns* → Tns + do

(8)에 대해서 말하자면 Tns가 Past이므로 이 규칙에 따라 Past + do → did가 되어 (7)의 문이 된다. Tns가 Q의 위치로 옮아갈 때 *be* 동사와 조동사인 *have*는 Tns와 함께 움직이게 되므로 다음과 같은 의문문이 생기게 된다.

(10) *Were* you there yesterday?

(11) *Have* you ever been there?

아래에 언급하는 법조동사(M)도 Tns와 더불어 앞으로 옮아가게 되므로 Q로 바뀌게 되는 것은

$$\text{Tns}\left(\begin{bmatrix}\text{be}\\ \text{have}\\ \text{M}\end{bmatrix}\right)$$

이 된다.

의문사를 동반하는 의문문(*wh*-question)은 위의 규칙 이외에도 또한 의문사가 문두에 나온다는 규칙이 따르게 된다.

(12) What did you find there?

이 문의 기저에 있는 S는 [Past you find wh-NP there]이다. 우선 Past

가 Q의 위치로 옮아가서 *you*에서 떨어지고 다음 의문사(이때에는 *what*)가 문두에 오게 되어 [what Past find there]가 되며, 이것이 (9)의 규칙에 따라 "Past" → Past + do → did가 되어 (12)이 문이 생겼다고 설명할 수 있다.

(13) Who has seen the wind?

이것도 같은 규칙으로 설명할 수 있다. 기저에 있는 문은 [Pres wh-NP have-en see the wind]인데, 우선 Pres + have가 문두로 나와 [Pres + have who seen the wind]가 된다. 다음 *who*가 문두에 나오고 이것이 단수형이므로 *has*가 되어 (13)의 문이 생기게 된다.

법조동사(modal auxiliary)는 특별한 어군(語群)이다. 이들이 바로 *may/might, can/could, will/would, shall/should, must, ought to* 등이며 문법상으로 가지는 뜻에 대해서도 유의할 필요가 있다. 이들은 모두 부정사의 형태를 가지지 않으므로 VP 안에 속하지는 않는다. 그러나 시제의 구별은 있으므로 S_0 안에서 NP와 VP 사이에 위치한다고 생각된다. 즉,

(14) S_0 → NP M VP

가 된다. 따라서

(15) He will come.

의 구조는 다음과 같이 된다.

(16)

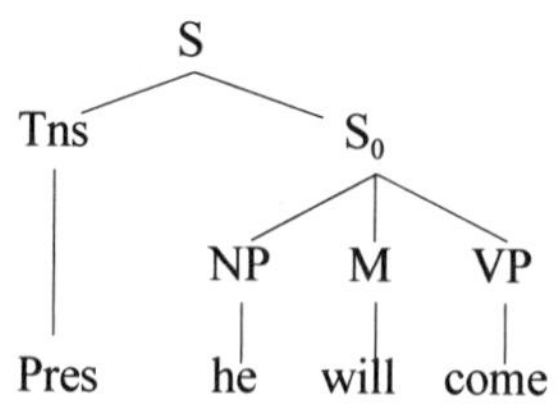

이 *will*이 의지를 나타내든 무의지(미래)를 나타내든 Tns는 Pres이다. 영문법의 시제에는 현재와 과거가 있을 뿐이다.

주의해야 할 것은 (14)의 규칙이 조건부라는 사실이다. 이 [NP M VP]라는 구조는 S_0가 직접 S에 지배되는 경우(S → Tns S_0)에 국한된다. M은 부정사의 형태를 가지지 않으므로 반드시 Tns + M이 된다. 따라서 Tns 없이 S_0가 쓰이는 경우(PP → S_0. NP → it S_0, NP → S_0)에는 M이 등장하지는 않는다. (14)는 이러한 제한이 붙어 있는 규칙이라 하겠다.

(14)의 규칙에서는 NP와 VP 사이에 M이 들어 있으며, (4)의 규칙에서는 NP와 VP 사이에 Neg가 들어 있다. 그러면,

(17) He *won't* come.

에서 처럼 M과 Neg가 있는 경우는 어떻게 되는가? 이것과 (15)의 차이점은 *will*과 *won't*에 있으므로, [NP VP]는 다같이 [he come]이지만, 그 사이에 있는 M이 M(*will*)인가 또는 M + Neg(*won't*) 인가 하는 것이다. 즉, (17)은,

(18)

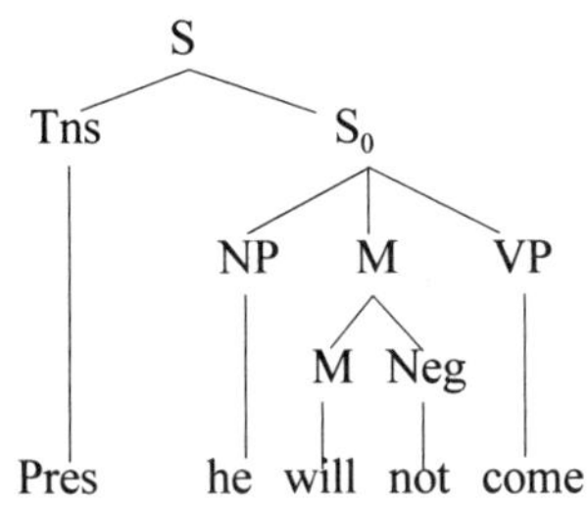

이라는 구조가 된다. 따라서 Neg의 위치는 다음과 같이 된다.

(19) M → M Neg

이렇게 되는 것은 다음의 설명으로 이해될 수 있을 것이다.

법조동사의 용법에는 인칭적(personal)인 것과 비인칭적(impersonal)인 것의 구별이 있다.

(20) You may leave now.

이것은 「자네는 이제 가도 좋다」라는 뜻으로, 말하는 사람의 허가를 나타내고 있다. 말하는 사람의 허가의 대상은 사람이다. 또 (20)은,

(21) You are allowed to leave now.

와도 뜻에 약간의 차이가 있다. (21)에서는 허가하는 사람이 반드시 말하는 사람이라 할 수는 없다. 반면에 (20)은 좀 더 인칭적인 것이라 하겠다.

(22) He may be home today.

이것은 「그가 오늘 집에 있을지도 모르겠다」라는 뜻으로, 그가 집에 있을 개연성에 관한 화자의 판단을 나타내고 있다. 이러한 판단의 대

상이 되어 있는 것이 바로「그가 오늘 집에 있다」라는 내용이므로, 이에 대한 판단은,

(23) It may be that he is home today.

라고 표현할 수도 있을 것이다. 이때는 *may be*라고 판단하는 주어가 *it*이다. (22)는 (23)의 *it*를 *that*-절 안의 *he* 로 바꿔서 만든 것이라고 설명할 수 있다. 따라서 (22)는 (20)과 마찬가지로 사람을 주어로 하고 있기는 하나 의미론적으로 보면 비인칭구조인 것이다. (22)의 *may*를 비인칭적인 용법이라고 부르는 이유가 바로 여기에 있다. 이 구조는 다음과 같이 된다.

(24)

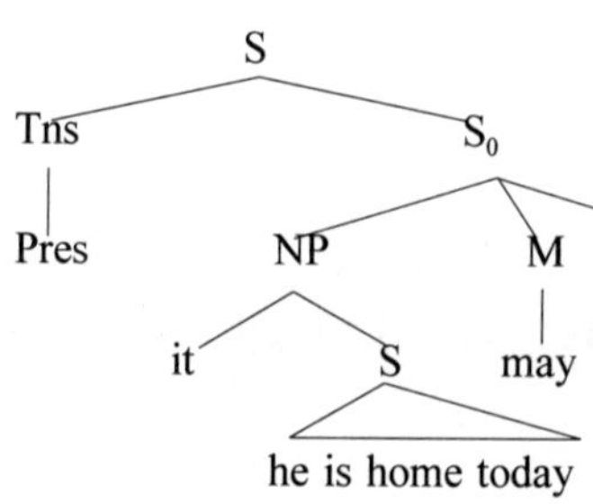

(24)의 *my be*를 부사화하면 *maybe*가 되며, 따라서 (23)은

(25) Maybe he is home today.

가 되기도 한다.

(26) Children may feed the animals.

이 문은 *may*를 문맥에서 어떻게 파악하느냐에 따라 인칭적(먹이를 주

어도 좋다)이 되기도 하고 비인칭적(먹이를 줄지도 모른다)이 되기도 한다. 이것을 비인칭적이라고 풀이하면,

(27) It may be that children will feed the animals.

라는 뜻으로 *that*-절은 미래의 일을 나타내게 된다.

*Can*에서도 *may*처럼 두 가지의 용법을 볼 수 있다.

(28) He can speak English but he can't write it very well.

이것은 말하는 사람이 주어의 능력에 대한 판단을 내리고 있으므로 *can*의 인칭적인 용법이라 하겠다. 이에 대하여,

(29) This story cannot be true.

는「이 이야기는 사실이라 하기 어렵다」라는 뜻으로, 이러한 이야기는 불가능하다는 화자의 이성적인 판단을 나타내고 있다. 바꾸어 말하면,

(30) It cannot be(It is impossible) that this story is true.

라는 뜻으로 (29)의 *cannot*는 비인칭적인 용법이 된다.

(31) Can this story be true?

(32) This story can be true.

이때의 *can*도 비인칭적으로 쓰이고 있지만, (31)은 부정의 *cannot* 을 예상하는 의문문이고, (32)는 가능성을 의미하는 *can*이다. 뜻으로 보면 가능하다(possible)는 것은 불가능하지 않다(not impossible)라는 것이므로 불가능의 부정이 바로 가능이라 하겠다. 어형상으로 보면 *can*

이나 *possible*이 우선 있고, 그 부정이 *cannot / impossible* 이라는 이야기가 되겠으나, 뜻으로 보면 반대가 된다. 따라서 *cannot*은 하나의 M으로 보아야 한다. 그러므로 같은 사실에 대해 *cannot*와 *can* 등 두 가지의 판단이 동시에 성립할 수는 없는 것이다.

(33) The story can't be true.

(34) The story can be true.

같은 사실을 (33)에서는 불가능이라 하고 (34)에서는 가능이라고 하는 것은 모순이다. 이에 반해 may의 경우는 *may*와 *may not*가 양립할 수 있다.

(35) The story may be true.

(36) The story may not be true.

정말일지도 모르고 정말이 아닐지도 모른다는 것은 양립이 가능하다. 이것은,

(37) It may be that the story is true.

(38) It may be that the story is not true.

라고 바꿔 보면 알 수 있겠지만, may의 경우는 판단으로서의 *may*와 *may not*이 대립하는 것이 아니며, 부정은 *that*-절 안에만 있는 것이다. 따라서 *this story is true*의 개연성과 *this story is not true* 라는 개연성은 양립할 수 있는 것이다. 이와는 대조적으로 *can*과 *cannot*은 다 같이 하나의 M이며, 같은 내용(this story is true)에 대해 상반되는 두 가지 판단을 동시에 내릴 수는 없는 것이다.

그러나 *may*도 인칭적으로 쓰일 때에는 *may not*과 대립한다. 허가

를 나타내는 *may*와 불허를 나타내는 *may not*의 대립이 그것이며, 위의 *cannot*이 하나의 M이었던 것처럼 *may not* 역시 하나의 M이 된다.

(39) You may use my car.

(40) You may not use my car.

불허를 나타내는 *may not*은 *must not* 보다 부드러운 표현이다. 더 부드럽게 말할 때에는 *can*을 쓴다(긍정이나 부정을 막론하고).

(41) You can (not) use my car.

*Must*의 인칭적 용법에서는 주어의 의무나 화자의 강요를 나타내며, 부정의 *must not*은 금지를 뜻한다.

(42) I must leave at six.

(43) You mustn't smoke here.

또 비인칭적인 용법에서는 어떤 전제를 바탕으로 한 논리적 귀결을 나타내게 된다.

(44) John must be sick.

「존이 병석에 누운 것이 틀림없다」. 이것을 부정으로 하면 **must not*가 아니라 *cannot*(「…일 리가 없다」)이 된다.

(45) John cannot be sick.

*Ought to*는 *must*와 비교할 때 강제적인 힘이 약하지만, 인칭적 용법

에서는 도의적인 의무를, 비인칭적 용법에서는 이론적으로 생각해서 기대할 수 있는 사항을 나타낸다.

(46) You ought to obey your parents.

(47) You ought to be hungry by now.

*Will*은 본래 주어의 의지를 나타내는 조동사이며, 모든 인칭에서 쓰인다.

(48) I will complete this work in two days.

(49) Will you come? / I won't go.

(50) Accidents will happen.

(51) He will sit like that for hours.

(50)에서는 *accidents*가 의인화되어 있고, (51)에서는 습관을 나타내는 *will*이라고 하는데, 모두 의지를 나타내는 (voluntative) *will*이라 하겠다. 반대로 *will*이 의지를 나타내지 않는 용법도 있다. 원래, 의지가 나타나는 것은 미래의 일이므로 *will*이 의지를 나타내지 않을 때에는 단지 미래만을 나타내게 된다. 위의 (16)에서 *He will come*의 구조를 제시하였지만, 이 *will*은 유의적〈+ vol〉일 수도 있고, 무의적 〈-vol〉 일 수도 있다. 여하간에 Tns는 Pres이다.

*Shall*도 원래는 화자의 의지를 나타내는 조동사이지만, 의지를 나타내지 않을 때에는 1인칭의 단순미래를 나타낸다.

(52) I shall have to go to Russia next month.

이러한 *shall*의 용법은 미국영어에서는 흔하지 않으며, 1인칭에서도

*will*이 미래를 가리키는 데 쓰이고 있다.

(53) I will probably be able to go.

영국영어에서도 *will*을 쓰는 경향이 보이지만, 2인칭, 3인칭에서는 화자의 의지를 나타내는 *shall*을 쓰지 않는다.

단순미래를 나타내는 *will*〈-vol〉의 용법은,

(54) The meeting will be held tomorrow.

(55) He will be writing a new book next year.

등에서 볼 수 있으나, 이들 문에는 *tomorrow*나 *next year*라는 미래를 가리키는 시간적 규정이 명시되어 있다. 그렇지 않다면 *will*이 화자의 추측을 가리키게 된다. 이를테면,

(56) This will be just what she wants.

(57) This hall will hold a thousand people.

(58) She will still be staying with her aunt.

(59) The guests will have arrived by now.

(60) They won't have arrived yet.

이들은 모두 This is just what she wants/This hall holds a thousand people/ She is still staying with her aunt/ The guests have arrived by now/ They haven't arrived yet 이라는 현재시제의 내용을 추측하고 있는 것들이며, 미래의 일은 아니다. 따라서 이 *will*의 용법은 비인칭적이라고 보아야 하겠다.

위에서 본 바와 같이 법조동사는 문의 진술 내용에 대해 화자가 어떻게 판단하는가를 나타내는 것이지만, 의미의 해석상 인칭적 용법

과 비인칭적 용법으로 구별하게 된다. 전자는 화자가 문주어에 대하여 허가 · 금지 · 강제, 또는 문주어의 능력 · 의무 · 의지에 대한 화자의 실질적인 판단을 나타내는 경우이며, 후자는 진술 내용에 대하여 화자의 이성적인 판단, 즉, 진술 내용에 대한 필연성 · 개연성 · 가능성 · 불가능성, 또는 전제에서 나오는 논리적인 귀결을 나타내는 경우였다. 또 *will*이 〈-vol〉의 경우에는 미래의 표출이 되며, 한 걸음 더 나아가서 비인칭적으로 화자의 추측을 나타낸다는 것도 설명하였다.

비인칭으로 쓰인 법조동사의 대상이 되는 판단내용의 시제는 *that*-절에 나타나는데, 이때 미래가 될 수도 있고, 현재, 과거 또는 완료상이 되는 수도 있다. *May*의 경우를 보면,

(61) It may be that John will return home tomorrow

(62) It may be that John is home today.

(63) It may be that John has returned home by now.

(64) It may be that John returned home yesterday.

(65) It may be that John had returned home by then.

이들이 *John*을 주어로 하는 인칭적 구조로 바뀌게 되면 다음과 같이 된다. 우선 (61)의 미래와 (62)의 현재시제는 모두 다 *may* + V가 된다.

(66) John may return home tomorrow

(67) John may be home today.

위 두 문의 차이점은 *tomorrow*와 *today*로 나타냈다는 것뿐이다. 또 (63)의 현재완료, (64)의 과거, (65)의 과거완료는 모두 may + have-en V 라는 같은 형태가 된다.

(68) John may have returned home by now.

(69) John may have returned home yesterday.

(70) John may have returned home by then.

차이점은 *by now / yesterday / by then*에 있을 뿐이다.

비인칭의 *can*이나 *must*에 대해서도 마찬가지의 말을 할 수 있다.

(71) I cannot *have said* such a thing.

(72) He must *have left* his umbrella on the bus.

(71)은 (It cannot be) that I *said* such a thing 이라는 과거의 일, (72)는 (It must be) that he *has left* his umbrella on the bus라는 현재완료로 되어 있는 일에 대한 판단을 나타내고 있다.

이처럼 M + have-en은 과거 · 현재완료 · 과거완료 등 세가지 경우를 가리키는 것인데, 이러한 현상은 부정사의 *to* 뒤에서도, 또 동명사의 Poss-*ing*에서도 볼 수 있다. 즉, *to have* + 과거분사, *having* + 과거분사 등도 세 가지 경우를 나타낼 수 있다는 것이다.

XIV

서상법(敍想法)

전장에서 말한 법조동사에는 이른바 과거형이 있다. *May / can / will/shall*의 과거형은 각각 *might / could / would / should*인데, 이들은 과거시제로 쓰이는 일이 드물고, 주로 서상법(subjunctive mood) 현재로 쓰이고 있다. 이들이 서실법(敍實法, indicative mood) 과거로 쓰이는 것은 주절의 동사가 과거인 경우 고지내용을 나타내는 종절 안에서이다.

(1) He said I might go. ("You may go")

(2) He said the news might not be true. ("The news may not be true")

(3) He said the children could go out and play. ("The children can go out and play")

(4) He said the guest would be late. ("The guest will be late")

이상은 시제의 일치(sequence of tenses)에 따른 과거형이다.

(5) He said the children must [ought to] go out and play.

이 종절 안의 *must / ought to*는 과거시제로 쓰이고 있다. 이들 어형은 오늘날 서실법현재로 쓰이고 있으나 역사적으로는 과거형이어서 그 잔재가 (5)와 같은 종절 안의 과거시제에서 발견된다.

인칭적인 용법의 *could/would*가 서실법과거로 쓰이는 것은 한정된 범위 내에서의 일이다.

(6) He couldn't come yesterday.

(7) I could hear people talking in the next room.

(8) He could read Russian at the age of six.

이들은 능력을 가리키는 *could*이지만, 이것이 과거시제로 쓰이는 것은 (6)과 같은 부정문, (7)과 같은 감각동사, (8)과 같이 상시적 행위를 나타내는 동사에 국한되어 있다. 동작의 완수를 나타내는 동사의 경우에는(긍정문에서는) *was able to*를 쓰거나 단지 동사의 과거형을 쓴다.

(9) I was able to pass the examination.

(10) I passed the examination.

우리말로「합격할 수 있었다」라고 해서

(11) *1 could pass the examination.

이라고 하면 동작의 완수를 가리키는 것이 아니라「합격할 수 있을 텐데」라는 서상법의 *could*가 되어 버린다. 그러나 *could*도 과거와 연관된 상황하에서 쓰이면,

(12) The prisoners could leave camp when they wished.

에서는 능력(허가)을,

(13) In those days, a transatlantic voyage could be dan-gerous.

에서는 가능성을 과거시제로 나타낸다.

*Would*도 과거와 관련된 상황하에서는 의지나 습관이나 추측 등을 나타내는 *will*의 과거시제로서 쓰인다.

(14) The patient wouldn't take any medicine.

(15) He would always help me in his boyhood.

(16) That would be in 1967, I think.

다음 과거형의 법조동사가 서상법현재의 표현으로 쓰이는 경우를 보자. 서상법은 서실법의 직접성을 피해 완곡한 표현을 만들어준다. 과거형이므로 서실법의 현실성은 희박해지고 소극적인 표현이 된다.

(17) Would you mind opening the window?

(18) Couldn't you try pushing the car?

(19) Might [Could] I smoke in here?

이들을 *will/ can/ may*로 할 수도 있으나 서상법을 사용하면 공손한 의뢰나 허가를 기대하는 표현이 된다.

(20) Chikamatsu might be called the Shakespeare of Japan.

(21) The story could be true.

(22) No one would believe she is guilty.

이것은 비인칭적 용법의 경우지만 *may/ can/ will*보다 약한 개연성, 가능성, 추측 등을 나타낸다.

(23) That's what you would say.

(24) I could smack his face!

(25) You might hear a pin fall.

(23)은「그것은 참으로 너다운 말이다」, (24)는「그의 얼굴을 한 방 치고 싶은 심정이다」, (25)는 (너무 고요하여)「바늘이 떨어지는 소리가 들릴 정도이다」. 여기서도 서실법으로는 표현할 수 없는 뜻, 즉, 비현실적인 일들이 상상으로서 표현되어 있다.

(26) I could pass the examination (but I doubt if I will).

이것은 (11)에서 서실법으로서는 문이 되지 않는다고 하였으나 서상법으로는 가능하다.「합격할 수 있다면 좋겠는데(그렇게 되지는 못하겠지)」라는 뜻이 된다. 이것은 현재시제로 나타내는 발상이지만 과거시제로 하면,

(27) I could have passed the examination (but I didn't).

가 된다. 이 문의 Tns는 Past이고 따라서 could + Past → could have-en이 되는데, 전장에서 말한 M + Past → M have-*en* 이라는 규칙에 의한 것이다.

*Might*의 용례를 보자.

(28) You might mail this letter for me.

(29) You might do me a favor.

에서는 약한 가능성을 뜻하므로 의뢰를 나타내는 표현이 된다. 과거시제에서는 가정의 가능성을 뜻한다. 이를테면,

(30) The medicine might have cured him.

(31) He might not have known the truth.

이러한 표현으로부터 *might-have-been*이라는 명사가 생겼다. 실현되지는 않았으나 과거에 있어서 있을 수도 있었던 가능성을 희망적으로 표출하여 「그렇게 되었을지도 모르는 일」이라는 뜻이 된다.

이렇게 *might*는 실현할 수 없는, 또는 실현하지 못한 일을 뜻하게 되어 이러한 일에 대한 비난이나 유감의 뜻을 나타내게 된다.

(32) You might see the difference.

(33) I might have known better.

(34) You might have let me know beforehand.

(32)는 「차이점을 알만도 한데」, (33)은 「내가 바보였다」, (34)는 「미리 알려주어도 좋았을 터인데」 등의 뜻이 된다.

서상법의 법조동사가 소원을 나타내는 문 안에서 쓰이는 것은 당연한 일이다.

(35) I wish I could buy a car.

(36) I wish you would come here by three tomorrow afternoon.

(37) I wish I could have gone with you.

I wish 뒤에서는 *that*가 쓰이지 않는 것 같다.

또 법조동사를 동반하지 않는 표현도 있다.

(38) I wish I were [was] at home now.

(39) I wish I had been at home then.

(38)의 *were*(*was*도 쓰인다), (39)의 *had been*은 각각 현재 또는 과거의

사실에 반대되는 것을 나타내고 있다. 법조동사는 쓰이지 않았지만, 동사의 과거형을 보고 서상법이라는 것을 알 수 있다. 이런 경우에는 비현실적(unreal)인 것이 과거시제로 나타나 있으므로 이 과거가 법조동사(M)의 기능을 담당하고 있다고 풀이된다. 그렇게 되면 (38)의 VP의 구조는 다음과 같이 된다.

(40)

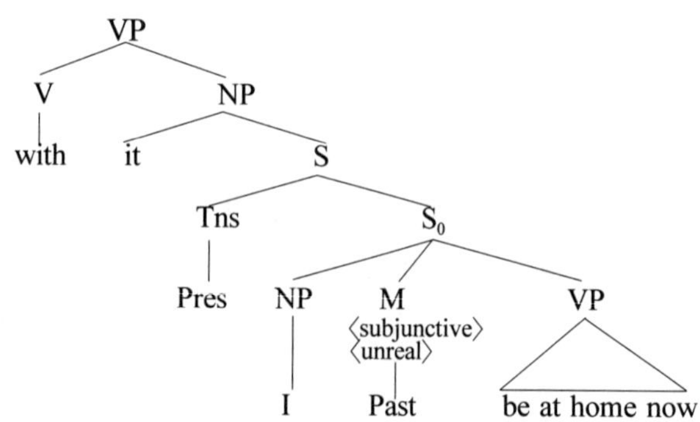

즉, M에 〈subjunctive〉 〈unreal〉이라는 특성이 있는데도 법조동사가 쓰이지 않았기 때문에 그 기능을 담당하기 위하여 S_0의 Tns가 Past로 되었다. 그래서 *be*는 *were*/ *was*가 된 것이다. (39)의 경우에는 종절 S의 Tns가 Past이므로 Past + Past *be* → Past *have-en be* → *had been*이 된다. 이것은 규칙에 따른 변화이다.

(41) It is time we went to bed.

「잠자리에 들 시간이다」의 *went*도 마찬가지로 설명할 수 있다. 그 구조는 다음과 같다.

(42)

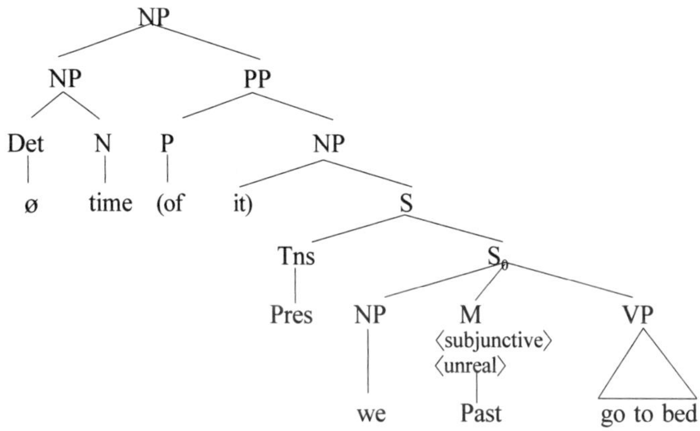

서상법은 상대방에게 무엇을 요구하거나 주장하거나 제안하는 경우에도 쓰인다. 다음과 같은 경우 미국영어에서는 법조동사 없이 동사가 그대로 서상법이 되는 수가 많다.

(43) They demanded that John *apologize.*

(44) We insisted that Phyllis *come* with us.

(45) Suggest that he *bring* the children to your place.

(46) Mr. Chairman. I move that the meeting *be* adjourned.

(47) It was proposed that the bill *be* read a second time.

여기에는 과거시제의 문도 있고 현재시제의 문도 있으나 모두 *that*-절 안에서는 법조동사가 없는 동사가 쓰이고 있다. 그러나 이것은 모두 부정사가 아니라 서상법의 동사라고 보아야 한다. 왜냐하면 M ⟨subjunctive⟩가 ø의 경우라고 간주되므로 ø + V → V이며, V의 어형에는 변함이 없어도 뒤의 V는 서상법인 것이다. 영국영어에서는 이러한 경우 M으로 *should*를 쓰는 것이 보통이다. 위의 모든 예문에서는 *should apologize*처럼 *should*를 붙일 수 있는 것이다.

이런 경우 *should*는 서상법의 표지처럼 쓰이지만, 다음 용례의 *should*는 화자의 감정을 내포하고 있다.

(48) It is odd that you should say this to me.

(49) It is natural that we should pride ourselves on such triumphs.

(50) It is unjust that we should have to submit to such treatment.

(51) How strange that you should not have heard it!

(52) It is surprising that he should be so foolish.

(53) It is a pity that he should miss such a golden opportunity.

(54) It is no wonder that he should get angry.

이들 *that*-절은 화자의 정서적인 판단의 대상이 되어 있기 때문에 단순한 사실로서가 아니라 서상법으로 표현되어 있다고 풀이된다. 이 *should*는 〈subjunctive〉 〈affective〉라는 특성을 가진다.

서상법의 표지가 되는 *should*는 주절에서도 *I should say / I should think*처럼 서실법을 약하게 하는데 쓰인다.

(55) I should like to go.

이 *should like*도 서상법이지만, *want*를 완곡하게 표현한데 지나지 않는다. 그러나 과거시제로 하면 「가고 싶었지만」이라는 뜻이 되어 세 가지 방법으로 표출할 수 있게 된다.

(56) I should have liked to go.

(57) I should like to have gone.

(58) I should have liked to have gone.

(56)은 *should* + Past → *should have-en* 이라고 풀이되고, (57)은 *like to go* 라는 연쇄동사구의 *go*에 중점이 와서 *should like to*가 하나의 M처럼 취급되어 *should like to* + Past → *should like to have-en*이 되었다고 설명 될 수 있겠다. (58)은 (56)과 (57)이 겹친 것으로 과잉표현이라 하겠는데, 구어에서는 흔히 접하게 된다. *should* 대신 *would* / *'d*가 쓰이기도 한다.

이렇게 *should*는 서상법의 표지로 쓰이는데, 그 본래의 뜻은 *ought to*와 같이 의무를 나타낸다.

(59) You should obey your parents.

(60) You should have waited for him.

(60)의 과거시제에서는 「그를 기다렸어야 했다」인데, 그 표현 속에는 기다리지 않았다는 사실이 내포되어 있다.

(61) You oughtn't to have said that.

이것도 「그런 말은 하지 말아야했다」라는 뜻으로, 이 *oughtn't*는 *shouldn't*와 마찬가지로 서상법이다. 이미 설명한 바와 같이 *ought*는 역사적으로 볼 때 과거형이므로 서상법에서도 쓰인다.

또 서상법이 잘 쓰이는 경우로서 *if*로 시작되는 조건문(條件文, protasis)과 그 귀결문(歸結文, apodosis)에 대해서도 설명할 필요가 있다. 조건문에서도 가정을 나타내지 않는 경우에는 서실법이 쓰인다.

(62) He will come if you inivite him

(63) I won't come if you don't invite me.

단, 조건의 실현성이 희박하여 「만일」이라는 기분일 때에는 *should*를 쓰게 된다.

(64) If you *should* change your mind, please let me know.

또 상대방에 대해 공손한 말투로 대할 때에는 *will*을 써서,

(65) If you *will* wait a moment, I'll fetch a chair.

라 하며, 더욱 공손하게 말할 때에는 *would*를 써서,

(66) I should [would] be very grateful if you *would* do that for me.

라고 한다. 이것은 가정을 나타내는 서상법으로 완곡한 표현법이다.

다음 용례는 순전한 서상법의 문들이다.

(67) I could do it, if I would.

(68) If he could speak English, I would employ him right now.

상념상의 가정을 나타내는 조건문이 법조동사를 필요로 하지 않는 경우 현재시제에서는 동사의 과거형을, 과거시제에서는 과거완료형을 쓴다. 현재시제에서는,

(69) He would come if you *invited* him.

(70) If I *had* money enough, I should [would] pay you.

귀결문의 *would/ should*가 서상법현재이고, 조건문의 동사가 과거형인 것은 현재시제에서 M 〈subjunctive〉 〈unreal〉 → Past라는 규칙에

따라 Past + *invite* [*have*] → *invited* [*had*]가 된 것이다. 과거시제에서는,

(71) He would have come if you *had invited* him.

(72) I might have done it if I *had wanted* to.

이 같은 귀결문들은 Past + M(*would*/ *might*) V → M (*would*/ *might*) have V-en으로 된 것이다. 조건문은 M ⟨subjunctive⟩ ⟨unreal⟩ → Past에 문의 과거시제가 겯들여져 Past + Past V → Past have-en V → had V-en이 된 것이다. *If only*나 *as if* 다음에도 같은 가정의 표현을 볼 수 있다.

(73) If only I *had known* it earlier.

(74) It isn't as if she *had* no money.

(돈이 없을 리가 없는데)

그러나 가정의 뜻이 약할 때에는 서상문도 쓰인다.

(75) It looks as if it's *going to* rain.

본장에서는 서실법(敍實法, indicative mood)과 대조되는 서상법(敍想法, subjunctive mood)을 취급했는데, 이외에 명령법(命令法, imperative mood)과 기원법(祈願法, optative mood) 등이 문법상으로 인정되어 있다. 명령이나 기원을 표현하는 경우에도 그나름의 특색이 있기 때문이다. 현재 기원법은 그리 많이 쓰이는 편은 아니지만, 그 표현은,

(76) S → Opt S_0

라고 할 수 있다. Tns는 없고 Opt라는 심적 태도만이 문제가 된다.

이를테면,

(77) God save the King!

의 구조는 다음과 같이 나타낼 수 있다.

(78)

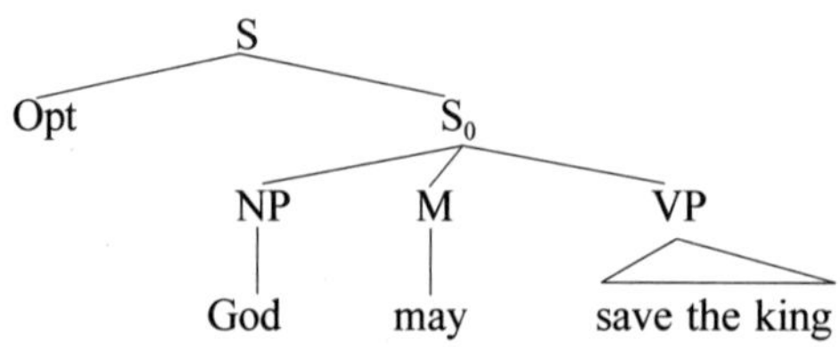

이 기저구조에서 법조동사인 *may*를 Opt의 위치로 옮기면 *May God save the King!*이 된다. 그리고 *may*의 삭제는 임의적이므로 이것을 떼어버리면 (77)이 된다.

명령문은 Tns 대신 Imp를 갖게 된다.

(79) S → Imp S_0

명령문에는 법조동사가 등장하지 않지만 기저에는 있는 것으로 생각해야 한다. 이를테면,

(80) Come here.

의 구조는 다음과 같다

(81)

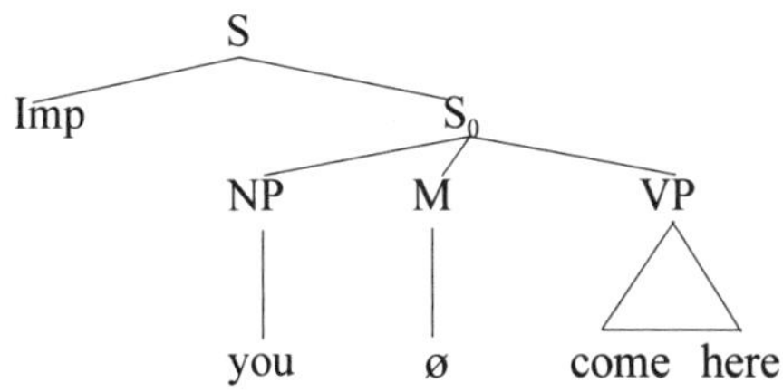

기원문의 경우와 마찬가지로 M로 Imp를 바꿔치기 한다. 그러면 M은 ø(제로)이므로 형태는 *you come here*이지만, 이 *come*은 부정사가 아니라 명령법의 *come*이 되어 버린다. 주격인 *you*의 삭제는 임의적이므로 없는 것이 보통이다. 그래서 (80)의 *Come here*가 되었다고 설명된다. 주어의 NP가 *you*가 아닐 때에는 삭제할 수 없다. 이를테면,

(82) Somebody open the door.

(83) Everybody shut their eyes.

(84) Jack and Susan stand over there.

마지막의 *Jack and Susan*은 호격(呼格, vocative)이라고 풀이할 수도 있다.

(85) Don't go away.

부정의 명령문은 M → M Neg의 경우이며, 이 M Neg가 Imp에 옮겨지면 M이 제로(ø)가 되어 있으므로 Neg만이 단독으로 문두에 나선다. 그때의 "Neg"는,

(86) "Neg" → do not (→ don't)

가 된다. 따라서 *Don't you go away*가 생기고 *you*를 임의적으로 생략하면 (85)가 된다.

다음 명령문과 구별되는 문으로,

(87) Let's learn English.

처럼 상대방을 권유하는 문이 있다. 권유법(勸誘法, exhortative mood)이라고 명명할 수 있겠다. 권유법의 구조는,

(88) S → Exh S_0

이고, M은 *let's*이며, 주어는 상대방을 포함하는 *we*이다

(89)

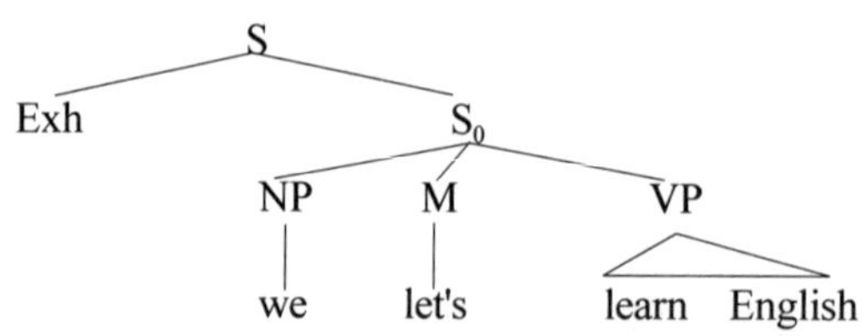

이때 *let's*가 선두에 나서면 *we*는 *us*가 되어 *Let's us learn English*가 되지만, 이 *us*는 삭제되는 것이 보통이다. 부정의

(90) Let's not learn English.

는 M → let's not의 경우이다. 이때에는 *us*가 반드시 삭제된다. 또 *Let's not* 대신 *Don't let's / Let's don't*가 쓰이기도 한다.

명령의 *let*(이를테면, *Let us go*)는 위에서 말한 명령문의 구조를 취하며(이때 *us*는 상대편(you)을 포함하지 않는다), *let's*와 다르다는 것은 말할 것도 없다

XV

능동문(能動文)과 수동문(受動文) (1)

I 장에서 설명한 바와 같이 영어의 기본문형은 다음과 같이 나타낼 수 있다.

(1) $S \rightarrow Tns\ S_0$

$S_0 \rightarrow NP\ VP$

$VP \rightarrow V\ (NP)\ (PP)$

$PP \rightarrow P\ NP$

$NP \rightarrow (Det)\ N$

이 규칙을 더 확충시킬 수 있다는 것은 이제까지 여러 장에서 언급한 바와 같으나, (1)이 기본적인 형이며, 이것이 능동태(能動態, active voice) 평서문(平敍文, declarative sentence)의 구조이다. VP가 세 개의 구성소로 이루어지는 문,

(2) John planted apple trees in the orchard.

를 예로 들면, 그 구조는 다음과 같이 된다.

(3)

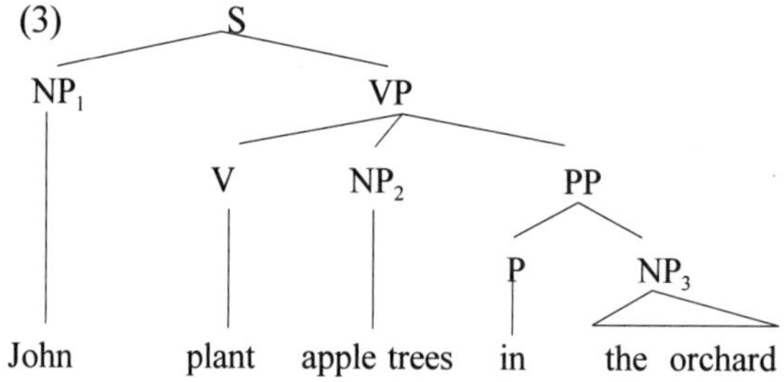

여기에는 세 개의 NP가 있어 편의상 숫자를 붙여 놓았는데, 동사(*plant*)에 선행하는 NP_1(*John*)은 주어, 동사의 바로 뒤에 오는 NP_2(*apple trees*)는 목적어, 동사의 보어가 되는 PP안에 있는 NP_3(*the orchard*)는 전치사의 목적어라고 불린다. 같은 NP라도 문 중에서의 기능은 각각 다르다. (1)의 규칙에는 이러한 기능의 차이도 나타나 있다.

이들 NP는 동사의 뜻을 중심으로 하여 상호 연관관계를 가지고 있으며, 동사의 뜻도 지금까지 보아온 것만 해도 사역동사, 감각동사, 지각동사, 사고동사, 고지동사, 정의동사 등 다양하다. 따라서 NP 사이에 개재하는 관계도 각양각색이라 하겠다. 그러나 이렇게 다양한 뜻을 지닌 유형 안에서 가장 대표적인 것은 동사가 동작을 나타내며, 주어는 동작주(agent)이고, 목적어는 수동자(patient)라는 형식이다. (2)의 문에서는 *John*이 동작주, *apple trees*가 수동자, *in the orchard*가 장소규정(locative)으로 되어 있다. *John*은 「심는 사람」, apple trees는 「심어지는 것」이라는 상관관계가 성립한다.

동작주-동작-수동자라는 형태는,

(4) The hunter killed the bear.

와 같은 문에서는 의미내용과 일치하지만,

(5) The frost has killed the flowers.

(6) This key opened the door.

(7) She fears mice.

에서는 비유적인 뜻을 가질 따름이다. (5)의 *the frost*는 자연의 힘(natural agent)을, (6)의 *this key*는 도구(instrument)를 나타내고 있으나, 비유적으로는 동작주가 되어 있다. (7)의 주어도 그렇지만 뜻으로 보면 동작주라기보다는 수동자라 하겠다.

이렇게 보면 능동태라고 불리는 문의 주어도 각양각색이라는 것을 알 수가 있다. 그럼에도 불구하고 이들이 모두 능동태라고 느껴지는 것은 주어가 동작주인 것 같은 표상을 수반하기 때문이지만, 그것만으로 주어라고 느껴지는 것은 아니다. 뜻으로 보면 모든 주어가 다 동작주는 아니지만 문의 주제(theme)가 되어 있다는 공통점은 가지고 있다. 그런데 사실은 subject(주어)라는 영어의 술어는 그 뜻이 애매하여 동작주라는 뜻으로 해석된다. 동작주가 아니라도 문의 주제가 될 수 있으므로 문의 구조란 일반적으로 주제(NP)와 기술(VP)로 이루어진다 하겠다. (2)의 John은 동작주인 동시에 주제로서 직격(直格, casus rectus)으로 생각되며, 이에 맞서 *apple trees*나 *the orchard*는 사격(斜格, casus obliquus)이라고 생각된다. 상관관계에 있는 두 항 중에서 한 항이 직격이라고 간주되면 다른 항은 필연적으로 사격이라고 간주되기 마련이다. 상관개념, 이를테면 「남편」과 「아내」를 생각할 때 하나를 직격이라고 간주하면 또 하나는 사격이라고 간주되는 것이다. (2)에서는 「심는 사람」이 직격이라고 생각되므로 John이 주어가 되어있다. 만일 「심어지는 물건」을 직격으로 한다면 *apple trees*가 주제가 되어,

(8) Apple trees were planted in the orchard (by John).

이 된다. *John*은 여전히 동작주지만 이때에는 사격이 된다(*by*는 동작주를 가리키는 전치사이다). 또 *in the orchard*는 장소규정을 가리키는 보어지만 장소를 *plant*의 목적어로 할 수도 있어 (2)의 문을

(9) John planted the orchard with apple trees.

라고 할 수도 있다. 이때 (2)의 목적어와 보어의 자리가 바뀌게 되는데, 이것은 같은 사격이지만 어느 것을 「심는 것」과 직접 관계가 있는 것으로 보는가 하는 견해에 차이점이 있는데 불과하다.

동사의 뜻이 상관관계를 내포하는 경우, 이 동사는 타동사가 되어 목적어를 취하게 된다. 그러나 이 목적어가 문맥으로 보아 분명할 때에는 표출되지 않는 경우도 있다.

(10) We ate and drank too much.

(11) I neither drink nor smoke.

(12) I must change for dinner. (옷을 갈아입다)

(13) You must change at next station. (차를 바꿔타다)

(14) I have already written to him. (편지를)

(15) He teaches for living.

이 안에 있는 동사는 본래가 타동사이므로 위의 용례에서처럼 목적어가 없는 경우에도 역시 타동사이며, [V NP]의 NP가 제로(ø)인 경우라고 생각된다.

타동사와는 대조적으로 상관관계를 나타내지 않는 동사를 자동사라고 부르게 된다. 목적어는 없지만 장소 · 방향 · 기점(source) · 착점(goal) · 도구(수단) 등을 나타내는 PP를 상대적 규정으로서 취하게 된다.

(16) The baby is sleeping in the crib.

(17) They drove to the airport

같은 구조지만 다음과 같은 경우에는 주어의 NP와 PP 안의 NP가 대칭적(對稱的, symmetrical)인 관계를 가지게 된다. 따라서 어느 한 쪽만을 주어로 할 수 있는가 하면, 또 양쪽을 함께 주어로 할 수도 있다.

(18) a. The tanker collided with the steamer in the harbor.

b. The steamer collided with the tanker in the harbor.

c. The tanker and the steamer collided in the harbor.

(19) a. My opinion differs slightly from yours.

b. Your opinion differs slightly from mine.

c. My opinion and yours differ slightly.

다음 용례도 마찬가지로 두 개의 NP가 대칭적인 관계에 있으나, 한 쪽만이 목적어의 위치에 온다.

(20) a. John married Mary in June last year.

b. Mary married John in June last year.

c. John and Mary married in June last year.

이 *marry*는 타동사가 아니다. 결혼 당사자가 아닌 사람이 다른 사람을 「결혼시키다」라고 할 때에는,

(21) The priest married John and Mary.

처럼 타동사라 하겠지만, (20)의 경우는 *get married* (*to*)와 마찬가지로

대칭적 동사라 해야 하겠다.

여기서 주어-목적어의 관계를 수동태(passive voice)의 입장에서 고찰해 보면, 위에서 언급한 바와 같이 능동태는 뜻으로 볼 때에는 복잡한 여러 경우를 내포하고 있지만, 결국 수동형이 아닌 것은 능동형이라는 이야기가 된다. 수동태의 경우도 잡다한 상황을 내포하고 있지만, 여기서도 대표적인 수동문이라는 것은 동작주에 대한 수동자를 주제로 한 구문이라는 것이다.

(22) John was beaten by Tom.

(23) The bear was killed by the hunter.

여기서 수동자 *John / the bear*가 주제가 되어, 동작주인 *Tom / the hunter*는 PP로(사격으로) 나타나있다. 이 구조는 다음과 같다.

(24)

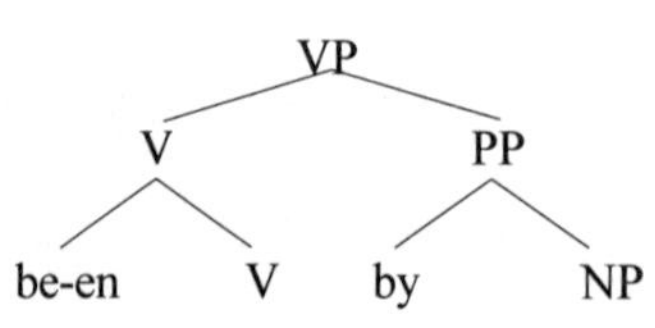

동사의 수동형을 만드는 조동사가 *be-en* 이라는 것은 XIII장 (2)에서 언급한 바 있다. 동작주가 PP로 명시되어 있는 경우이거나 문맥으로 쉽게 추측할 수 있는 경우에는 수동문에서 능동문을 만들 수 있지만, 동작주가 분명치 않거나 문제시되지 않고 있을 때에는 능동문을 만들 수 없다. 그것은 말하자면 *by* NP가 없는 경우이다.

(25) His father was killed in World War II.

(26) He was born in Massachusetts.

(27) She was delivered of a child.

(28) Rome was not built in a day.

이들 예문에서는 동작주가 고려되어 있지 않고 있다. 또 PP가 *by* NP라로 되어 있다고 해서 반드시 동작주라고 할 수도 없는 것이다. 이를테면,

(29) The picture was painted by a new technique.

이 PP는 수단을 나타내는 사격이다. 만일 이것이 *by a real artist* 라면 동작주를 나타내는 것이 된다.

(30) Coal was replaced by oil.

여기서는 *oil*을 비유적으로 동작주라 간주할 수도 있겠지만 역시 수단이라고 보아야 할 것이며, 동작주는 도외시되어 있다고 생각해야 할 것이다.

(31) For weeks before Christmas, shops are crowded with people buying Christmas presents.

이 문의 *crowd*는 본래 타동사로서, Shoppers crowded the stores처럼 목적어를 취할 수 있겠는데, 위의 수동문에서는 *by people*이라고 해야 할 것이 *with people*로 되어 있다. 이것은 *are crowded*가 상태를 나타내는 것이므로 동작주를 가리키는 *by people*이 아니라 혼잡을 일으키는 요인이라고 생각되는 *with people*이 쓰이고 있는 것이다. 이렇게 되면 이 *are crowded*는 동작의 수동형(actional passive)이 아니라 상태의 수동형(statal passive)이 되어 버린다. (24)의 도형은 동작수동형의 구조이며, 상태수동형의 도형은 다음과 같이 된다.

(32)

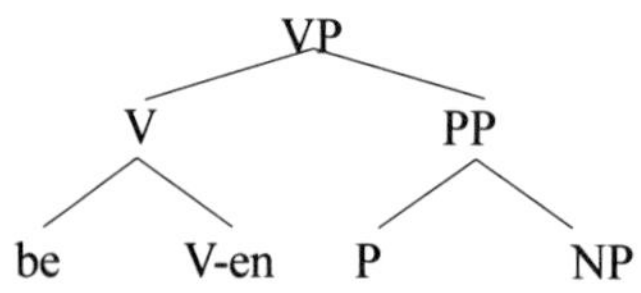

이 V-en은 과거분사이며, 본래의 수동형이 조동사 *be-en*에 의한 V의 변화라고 볼 수 있는데 반하여, 상태수동형에서는 처음부터 V-en을 부여받고 있다. 이것은 과거분사가 형용사적인 성격을 띠어 상태를 나타내게 되어 있다는 것이다. 그래서 뒤따르는 PP의 전치사는 동작주를 가리키는 *by* 이외의 것이 되어 버린다. 여기서 우리는 과거분사가 형용사화하는 계기를 엿볼 수 있다. (31)과 유사한 예를 들면,

(33) The sky is covered with clouds.

(34) A million books are contained in this library.

(35) The committee is composed of five members.

(36) He is known to everybody in the town.

이들은 수동형이라고는 하나 이미 조성된 상태를 가리키는 것으로, PP 안의 명사에는 전혀 동작주라는 느낌이 들어 있지 않다.

(37) The city is well supplied with water.

(38) The town is situated on the hill.

여기서는 동작주가 완전히 도외시되어 있다.

과거분사가 형용사화해 버린 정도를 헤아리는 한 가지 방법은 *very*로 강조할 수 있느냐 없느냐를 시험해 보는 것이다.

(39) He was (very) much surprised *by* her conduct.

(40) He was very (much) surprised *at* her conduct.

모두 *very much*로 *surprised*를 강조할 수 있으나 (39)는 *very*만으로는 강조할 수 없다. 아직 *surprised*가 동사로서의 기능을 발휘하고 있기 때문이다. 이와는 대조적으로 (40)에서는 *very surprised*라고 할 수 있다. 이렇게 되면 *surprised*는 형용사로서 취급을 받게 된다는 것이다. 또한,

(41) He seemed [looked] surprised at the strange sight.

와 같이 *seem*이나 *look* 다음에 쓰이고 있다는 사실도 형용사화의 표시가 된다 하겠다. 더구나 *-ly*를 붙여서 부사(surprisedly)를 만들 수도 있다. 이렇게 형용사화한 과거분사를 분사형용사(分詞形容詞, participial adjective)라고 부르게 된다. 현재분사의 경우도 마찬가지로 *very surprising*이나 *surprisingly* 등의 형태가 가능한 *surprising*은 분사형용사이다.

본래의 수동태에서는 동작주와 수동자의 대립이 명쾌하게 드러나는 법이지만, 동사의 뜻이 물리적 동작이 아니라 심리적인 영향을 미치는 경우에도 수동형 구문을 만들 수 있다.

(42) a. Her conduct surprised him.

b. He was surprised by her conduct.

c. He was surprised at her conduct.

a.에서는 그의 놀라움의 원인이 되는 것이 동작주의 취급을 받고 있다. b.는 a.를 수동문으로 한 것인데, *by her conduct*가 c.의 *at her con-*

*duct*로 변할 수 있는 것은 위에서 본 바와 같다. 여기서 과거분사의 형용사화 과정을 볼 수 있는데, 다음 용례에서는 타동사에서 자동사로 변화하는 과정을 볼 수 있다.

(43) a. He was worried by the dog.
b. He was worried about the dog.
c. He worried about the dog.

이렇게 동작주와 수동자의 대립이 약해지면 타동사의 자동사화라는 현상이 일어나게 된다.

(44) He graduated from Yale in 1950.

본래는 *was graduated*라고 하였으나 오늘날에는 자동사로 쓰이는 것이 보통이다. 아직 타동사라고 느껴지는 말이라도 동작주를 도외시하는 경우에는 수동형이 아니라 자동사로 쓰이게 되는 수가 있다.

(45) He has just qualified as a doctor.
(46) He naturalized in Canada [as a Canadian].
(47) The rumors multiplied.

이들 문은 동작주와 그의 행위라는 관점에서 본 것이 아니라, 어떤 일이 이루어지는 과정에 초점이 맞추어져 있어서 주어는 주제가 되어 있는데 불과하다.

위의 용례는 사람이 주어가 되는 경우지만 사물의 경우도 마찬가지다. 이른바 능동수동태(能動受動態, activo-passive) 라는 것이다.

(48) The door opens easily. (열리다)

(49) The rule applies in all cases. (적용된다)

(50) His book sells well. (잘 팔린다)

(51) His scientific papers read like novels. (읽혀진다)

(52) This material washes better than that one. (세탁이 잘된다)

(53) Riches tend to accumulate. (축적이 된다)

(54) This patch won't show. (눈에 띄지 않는다)

(55) The mud will brush off when it's dry. (「솔로」 잘 털어낼 수 있다)

(56) The meat cuts easily. (잘 썰어진다)

XVI

능동문(能動文)과 수동문(受動文) (2)

동사의 수동형을 만드는 조동사는 *be*이지만 *get*도 쓸 수 있다. *be* + 과거분사가 동작성이나 상태성을 지닌 수동형을 동시에 만들 수 있는데 반하여, *get* + 과거분사는 동작성을 뚜렷이 나타내주는 것으로서 구어적으로 많이 쓰인다.

(1) The gate was shut when I passed by, but I don't know when it was shut.

첫 번에 나오는 *was shut*는 상태성, 다음의 *was shut*는 동작성을 나타내는 수동형이다. 이와는 대조적으로 *get*의 용법은,

(2) Be careful crossing the street, or you'll get killed.
(3) The treasure got found by the skin-divers.

전장에서 대칭적 동사에 대해 언급했는데 *get married*도 수동형이기는 하지만 대칭적으로 쓰이고 있다. 따라서 뒤따르는 전치사는 *by*가 아니라 *to*가 된다〈XV (20)과 비교〉.

(4) a. John got married to Mary.

b. Mary got married to John.

c. John and Mary got married.

Get 이외에도 *become*으로 수동형을 만드는 수가 있는데, 이때 *become*의 원래의 뜻이 보존되어「…하게 되다」라는 변화의 결과를 나타내므로 완전한 조동사가 되지는 못한다. 그러므로 용법에 제한이 있다.

(5) At last the truth became known

(6) This newspaper has become widely read in this country.

동작을 나타내는 동사만을 수동형으로 하는 것이 원칙이기는 하지만 상태를 나타내는 동사도 주어를 동작주로 의식하는 경우에는 수동형으로 할 수 있다.

(7) The child is loved by everybody.

(8) The house is owned by my father.

(9) The land is still possessed by the old man.

정의동사(*love*/ *like*/ *hate*/ *admire* 등)는 정적인 뜻을 가지지만 그러한 상태에 들어가는 심적 작용으로 본다면 (7)처럼 수동문으로 할 수 있다. 소유의 뜻을 가지는 *own*/ *possess*도 마찬가지이며, 소유의 시발점을 생각하면 동작주가 있는 것이 된다. 소유 상태를 나타내는 *have*의 경우에는 수동문을 만들 수 없다.

(10) They have a nice house.

(11) The room has two windows.

이들은 존재문의 뜻을 가지며, (11)은

(12) There are two windows in the room.

과 같으나, 주제가 다를 뿐이다.

(13) He lacks confidence.

이 *lack*은 존재의 부정을 뜻하며, 상관관계가 나타나 있지 않으므로 수동문으로 만들 수 없다. 그러나 다음의 *have*는 'obtain'이라는 뜻으로 동작주를 생각할 수 있으므로 수동문이 가능하다.

(14) This kind of pen can be had easily.

중간동사(middle verb)라고 불리우는 일군의 동사가 있다. 계량을 나타내는 동사가 대표적인 것이라 하겠다.

(15) The book cost (me) ten dollars.

(16) The package weighs a pound.

(17) The food lasted (us) two weeks.

(18) The bills totaled a thousand dollars.

사전에 따라 cost를 타동사로 취급하기도 하고 자동사로 취급하기도 한다. 간접목적어가 등장하는 경우가 있어 그 다음에 오는 NP가 직접목적어와 같은 느낌을 주기도 하지만, 이 NP는 계량의 척도를 가리키는 것이므로 동사의 보어가 된다. 또, 이 NP는 주어와 대립하는 것이 아니므로 수동문으로 할 수는 없다. 이 NP는 동사의 뜻을 보완하는 상대적 규정을 나타내고 있으므로 기능상으로는 PP에 해당한다.

그러나 자동사 + PP와는 다르다.

(19) He walked ten miles.

이 *ten miles*에는 *for*를 첨가할 수도 있으므로 분명히 PP라 하겠다 〈XXI(49) 참조〉. 그리고 *walk*는 자동사로 자립할 수도 있다. 이런 점으로 보아, 중간동사는 보어 없이는 뜻이 완결되지 않으므로 자동사와는 다르다. 타동사와 자동사의 중간에 있다 하여 중간동사라고 불리고 있다. 이것을 Vm이라고 나타내면 VP의 구조는 [Vm NP]가 된다.

중간동사에는 수량을 나타내는 동사 이외에 다음과 같은 것들이 있다.

(20) A white dress becomes her. (어울리다)

(21) This color suits her. (맞다)

(22) The suit fits me. (잘 맞다)

(23) The table cover matches the curtains. (조화가 되다)

(24) Mary resembles her mother. (닮다)

이들도 [Vm NP]라는 구조이며, NP는 보어의 기능을 갖기 때문에 수동문을 만들 수가 없다.

전치사동사가 수동형이 될 수 있다는 것은 이미 XI(42)에서 언급한 바 있다. 주어의 NP와 [P NP]의 NP 사이에서 상관관계를 느낄 수 있으면 [V P]가 한 개의 타동사의 경우처럼 수동형을 만들 수 있다.

(25) This house was lived in by George Washington.

이 같은 수동문이 가능하다는 것은 XI(49)에서 설명하였지만,

(26) *Virginia was lived in by George Washington.

이라고는 하지 못할 것이다. *George Washington lived in Virginia*에서 거주지와 그곳에 살고 있는 사람 사이의 상관관계가 느껴지지 않기 때문이다.

상관관계를 인정할 수 없는 곳에서는 수동태가 쓰이지 않는 것이라고 한다면,

(27) He cut his finger.

(28) She wiped her hands.

등이 수동문으로 될 수 없는 것은 당연한 일이다. (27)은,

(29) He had his finger cut.

라고 할 수는 있으나 *his finger*를 주어로 할 수는 없다〈이 *have*의 용법에 대해서는 XVII장에서 설명한다〉.

Ⅹ(20) 이하에서 동명사를 목적사로 취하는 동사를 몇 가지 들었다. 동명사의 의미상의 주어가 문주어와 동일할 때에는 동사와 목적어와의 결합이 긴밀하다는 사실도 지적하였다. 이를테면,

(30) I like swimming in the river.

라는 문을 낳게 하는 의문문은 What do you *like doing?* 이지, What do you *like?*는 아니라고 말하였다. 따라서 이런 종류의 문은 수동태로 성립되지 않는다〈Ⅹ(48) 이하 참조〉.

목적어에는 직접목적어(D.O.라고 축약함) 이외에 간접목적어(I.0.라고 축약함)라는 것도 있다는 것은 이미 VII (40)에서 언급하였다. 두 개의 목적어를 취하는 것은 *give* 등 이른바 수여동사(dative verb)이다.

이 종류의 동사에는 주는 사람과 주어지는 물건 사이의 상관관계 이외에도 주어지는 물건을 받는 사람(recipient)이 관여하게 되므로 목적어는 두 개가 되는 것이다. I.O.는 기능상 PP라고 간주되므로 두 가지의 표현이 생긴다.

(31) a. I don't lend money *to* anybody
b. I'll lend you a new book.

(32) a. He showed the pictures *to* all his guests.
b. I'll show you my pictures.

(33) a. John bought some flowers *for* his mother.
b. John bought his mother some flowers.

(34) a. He found a job *for* his son.
b. My father found me a job.

전치사에는 *to*와 *for*가 있으나 *for*에는 수익자(beneficiary)라는 뜻이 더 강하다.

(35) He brought me a chair.

이 *me*는 *to me*라고도, *for me*라고도 볼 수 있다.

위에서 본 바와 같이 수여동사의 구문에는 a. 형과 b. 형이 있다. 각각 다음과 같이 된다.

(36) a. b.

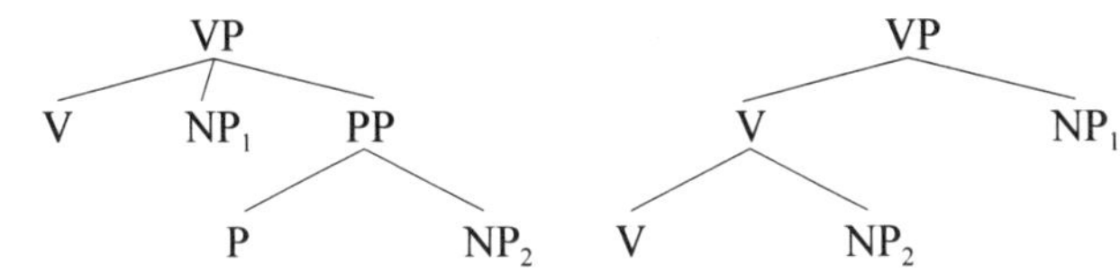

간접목적어로서 직접목적어에 선행하는 NP_2는 VP에 직접 지배되는 NP가 아니라, V의 확산으로서의 부가적인 요소로 되어 있으며, VP에게는 간접적으로 지배되어 있는데 불과하다. 이것은 왜냐하면 대개의 경우 I.O.는 이미 알고 있는 정보이므로, 문미에 있는 강세의 위치를 새로운 정보가 담긴 NP에게 넘겨준다는 심리가 작용하고 있기 때문이다. I.O.에 인칭대명사가 많은 것도 이미 알려진 사람의 경우이기 때문이다. 대명사가 아니라도,

(37) a. He gave a doll to the girl.

b. He gave the girl a doll.

의 a.와 b.를 비교하면 b.가 더 자연스럽다. 이것은 *the girl*이 이미 알려진 정보이고, *a doll*은 새 정보이기 때문이다. I.O.에는 강세가 없고 문미에 오는 D.O.나 PP 안의 NP에 강세가 오는 것을 보아도 이 같은 사실을 알 수 있다.

(38) a. The man gave some money to Jóhn.

b. The man gave John some móney.

이것을 수동문으로 하면, 각각 다음과 같이 된다.

(39) a. Some money was given to Jóhn.

b. John was given some móney.

논리적으로 보면 *John*은 주어가 될 수 없겠으나 심리적으로 보면 이미 알려진 정보가 주어로 되는 것이라고 설명할 수 있을 것이다.

사역동사는 직접목적어(+ 부정사구)를 취하므로 수동문이 가능하다.

(40) a. He ordered them to pull down the house.

b. They were ordered to pull down the house.

이때 a.의 경우 부정사구의 의미상의 주어는 *them*이고, b.에서는 문주어 *they*라는 것을 구조상으로 명백히 알 수 있으므로 문제가 없다. 그러나,

(41) He ordered the house to be pulled down.

이라는 표현도 있다. 여기서는 *the house*가 *order*의 직접목적어로 되어 있어 집이 명령을 받은 것이 되어 불합리한 표현이라 하겠다. 그러나 이런 종류의 구문이 인정되고 있어서,

(42) He allowed the toys to be brought into the room.

(43) I've forbidden it to be mentioned before the children.

이라고도 한다. 여기서도 허가를 받거나 금지를 당한 것은 *the toys*나 *it*가 아니라 뒤따르는 부정사구를 포함하는 전체인 것이다. 즉, 사역동사의 본래의 목적어는 여기서는 불문에 붙여지고 있으므로 (41)의 구조의 기저에는 다음과 같은 문이 깔려 있다고 생각되는 것이다.

(44)

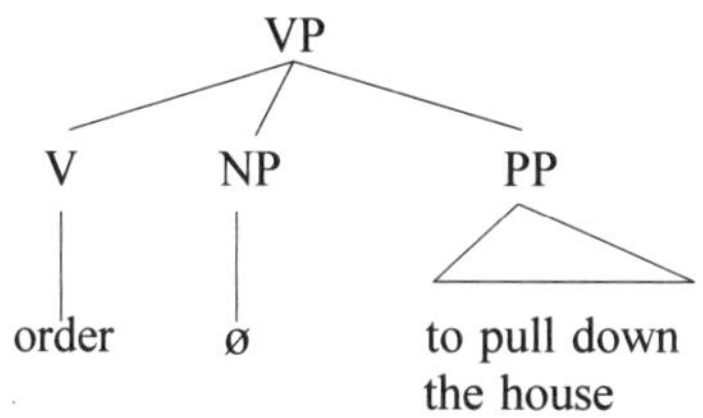

사역동사의 직접목적어를 불문에 붙인 채 PP인 *to pull down the house*를 수동으로 하여 [the house to be pulled down]이라 하고, 이 *the house*를 NP의 위치로 옮겨놓아 (41)이 되었다고 설명한다. (42), (43)도 마찬가지이다. 이것은 *pull down*의 동작주보다 목적어를 더 중요시하는 경우이고 이것을 문의 주제로 하면,

(45) The house was ordered to be pulled down.

이 된다. 표면상으로는 *He ordered the house* (to be pulled down)이 수동문이 되어 *The house was ordered* (to be pulled down)으로 된 것처럼 보이지만 뜻으로 보면 위에서 설명한 것처럼 되어야 한다. 따라서 (40) b.와는 그 구조가 다르다.

동족목적어(cognate object)라고 불리우는 특수한 목적어가 있다. 동사와 목적어가 같은 어원이거나 같은 뜻을 나타내는 경우를 말하는데, 동사는 자동사일 때가 많다.

(46) He slept a sound sleep.

(47) He lived a happy life.

(48) He laughed a hearty laugh.

(49) He died a sad death.

(50) He dreamed a horrible dream.

(51) They fought a brave battle.

(52) They won a glorious victory.

목적어인 명사에 형용사가 붙는 것이 보통인데, 이러한 명사구가 동사에 대해 부사적인 기능을 하고 있다. 동족목적어는 표현에 생기를 불어넣어 줄 뿐 본래의 목적어는 아니다. 그러므로 수동문으로 할 수 없는 것은 당연한 일이다.

동족목적어와 연관지어 생각할 수 있는 것에 *have / take / make / give*처럼 일반적인 뜻을 가지는 동사가, 동사에서 파생한 명사를 목적어로 취하는 표현을 들 수 있다.

(53) He's having a bath.

(54) Let me have a look at it.

(55) Have a drink [a smoke / a swim].

(56) She had a good laugh.

(56)의 *had*를 *laughed*라고 하면 동족목적어가 된다. 이때에도 형용사가 붙는 경우가 많다.

(57) He had a long talk with her.

*Take*나 *make*의 용례로는,

(58) She took a rest.

(59) She took a dislike to him.

(60) He made several attempts to contact me.

(61) He made an effort to appear as democratic as possible.

수동형도 *make*의 경우는 가능하다. 이를테면,

(62) Mention has already been made of her wishes.

*Give*의 용례를 들면,

(63) give a jump [a try / a sigh / a yell].

(64) He gave a gentle push to the door.

(65) She gave a sweet smile.

여기서 *gave* 대신 *smiled*를 쓰면 동족목적어의 구조가 된다. 또한,

(66) She smiled her consent.

는 smiled (a smile of) consent와 동일하며, 이 *her consent* 역시 동족목적어라고 간주된다.

영어에서는 이렇게 명사화된 동사를 *have / take / make / give* 등 이른바 작용어(operator)의 목적어로 쓰는 경향이 많이 보인다. 이렇게 해서 동작을 명사로 포착하여 본래의 동사를 가지고서는 표현할 수 없는 일회성이나 완결성을 나타낼 수 있게 하는 것이다. 동사의 명사화는 영어의 표현에 커다란 기여를 하고 있는 셈이다. XXV장에서 또 설명하기로 한다.

XVII

목적어(目的語)의 여러 양상

전장의 간접목적화(I.O.)에 관한 언급 중, (37)에서 수여동사의 구문에 I.O. + D.O. 형과 D.O. + PP 형의 두 가지 종류가 있다는 것을 보았다. 또한 I.O.는 동사에 대해 부가어적(附加語的) 성격을 가지는 것이라고 말하였는데, 이것은 I.O.가 동사에서 떨어져 나갈 때 PP가 된다는 것을 보아도 알 수 있는 일이다. 이를테면,

(1) *Who* did the man give money *to*?

의 용례는 전치사를 취하여 기능상으로 I.O.가 PP라는 것을 보여 준다. 또 I.O.는 반드시 표출되지 않아도 된다.

(2) He bought a desk.

한편 D.O.도 표출되지 않은 채 I.O.만이 나타날 수도 있다.

(3) I'll show you.

(4) He wrote me.

(5) He wired [telegraphed] me.

(6) He promised me.

이들 문은 D.O.가 결여된 형태지만, 반면에 *eat / drink / smoke / change / teach* 등은 D.O.없이도 쓸 수가 있다. 용례는 XV (10)~(15)에서 들었다. 이와 유사한 *read*도 D.O.를 생략하여,

(7) Shall I read to you ?

라고 할 수는 있지만 *write*처럼 I.O.만 쓰이는 법은 없는 것 같으며, I.O.나 PP를 취할 때에는 D.O.도 함께 표출된다.

(8) a. John read the letter to Mary.
b. John read her the letter.

대체로 I.O.로는 강세 없는 인칭대명사가 오는 수가 많다.

(9) a. I wish you a pleasant flight.
b. We wished good luck to each and all.

(10) a. He refused me help.
b. He refused nothing to his daughter.

전장에서 언급한 중간동사 *cost*나 *last* 등은 I.O.를 취하지만 PP는 취하지 않는다. 이와는 반대로 고지동사인 *say*나 *explain*은 반드시 PP를 취하며, I.O.는 취하지 않는다.

(11) She said goodbye to me.

(12) Will you explain the rule to me?

다음 *envy*나 *forgive*는 인칭대명사인 I.O.와 명사구인 D.O.를 취하나 목적어가 하나일 경우에는 D.O.만을 취하게 된다.

(13) a. I envy you your good fortune.
b. I envy you.
c. I envy your good fortune.

(14) a. Forgive me my sins.
b. Forgive me.
c. Forgive my sins.

에서, b.가 위의 (3)~(6)에서와는 달리 D.O.로 쓰였다는 사실은 동사의 의미상, 주어와 사람 사이에 상관관계가 인정되기 때문이다. 다음의 *teach*는 네 종류의 표현이 가능하다.

(15) a. He teaches them English.
b. He teaches small children.
c. He teaches English.
d. He teaches English to small children.

*Pay*는 I.O.와 D.O. 및 PP도 취할 수 있으나 전부를 생략해서 표출할 수도 있다.

(16) a. I paid ten dollars (to the driver).
b. I paid the driver (ten dollars).
c. I can't pay (you) (anything) (for it).

*Promise*의 용법은,

(17) a. My father promised a new car to me.

b. My father promised me a new car.

c. My father promised (me) to buy a new car.

c.의 I.O.인 *me*는 표출되지 않을 때도 있다. 그리고 *promised to buy*는 연속동사구를 이룬다. 부정사 *to buy*의 의미상의 주어는 문주어인 *my father*이며, 바로 앞에 있는 *me*가 아니기 때문이다. c.의 VP의 구조는 (18)이며, 이 *me*는 I.O.이다.

(18)

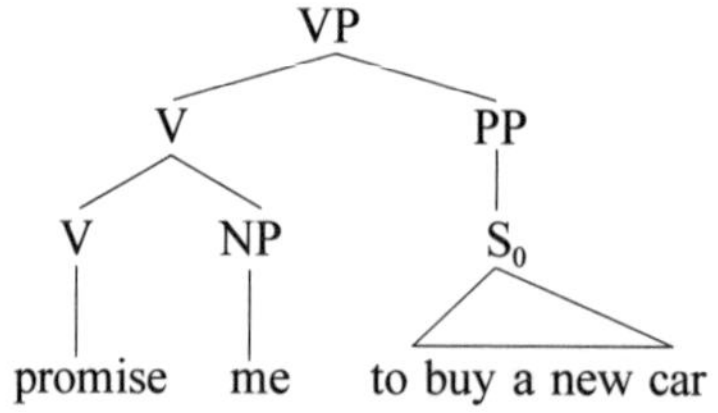

(17) a.의 의문문은,

(19) *Who* did my father promise a new car *to*?

라고 하겠으나 b. c.의 의문문은

(20) What did my father promise (to do)?

가 되고, b.와 c. 안에 있는 *me*를 끌어내는 의문문은 만들 수가 없다. I.O.는 이미 알려져 있어서 의문문의 주제가 될 수 없기 때문이다. *He offered me to pay the whole amount*도 똑같은 형의 문이다.

(18)의 도형으로 설명할 수 있는 것에 다음과 같은 구문이 있다.

(21) He looked me in the face [in the eye].

이것은 자동사 *look*와 그 보어인 PP 사이에 간접목적어인 *me*가 들어간 것으로 풀이된다. 이것과

(22) The doctor looked in my eyes (to examine them).

을 비교하면, (21)은 「나를 똑바로 쳐다보았다」라는 뜻으로 사람이 관심의 대상이 되어 있는데 대해, (22)는 눈 그 자체가 대상이 되어있다는 차이가 있다.

다음 문은 외견상으로는 (21)과 비슷하나 타동사의 경우이므로 VP → V NP PP의 형이라 하겠다.

(23) He struck me on the head.

(24) He punched me in the side.

(25) He caught me by the wrist.

이들 문은 동형이다. 그러나 다음 두 문은 표면상으로는 같은 것 같지만 사실은 그렇지 않다.

(26) a. He strikes me as pompous.

b. He regards me as pompous.

a.는 「나에게는 그가 거만한 사람처럼 보인다」라는 뜻이므로 *pompous*한 것은 주어인 그가 된다. 이와는 대조적으로 b.는 「그는 나를 거만하다고 생각하고 있다」라는 뜻이므로 *pompous*한 것은 바로 나인 것이다. 따라서 b.에서는 *me*가 직접목적어이며 VP → V NP PP 라는 구조지만, a.의 *me*는 (21)의 경우처럼 간접목적어라고 보아야 한다. 즉,

인상을 받은 사람(recipient)으로서의 *me*인 것이다. a.의 구조는 다음과 같다.

(27)

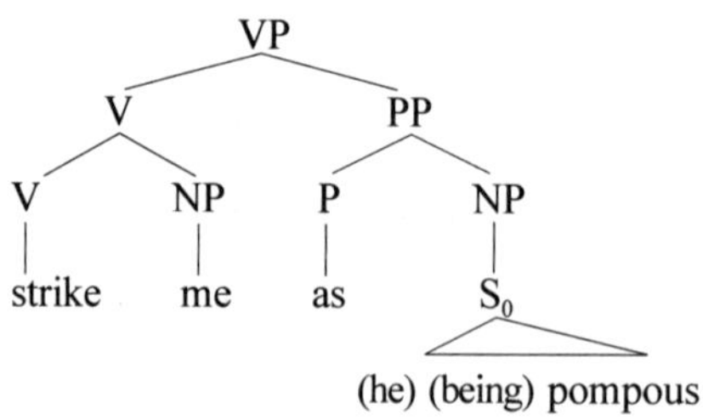

여기서 전치사의 목적어는 동명사구이며 그 의미상의 주어는 *me*가 아니라 문주어인 *he*이다. 수동문으로 하면 *I am struck as pompous가 되지만 이런 문은 있을 수 없다. 그러나 b.의 수동문 I am regarded as pompous는 성립한다.

*Strike*에 대해서 몇 마디 첨가하면,

(28) He struck me a blow.

의 *me*는 He gave me a blow의 *me*와 같이 I.O.라고 볼 수도 있으나 *He struck me*도 가능하므로 D.O.라고 간주할 수도 있다. 이것은 *blow*가 *strike*와 같은 부류이므로 *strike a blow*에서는 동족목적어가 되는 것이다. 그래서 *me*를 I.O.로도 또는 D.O.로도 볼 수 있게 된다.

*Have*라는 동사는 본래 He *has* a house of his own에서처럼 소유한다는 정적인 뜻을 가지지만 get/take처럼 동적인 뜻을 가지는 수도 있다. XVI (14)에서 한 예를 들었지만,

(29) At what time do you have breakfast?

에서도 *have* = take라는 뜻으로 직접목적어를 취한다 하겠다. 그러나,

(30) This room has two windows.

는 XVI장 (11), (12)에서 말한 바와 같이,

(31) There are two windows in this room.

이라는 존재문과 같은 뜻을 가지게 된다. (30)은 (31)의 *this room*을 주제로 한 것이며, 두 구조 사이에는 상관관계가 있어 존재문을 *have* 구문으로 바꿀 수 있게 된다.

(32) a. There are many good theatres in Tokyo.
b. Tokyo has many good theatres.

(33) a. There was snow on the ground.
b. The ground had snow on it.

a.의 존재문에서 PP로 되어 있는 장소가 b.에서는 주제가 되어 본래의 주어는 *have*의 목적어가 되어버렸다. 더구나 (33)에서는 본래의 *on the ground*가 *on it*로 되어 남게 된다.

(32)와 (33)의 차이점은 전자가 항시적인 존재를 나타내는데 반하여 후자는 일시적인 존재를 뜻하고 있다는 점이다. 이때 PP가 남게 되므로 (33)의 b.에는 *on it*가 등장하게 된다. 용례를 더 첨부해 보자.

(34) a. There is a scratch on the table.
b. The table has a scratch on it.

(35) a. There is a clock on the tower.
b. The tower has a clock on it.

(36) a. There was a smile on her face.
b. Her face had a smile on it.
c. She had a smile on her face.

(36)의 c.에서는 *her face* 대신 *she*가 주제로 되어 있다. 이렇게 물건의 존재가 사람과 관계가 있을 때 사람을 주제로 하는 경우가 많다.

(37) I have some apples in my basket.
(38) He had his hand in his pocket.
(39) Do you have any coffee in your house?

이러한 표현이 사람과 사람의 관계에 대한 언급이 되면,

(40) I have a brother and two sisters.
(41) He has several friends in China.

가 된다. 우리말로 하면 「형제가 있다」 「친구가 있다」라는 존재문이 되는 경우이다.

그런데 이들 *have*를 내포하는 문의 구조에 대해 말하자면 표면상으로는 VP → V NP PP라고 분석이 된다. 그러나 *have* 다음의 NP가 직접목적어라고 한다면 이때의 *have*는 소유의 뜻을 가지거나 그렇지 않으면 *get/take*의 뜻이 된다. 그러나 그 어느 쪽도 이 경우에는 적합하지 않다. 이 *have*는 정적인 뜻이 되어, 소유가 아니라 존재를 의미하고 있다. 비유적으로는 소유관계를 나타낸다 하겠으나 실지로는 어떤 물건의 존재에 대해 이와 관계있는 사물을 주제로 해서 표출하고 있는 것이다. (34)의 예를 들면 *There is a scratch on the table*이라는

존재문이 먼저 있고, 그 중 이미 알려져 있는 *the table*을 주제로 하여 *have*의 주어로 삼은 것이므로 *have*의 목적어는「흠이 있다」라는 상태인 것이다. (34) b.의 구조는 VP → have NP의 NP가 [it S]의 경우이다. 즉

(42)

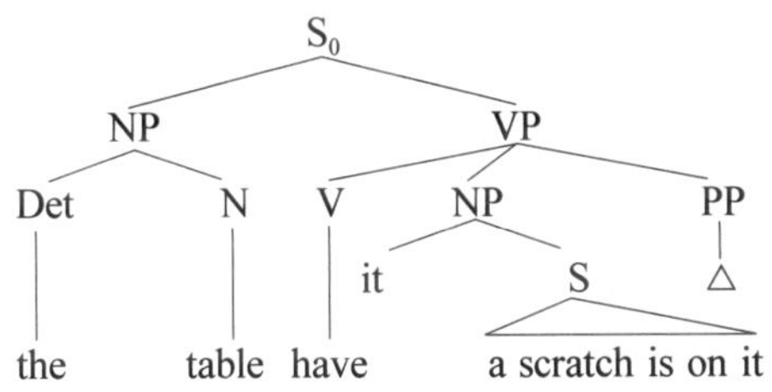

그리고 [a scratch is on it]의 주어인 *a scratch*를 *it*의 위치에 옮겨놓고 *on it*를 PP의 위치에 옮겨 (34)의 b.가 생겼다고 설명된다. (40)과 같은 문 역시 [it S]의 S[a brother and two sisters are (to me)]에서 유도할 수 있다. 앞으로 얘기할 *have*의 모든 용법에 이러한 설명을 적용시킬 수 있다.

(43) The patient has three nurses attending on him.

(44) He had his wife working for him.

(45) I have two buttons missing on my jacket.

이들은 모두 *have* + NP + 현재분사라는 구조이며, 이것으로 어떤 상태를 표출하고 있다. 이 형은 외형상으로 보면 Ⅳ (9)의 *I caught the boy smoking a cigar*와 같지만 *catch*가 *the boy*를 직접목적어로 하고 있는데 대해, *have*는 어떤 상태를 목적어로 하고 있다. (45)에서는 단

추가 없으므로 *two buttons*가 *have*의 직접목적어가 될 수는 없다. [two buttons are missing]이 목적어가 되어 있는 것이다. 이런 문이 기저에 있어 *have* 구문이 이루어지는 것이므로 그 구조는 *have* + [it S]라고 해야 하겠다.

위에서 본 *have* + NP + 현재분사는 진행형으로 표출할 수 있는 상태를 나타내는 것이지만, 현재분사 대신 과거분사가 쓰이면 수동태의 뜻이 된다.

(46) I had my watch stolen.

(47) I had my right leg hurt in the accident.

(48) She had a lot of money left her.

(49) The houses had their roofs ripped off by the gale.

(46)은 [my watch was stolen]이라는 내용을, 그 피해자를 주제로 해서 표출한 것이며, (48)은 [a lot of money was left her]의 수익자를 주제로 해서 표출한 것이다. 기저에는 수동태로 표출되는 어떤 사태가 있고, 여기에 이해관계를 가지는 사람을 주제로 해서 표출한 것이 바로 위에서 본 과거분사의 경우라 하겠다. 이들 수동태에서 예상할 수 있는 동작주는 주어 이외의 것, 즉 [my watch was stolen *by somebody*] 라는 것이며, 이 동작주가 주어 자신인 경우에는 어떤 일의 완료 상태를 뜻하게 된다.

(50) They have their work done.

(51) I have my paper all written.

(52) I have my revolver loaded.

이들을 완료형인 They have done their work / I have written all my

paper / I have loaded my revolver와 비교해 보면 동작 완료 후의 상태를 나타내고 있다.

현재분사나 과거분사가 있을 곳에 형용사가 오는 수도 있다.

(53) We always have a certain amount of money ready for use.

(54) We can't have these machines idle for so long.

(55) I have my father ill for these five years.

이들도 어떤 사태를 당사자와의 관계하에서 표출한 것이다. 그런데 부정사가 쓰이는 수도 있다.

(56) I had a most extraordinary thing happen to me.

(57) My wife likes to have people come and stop with us.

(58) I have many students visit me from time to time.

이들은 어떤 일을 당사자의 경험으로서 나타내고 있다. (56)은 「나는 이상한 사건을 만나게 되었다」, (57)은 「내 아내는 사람들이 집에 와서 유숙하는 것을 좋아한다」, (58)은 「많은 학생들이 때때로 나를 찾아온다」 정도의 뜻이다. 우리말로 「애들이 죽고 말았다」라는 뜻도 이 구문으로 나타낼 수 있다. 이를테면,

(59) She gave birth to eight children and *had* five *die*.

다음 예문에서는 주어의 의지가 *will*로 표출되어 있다. 이때에는 사역적인 뜻이 된다.

(60) I would have you stay here.

(61) I won't have you say things like that about my wife.

부정사가 아니라 현재분사가 올 수도 있다.

(62) I won't have you prying into my affairs.

또 *have*가 get처럼 동적인 뜻을 가지는 수도 있다. 이럴 때에는 *have*가 사역동사의 기능에 가까워진다.

(63) He had his wife iron his shirt.

이것은 He got his wife to iron his shirt와 같은 뜻이 되므로 [V NP(부정사구)]라고도 해석할 수 있겠으나 *have*의 경우에는 아무래도 [V NP (it S)]라고 간주하여 *have*가 유의지〈+ vol〉인가 무의지〈-vol〉인가로 구별하는 것이 좋을 것 같다. (56)~(58)은 〈-vol〉의 경우, (63)은 〈+ vol〉의 경우라고 해서 구별한다. 이러한 사실은 아래와 같은 예문에도 해당된다.

(64) I had my hair cut.

(65) I had my foot bandaged.

여기서는 뒤에 과거분사가 쓰이고 있으나 뜻은 (64)「(사람으로 하여금) 머리를 깎게 하였다」, (65)「발에 붕대를 감게 하였다」 등 사역을 나타내는 경우와「머리를 깎였다」,「붕대를 감겼다」 등 수동태라고 간주되는 등 두 가지로 생각할 수 있다. 이렇게 두 가지 해석이 나오게 되는 것은 *have*가 과연 유의적이냐 무의적이냐 하는 뜻의 차이에 기인하는 것이지만, 구조상으로는 양쪽 다 *have* + [it S]로서 차이가 없는 것으로 간주된다. 단지 〈+ vol〉의 경우에는 *have*에, 〈-vol〉의 경우에는 과거분사에 강세가 오게 될 것이다.

유의적인 *have*는 동적이기 때문에 진행형도 명령형도 만들 수 있다.

(66) He was having his wife iron his shirt.

(67) I'm having a house built.

(68) Please have my bag brought to my room.

(69) Have him come here at five.

(70) Have the car in the garage by midnight.

(70)에는 부정사가 없지만, 이것은 have the car *be* in the garage에서 *be*가 삭제된 것이다. 이 *have* + NP + *be* PP는 [*put* NP PP]이므로 *put*는 *be*의 사역동사라고 할 수 있겠다.

XVIII

주어(主語)와 주제(主題)

전장의 (30)과 (31)에서,

(1) This room has two windows.

(2) There are two windows in this room.

이라는 두 개의 문은 실질적으로는 같은 뜻이라고 말하였다. 우리말로 하면 모두

(3)「이 방에는 창문이 두 개 있다」

가 될 것이다. 우리말로는「은」은 주제를,「이」는 주어를 가리킨다고 해석되기 때문에,「이 방에는」으로 풀이된 *in this room*이라는 PP자체가 주제가 되어 있다. 그리고「창문이」는 주어가 된다. 영어에서는 주제와 주어가 일치하는 것이 보통이므로 *this room*을 주어로 함과 동시에 주제로 하여「이 방은 두 개의 창문을 가지고 있다」라는 *have* 구문으로 존재를 나타내게 된다.「이 방은」의「은」은 주어를 가리키는「이」를 겸하고 있다. 우리말로는「에는」이라고 할 수는 있어도「이는」이라고는 하지 않는다. 따라서「이는」→「은」이라는 규칙이 성립한다.

말하는 사람이 주제로 삼는 것은 일반적으로 듣는 사람이 이미 알고 있는 사물이다. 위의 문에서 *this room*은 이미 알려진 사물이지만,

two windows는 듣는 사람에게는 새로운 정보다. 따라서 *this room*은 쉽게 주어가 될 수 있지만, two windows는 존재의 주어는 될 수 있어도 주제로서는 부적당하다. 그러므로 *Two windows are in this room은 듣는 사람에게 당돌한 느낌을 주게 될 것이다. 미지의 사물이 주제가 되어 있기 때문이다. 이러한 느낌을 피하기 위해서는,

(4) In this room are two windows.

처럼 PP를 문두에 두면 일단 주제의 대용은 되겠지만, 이러한 도치를 피하여 PP를 본래의 위치에 놓으면,

(5) There are two windows in this room.

이라는 *there* 구문이 된다. 이 *there*는 본래 「거기에」라는 뜻을 가지는 부사로서, 그 용법은,

(6) There comes the train! / There goes the last bus!

(7) Is she still there? / She wasn't there.

등에서 볼 수 있고, 이 *there*에는 강세가 붙는다. 그러나 *there* 구문이 되면 본래의 의미를 상실하므로 강세도 없어진다. 진주어는 뒤에 오는 NP지만 형식적으로는 *there*가 주어구실을 하여,

(8) Is *there* a library in this town?

(9) There will be trouble, won't *there*?

(10) I hate *there* to be another war.

처럼 쓰인다. 그리고 진주어가 복수인 경우에는 *There are*… 처럼 복수형의 동사를 쓰지만, 구어에서는

(11) There's hundreds of people on the waiting list.

처럼 단수형으로 쓰는 수도 있다.

There 구문에는 진행형이나 수동형도 있다.

(12) There was a dog barking on the street.

(13) There was a young man speaking in a loud voice.

(14) There was heard a rumbling noise.

존재를 나타내는 *be* 동사 이외에도, 몇몇 자동사는 *there* 구문을 취할 수 있다.

(15) There comes a time when such things don't matter.

(16) There once lived there a queer old man.

그러므로 *there* 구문은, 듣는 사람에게 생소한 정보를 주제로 삼는 것이 부적당한 경우, 실질적으로는 아무 뜻도 없는 *there*를 주제의 위치인 문두에 놓은 것이라고 설명할 수 있다. 같은 내용을 표출하는 경우에도 무엇을 주제로 삼느냐에 따라 느낌이 달라진다.

(17) a. It's hot in the room

b. The room is hot.

a.와 b.의 차이는 아래 a.와 b.의 차이와 흡사하다.

(18) a. There are some books on the shelf.

b. The shelf has some books on it.

(17), (18)의 a.는 it나 *there*라는 형식어가 주제의 위치를 차지하고 있

다. 이와는 대조적으로,

(19) Bees swarm in the garden.

(20) Trout teem in this lake.

에서는 구체명사가 주어로 되어 있으나, 이들 명사에 정관사가 붙어 있지 않는 것을 보아도 알 수 있듯이 주어로 쓰인 명사는 미리 알려져 있는 정보가 아니다. 우리말로 하면 「벌이 마당을 누비고 있다」 「연어가 호수에 가득 차 있다」가 되어, 「이(가)」라는 주격조사에서 벌써 「벌」 「연어」가 주어라는 사실이 나타나 있지만, 이것이 주제가 되는 것은 아니다. 따라서 이것을

(21) The garden swarms with bees.

(22) This lake teems with trout.

라고 하면 「마당은 벌로 가득 차 있다」 「호수는 연어로 득실거린다」라고 해석되어 주어가 주제라는 것이 「은(는)」으로 나타나 있다. 이때 *swarm*이나 *teem*의 뜻은 주어의 변화에 따라 필연적으로 바뀌게 된다.

이들은 자동사의 경우지만, 타동사를 보면 여기서는 목적어와 보어의 위치가 서로 바뀌는 경우가 있다. 앞서,

XV (2) John planted apple trees in the orchard.

XV (8) Apple trees were planted in the orchard (by John).

XV (9) John planted the orchard with apple trees.

라는 예문을 들었다. 마지막 문을 수동태로 한,

(23) The orchard was planted with apple trees.

도 가능하다. XV(8)은 「사과 나무가」, (23)은 「과수원에」라고 해석된다. 마찬가지로 *present*에도 네 가지 용법이 있다.

(24) a. He presented a ring to me.
b. A ring was presented to me.
(25) a. He presented me with a ring.
b. I was presented with a ring.

수동문의 주어가 능동문의 직접 목적어라는 것은 말할 것도 없다. 직접목적어와 보어의 위치가 서로 바뀌는 수가 있다.

(26) a. John smeared paint on the wall.
b. John smeared the wall with paint.
(27) a. He spread butter on the bread.
b. He spread the bread with butter.

이미 알려져 있는 것이 주제가 되면, 이것은 한정된 것으로 되고 만다. 다음의 a.와 b.를 비교해 보자.

(28) a. Everyone in this room knows two languages.
b. Two languages are known by everyone in this room.

a.의 *two languages*는 어떤 것이든 상관없는 두 가지 언어를 가리키지만, b.의 *two languages*는 특정한 두 개의 언어를 가리키고 있다는 느낌을 준다.

(29) Many people read few books.

(30) Few books are read by many people.

이들도 단지 능동형과 수동형의 차이가 아니라, 주제의 차이에 따라 뜻이 달라진 경우라 하겠다. 주제가 되는 것은 특정한 사물이므로, (29)에서는 There are many people (who read few books), (30)에서는 There are few books (which are read by many people)이라는 뜻이 되어 의미가 다르다.

이미 알려져 있는 사항을 주어로 삼는 것은 이야기를 진행시키는 방법으로 자연스런 일이라 하겠다. 따라서 정관사가 붙는 명사나 전방조응적(前方照應的)인 대명사가 주어로 등장하는 경우가 많다. 단, 일반적인 진술에서는 부정관사를 취하는 명사가 주어로 쓰이기도 한다.

(31) A horse is a useful animal.

(32) A book is usually made of paper.

이러한 주어는 일반개념을 나타내고 있으므로 추상적인 문이 되어버린다. 마찬가지로 부정사구를 주어로 하는 것도 일반적인 진술을 나타내는 표현에 많다.

(33) To help the poor is a duty.

(34) To tell a lie is wrong.

부정사구의 명사적 용법은 NP → it S_0에서 온 것이므로 *it*가 선행하는 것이 원칙일 뿐만 아니라 실지로 *it*가 선행하는 것이 보통이다. 이를테면,

(35) It's annoying to lose one's glasses.

이것도 일반적인 진술이긴 하지만 *it*를 주어로 하는 편이 구어적이다.

(36) It would be painful for him to confess.

부정사구인 *for him to confess*를 주어로 하는 것도 가능하지만, *would be*가 아니라 *was*였다면 부정사구가 주어로 될 수는 없을 것이다. 과거의 일을 표출하는데 부정사구는 적합하지 않기 때문이다.

마찬가지로 *that*-절도 NP → it S에서 나온 것이므로 *it*를 앞세우는 것이 보통이다.

(37) It is obvious that he has done it on purpose.

이 *that*-절을 주어로 하는 것도 가능하겠지만, 그렇게 하면 연설조가 된다. *It is said* [*thought*/ *believed*/ *known*] 등이 *that*-절을 주어로 하는 경우는 없을 것이다.

(38) It is said that love is blind.

(39) It was arranged that she should give a great dinner.

(40) It is a pity I didn't know earlier.

이들과는 대조적으로 동명사구는 NP → S_0의 경우이므로 선행사인 *it*가 없는 것이 원칙이다. 그러나 동명사구를 주어로 한다는 것은 부정사구나 *that*-절을 주어로 하는 경우와 마찬가지로 문어적인 느낌을 주는 것이므로 여기서도 *it*를 선행사로 쓰는 표현이 발달되어 있다.

(41) a. Arriving in London on a Sunday is very inconvenient.

b. It is very inconvenient arriving in London on a Sunday.

이렇게 *it*로 문을 시작하고 동명사구를 뒤에 오게 하는 표현도 이제는 상당히 정착되어가고 있는 실정이다. 예를 들면,

(42) It was hot work climbing. (올라가는데 힘이 들었다)

(43) It is hard work keeping the grass green at this time of the year.

(44) It'll be a miserable work living here alone.

(45) It was a difficult business getting everything ready in time.

(46) It is worth while visiting that museum

(47) It's a nuisance having to wait an hour for the next bus!

(48) It's no use crying over spilt milk.

(49) It won't be any good my talking to him.

(50) It doesn't matter her disliking me.

본래 예비(豫備)의 *it*을 동반하지 않는 동명사구가 위와 같은 표현법을 발달시킨 것은 주제로서의 당돌함을 피하기 위해 예비의 *it*를 내세워 문을 구성하고 뒤에 주어를 첨가한다는 방법에서 나온 것 같다. 즉,

(51) It's dangerous work, playing with explosives.

처럼 처음에는 동명사구 앞에 콤마(休止)가 있었던 것으로 생각된다. 이러한 표현법은 구어에서 흔히,

(52) He's a fine boy, your son is.

와 같은 성질이라고 생각된다. (52)가 *He's a fine boy*와 *your son is a fine boy* 등 두 개의 문이 결합한 것이라고 생각되듯이 (51)도 *It's dangerous work + playing with explosives* is dangerous work가 그 기저에 놓여 있다고 생각된다.

사이에 있던 콤마(休止)가 없어지면서 한 개의 문이 되고, 또 이것이 일반화하여 (42) 이하의 형이 되었다고 하겠다.

예비의 *it*나 존재문의 *there*도 진주어를 후치하기 위한 수단으로서의 형식어라는 점으로 보면 공통점이 있다. 그런데 양자 간에 서로 혼동이 일어나는 수도 있다. 이를테면 *there is* 구문에서 그렇다.

(53) There is no use (in) asking him for help.

(54) There is no use (in) speculating on that subject.

*There*로 시작하면 *in*이 있는 것이 원래의 표현법이겠지만 *in*이 떨어져 나가는 수가 많은 것은 *It is no use*의 경우와 혼동했기 때문일 것이다.

주어의 위치에 형식어인 *it*가 오는 용례는 속담에 많다.

(55) It is an ill wind that blows nobody good.

(56) It is an ill bird that fouls its own nest.

(57) It is a good doctor that follows his own advice.

(58) It is a good divine that follows his own instructions.

(59) It is a long lane that has no turning.

(55)를 직역하면 「누구의 이익도 되지 않는 바람은 나쁜 바람이다」 (어떠한 불행도 누군가에는 득이 된다)인데, 이것은

(60) It is an ill wind, the wind that blows nobody good (is an ill

wind).

에서 온 것이라고 설명할 수 있겠다. 동명사구의 경우와 같지만 여기서는 뒤에 오는 *the wind*가 삭제되어 관계사절이 직접 *an ill wind*에 붙는 형식을 취하고 있다. (56)「자기 둥지를 더럽히는 새는 나쁜(어리석은)새다」(자기 집안(직장)의 험담을 하지 말라), (57)「자기 처방을 따르는 의사 없다」. (58)「말대로 하는 사람은 드물다」. (59)「쥐구멍에도 해뜰날 있다」 등은 모두 (55)와 같은 유형의 표현이다.

영역성서(英譯聖書), (A.V.) *John* 10:22에 다음과 같은 문이 있다.

(61) And it was at Jerusalem the feast of the dedication, and it was winter.

(예루살렘에 성전봉헌제가 열리니 때는 겨울이라.)

오늘날의 영어에서는 볼 수 없는 구문이지만 이것도 주어인 *the feast of the dedication*이 *it*를 선행시킨 형식이며, *Jerusalem* 뒤에 콤마를 붙이고 the feast of the dedication was at Jerusalem이 계속된다고 보면 이해하기 쉽다. R.S.V.에서는 다음과 같이 되어 있다.

(62) It was the feast of the Dedication at Jerusalem; it was winter, …

XIX

장면(場面)의 IT

예비의 *it*와는 별개로 비인칭의 *it*(impersonal *it*)라고 불리는 것이 있다.

(1) It is raining very hard.

(2) It's hot in the room.

(3) It's Sunday today.

(4) It is just a week to Christmas.

(5) It is six miles to Oxford.

이들은 날씨나 시간이나 거리 등을 거론하여 이런 내용을 막연히 *it*라는 주어로 나타내고 있다. 이런 *it*를 비인칭의 *it*라고 부르고는 있는데, 이것과 이른바 장면의 *it*(situation *it*)라는 것은 별개의 것이 아니라 본질적으로는 동일하다 하겠다. 장면의 *it*란 이를테면, 문을 두드리는 소리가 날 때,

(6) Who is *it?*—*It*'s me.

라는 문답이 오가는데, 이 경우에 등장하는 바로 그 *it*이다. 그 장면에서 문제가 되는 것을 막연히 *it*로 나타내는 것이므로 비인칭의 *it*와 성질이 같은 것이다. 두 경우가 모두 'what is in question'이라는 뜻이므

로 본서에서는 양자를 한데 합쳐 장면의 *it*라는 항목으로 다루고자 한다.

장면의 *it*는 예비의 *it*와는 달리, 그 자체가 NP로 된다. 다만 이 NP에는 설명적인 기술이 수반될 때가 있다. 예컨데 (5)의 *it*는 거리를 문제 삼고 있는 NP이긴 하지만, 그것은 'the distance to Oxford'라는 것을 나타내고 있다. 이 *to Oxford*라는 PP는 'the distance'의 뜻을 보충하고 있으므로 이것을 [NP PP]라 할 수 있다. 관계사절이라면 [NP S]이지만 이것은 S가 아니라 PP의 경우이다. NP → NP PP라는 규칙은 이미 Ⅷ(15), X(78)에서 제시했다. (5)의 구조는,

(7)

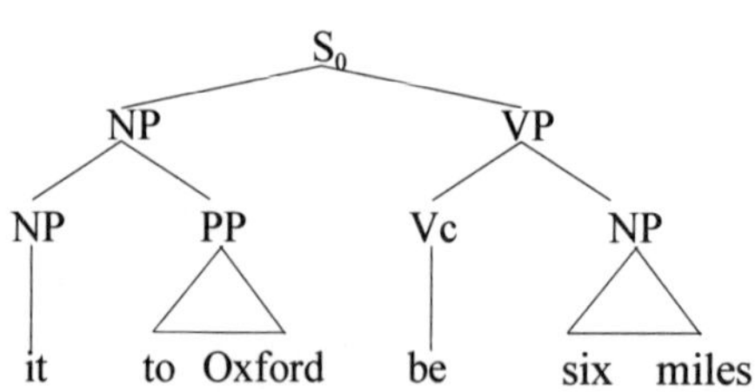

이것이 기저구조이고, *to Oxford*가 후치되어 (5)가 생겼다고 설명된다. 마찬가지로 (4)는 [it to Christmas]가, (2)는 [it in the room]이, (3)은 [it today]가 NP → it PP 를 이룬다. (2)와 (3)은

(8) The room is hot.

(9) Today is Sunday.

라고 할 수도 있다. 이것은 보어의 위치에 있던 *the room*이나 *today*를 주제화(topicalization)한 것이다. 마찬가지로 다음 a.에서 b.를 만들 수 있다.

(10) a. It is ten minutes' walk from here to my house.

b. My house is ten minutes' walk from here.

이것은 *my house*의 주제화이지만, 다음의 *my house*는 본래의 주어이다.

(11) My house is within ten minutes' walk of the station.

이 *is*는 존재를 나타내는 동사, *within*이하는 장소규정을 나타내는 PP라고 풀이된다.

(12) It is three years since I saw you last.

(13) It was past midnight when they arrived home.

(12)는 시간의 경과, (13)은 시각을 문제시하는 *it*지만, 뒤에서는 *since*나 *when*으로 시작되는 종절로 되어 있다. 그러나 이들 접속사는 각각 'from the time that S', 'at the time that S'라는 PP로 볼 수 있으므로 앞서의 예문들처럼 꼭 같은 [it PP]의 구조로 설명할 수 있다. 또한,

(14) It amused my friends when the dog did tricks.

에서도 주어인 *it*는 장면의 *it*로, *when*으로 시작되는 종절은 그 보어가 되는 PP로 풀이된다.

이상 장면의 *it*가 주어로 되는 경우를 고찰하였는데 [it PP]가 목적어인 경우도 있다. 이미 Ⅷ장에서 정의동사가 이런 목적어를 취하는 경우를 보았다. Ⅷ장의 (36)과 (37)에 예문을 하나 더 첨가해보면,

(15) I don't like it when he's unhappy.

[when S] 이외에 [if S]도 쓰인다.

(16) I'd appreciate it if you'd leave me alone for a few minutes.

조건을 나타내는 *if*도 'on condition that S'라는 PP를 형성하는 것으로 볼 수 있으므로, 이것도 마찬가지로 설명할 수 있다.

또 Ⅷ장 (21), (25), (33)~(35)에서는 정의동사가 [it that S]를 목적어로 취하는 예를 들었다. 이를테면,

(17) I admire it that John tries so hard.

이 *it*도 장면의 *it*이므로 삭제할 수 없다. 이것은 Ⅷ (16)에서 제시한 *the fact that* S와 동일한 구조라고 말한 바 있다. 노파심으로 (17)의 목적어의 구조를 도형으로 나타내면,

(18)

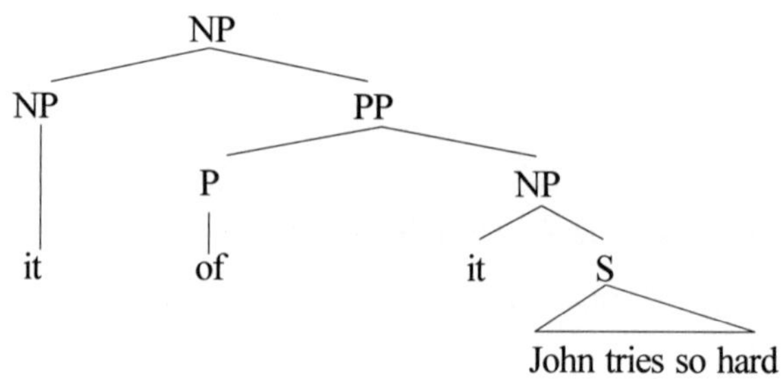

처음의 *it*가 장면의 *it*이고, *of it*의 *it*는 예비의 *it*이다. 이것은 *that*-절 앞에서 삭제할 수 있으며 따라서 *of*도 삭제되므로 결국 처음의 *it*와 *that*-절만이 남게 된다. 이것은 [*the fact that* S]의 경우와 꼭 같다.

때로는 *it*가 *that*-절 앞에서 삭제되기도 하고 삭제되지 않기도 한다. 다음 용례의 *insist on*이나 *see to* 등이 바로 그런 경우이다.

(19) He insisted (on it) that you should be there.

(20) I'll see (to it) that you're not troubled any further.

예비의 *it*일 때는 *that*-절 앞에서 삭제되며, 따라서 전치사도 탈락하여 [insist that S] [see that S]라는 구조가 된다. 이때에는 단지 주장(insist)이나 배려(see)의 내용만을 말하게 된다. 이와 대조적으로, 주장이나 배려의 실현이 강조될 때에는 *on it*나 *to it*가 필요하다. 유사한 예로 *depend*에서는 *on it*을 생략하는 경우가 없는 것 같다.

(21) You may depend upon it that the book will be a best seller.

다음 용례는 장면의 *it*를 동반하는 관용구이다.

(22) We had a good [hard] time *of it.*

(23) He was hard put *to it* to find an excuse.

(24) The boys will have to *rough it* at camp.

(25) I *take it* that we are to come early.

(26) Rumor *has it* that there will be a change in the Cabinet.

(23)은 「변명을 하느라 진땀을 뺐다」라는 뜻이므로 [it PP]의 PP가 S_0의 경우이며, 부정사구가 되어 있다.

때로 장면의 *it*인지 예비의 *it*인지 구별하기 어려울 때도 있다.

(27) It takes two hours from my house to the airport.

이것은 (5), (7)과 마찬가지로 장면의 *it*이며, 뒤에 오는 전치사구는 그 보어인 PP처럼 보이지만, 전치사구를 *to go* from my house to the airport의 *to go*를 생략한 것이라고 생각한다면 예비의 *it*로 봐야 된다.

(28) It took three years to build my house.

이것은 뒤에 오는 부정사구를 받는 예비의 *it*처럼 보이지만, (23)에서처럼 부정사구를 보어인 PP라고 본다면 장면의 *it*가 되어버린다. 그러나, 이 *my house*를 주어로 하여,

(29) My house took three years to build.

라고 할 수도 있으며, 이런 점으로 보면 예비의 *it*이다.

(30) It is rare for him to be late.

(31) It is rarely [seldom/occasionally] that he is late.

(30)의 *it*는 *for him to be late*를 받는 예비의 *it*이지만, (31)은 장면의 *it*로서, He is *rarely* late에서 온 분열문(分裂文, cleft sentence)이라 생각된다.

분열문이란 문 중의 NP 또는 PP를 강조하기 위해 장면의 *it*을 써서 It is NP [PP] 형태로 끌어내고, 나머지 부분을 NP의 경우에는 관계대명사, PP의 경우에는 관계접속사 *that*로 연결하는 구문을 말한다(빈도를 가리키는 부사는 PP로 간주한다). 이를테면,

(32) It is *I* who [that] am to blame.

(33) It was *John* who [that] broke the window.

(34) It is *his searching questions* that confuse me.

(35) It is *Tom* that I am complaining about.

이상은 NP를 끌어내어 강조한 것인데, 그 구조는 다음과 같이 설명할 수 있다. (32)를 예로 들면,

(36)

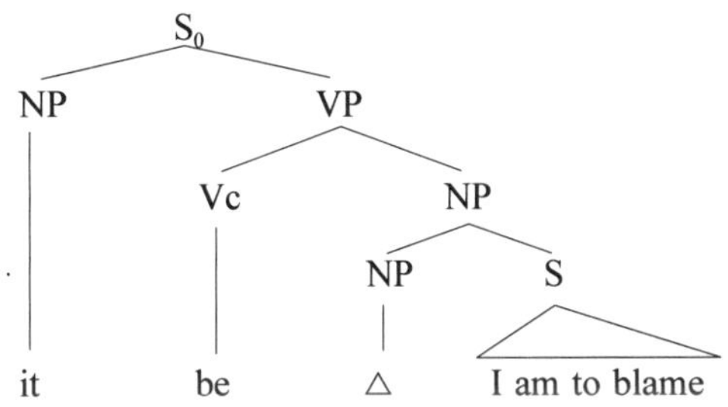

S 안의 *I*를 강조하기 위해 그것을 *it is* △의 술어명사의 위치로 옮기고, 그 뒤를 관계대명사로 연결하면 (32)의 문이 된다. (34)의 *confuse*가 복수형인 것도 선행사의 *questions*가 복수형이기 때문이다. 다음, 문 중의 PP를 강조한 예를 들면,

(37) It is *to you* that he objects.

(38) It was *with great difficulty* that I got him to come along.

(39) It is *to talk about the wedding* that I come.

(40) It was *when I was a mere lad* that I first met her.

이들 *that*는 관계접속사로 간주되어야 한다.

위에서 관계대명사는 바로 앞에 있는 NP를 선행사로 하고 수나 인칭이 일치한다고 하였다. 그러나 그렇지 않은 경우도 있다.

(41) It is me who *is* to blame.

여기서 *who am*이 아니라 *who is*로 되어 있는 것은, 선행사가 *I*가 아니라 *me*이므로, *I*가 객관시 되어 3인칭으로 취급된 것이라고 설명할 수 있으나, 다음과 같은 용례도 있어 별도의 설명을 마련하지 않으면 안

된다.

(42) It is I who is to blame.

(43) It is I who does it.

위와 같은 현상이 일어나는 것은 분열문의 의미구조에 원인이 있는 것 같다. 우리말로 하면 (42)는「잘못한 것은 나다」, (43)은「그것을 하는 것은 나다」가 된다. 이것을 영어로 다시 쓰면,

(44) The one who is to blame is I.

(45) The one who does it is I.

가 될 것이다. 장면의 *it*를 *the one*의 위치에 놓으면 *who is to blame/who does it*가 후치되어 (42), (43)으로 된다. 또 한편으로는,

(46) It is not I who am to blame.

이라는 표현법도 있다. 그 기저에는 'I am not to blame'이 있을 터이므로 *who am to blame*은 논리적으로는 옳지 못하다. 이것은 (42)와 마찬가지로 *who is to blame* 이라고 한다면 (44)를 부정하는 것이 된다. 여기서 *am*이 쓰이고 있는 것은 (32)의 문형의 영향인 것 같다.

It is Δ로 강조된 말이 문주어인 경우에는 that가 생략되는 수도 있다. 이때에는 주격의 관계대명사가 생략된 구문으로 된다. 이를테면,

(47) It was you told me the story.

(48) It's your father said so.

(49) It was president he was, not secretary.

(50) What is it makes him so excited?

주격의 관계대명사의 생략은 *there is* 구문에서도 볼 수 있다.

(51) There's a man at the door wants to see you.

(52) There's no man works harder than you.

장면의 *it*는 의문사를 강조할 때에도 쓰인다.

(53) How is it that you came so early?

(54) Where was it that he came to see you?

(55) I don't know why it is I can't catch fish.

(56) Who is it that is at the door?

기타 장면의 *it*의 용법이라고 간주되는 것에 다음과 같은 용례가 있다.

(57) It isn't as if they were really poor.

(58) It was not that I had committed a crime.

이들 문에서 *it*는 이유를 나타내고 있다. (57)은「그들이 정말로 가난한 것 같지는 않다」, (58)은「내가 죄를 범한 것은 아니었다」. (57)과 유사한 예는 XIV(74)에 있다.

(59) If it hadn't been for your help, I should have failed the test.

「당신의 도움이 없었더라면 시험에 낙방할 뻔했다」라는 가정문의 기저에는,

(60) It was for your help that I did not fail the test.

라는 분열문이 있는데, 이것을 과거의 사실에 반대되는 가정문으로 한 것이 바로 (59)이다.

XX

형용사(形容詞) (1)

형용사가 연결동사(Vc)와 결합하여 서술적으로 쓰인다는데 대해서는 I 장에서 언급한 바 있다. 그때 제시한 규칙은 다음과 같은 것이었다.

(1) VP → Vc AP

(2) AP → A (PP)

형용사 중에는 명사에서 온 것(예, *nation-national*)도 많지만, 원래 형용사란 어떤 실체의 부수성이나 실체에 관한 가치판단 등을 뜻하는 것으로, 때때로 PP를 보어로 취하게 된다. 이것은 마치 타동사가 그 뜻 속에 내포된 관계개념에 따라 목적어를 취하는 것과도 같다. AP → A PP의 예를 들면,

(3) She is fond of apples.

(4) I am afraid of hurting his feelings.

(5) She is fearful of waking the baby.

(6) I am proud of knowing you [of your acqaintance].

(7) I am aware of the facts.

(8) I am conscious of the difficulty of the task.

(9) Can we be sure of his honesty?

(10) I am convinced of his innocence.

(11) Be careful of your health.

여기서는 정의나 인식의 대상이 PP로 표출되어 있으므로 (3) *is fond of* = loves, (4) *am afraid of* = fear, (7) *am aware of* = know라고 볼 수 있다. 이들 형용사는 대부분 *that*-절을 거느릴 수도 있다.

(12) I am afraid that I may hurt his feelings.

(13) She is fearful that the baby should wake up.

(14) I am aware that he is a danger to society.

(15) Are you sure that he is not guilty?

이들 구조는 역시 AP → A PP이지만, 단지 PP → P NP의 NP가 [it S]로 되는 경우이다. 즉, 이 구조를 (12)의 예로 보면,

(16)

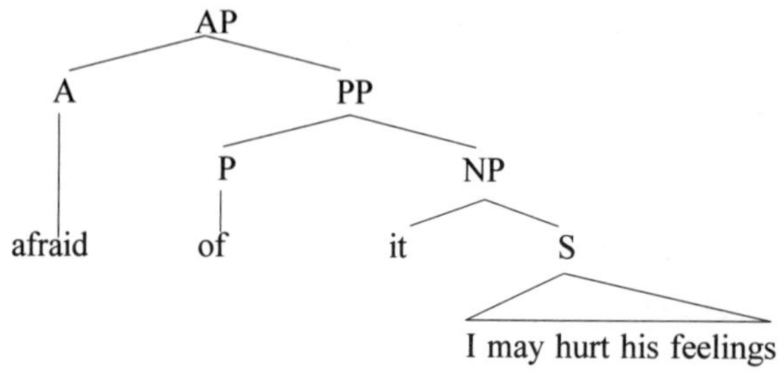

이 S가 관계접속사인 *that*를 취하여 *that*-절이 되고, *it*에 직접 연결되므로 *it*는 삭제되며, 따라서 *of*도 삭제되어 (12)의 문이 되었다고 설명

된다.

보어 PP의 P에는 여러가지 전치사가 올 수 있다. 형용사의 뜻 안에 내포되는 관심의 대상이나 방향에 따라 *at/ about/ with/ for/ to/ from* 등이 쓰이게 된다. 예를 들면,

(17) He was angry at what she said.

(18) He was angry about the exorbitant price.

(19) He was angry with himself for having made such a foolish mistake.

(20) The supply is adequate to the demand.

(21) I am not responsible to you for my actions.

(22) My views are different from yours.

(19), (21)에는 PP가 두 개 있으나 둘 다 내재적 보어이므로 그 구조는 다음과 같이 PP의 확충이라고 풀이된다.

(23) PP → PP PP

선행 형용사와의 관계의 밀도에 따라 PP의 순서가 결정된다.

PP가 형용사의 적용범위를 한정하는 경우가 있다. 아래 용례에서 *of*는 'in respect of'라는 뜻을 가지고 있다.

(24) He is quick of foot.

(25) He is slow of speech/ slow in learning English.

(26) He is hard of hearing.

(27) He is blind of [in] one eye.

(28) I am short of money.

형용사의 보어 PP에는 [P NP]의 경우와 PP → S_0의 경우가 있다. 양쪽의 용법을 볼 수 있는 예로,

(29) a. You are welcome to the use of my library.

b. You are welcome to use my library.

b.가 PP → S_0의 경우이며, 부정사 *to use*의 의미상의 주어는 문주어와 동일하므로 동사의 연쇄적 용법과 그 성격이 같다.

(30) a. He is eager for [after] success

b. He is eager to see you.

c. He is eager for me to meet his new friends.

(31) a. We are anxious for peace.

b. We are anxious to gain your confidence.

c. We are anxious for you to accept our offer.

a. b. c. 모두가 [A PP]의 구조인데, a는 PP → P NP, b.는 PP → S_0, c.는 [P NP]의 NP가 [it S_0]로 쓰인 경우이다. S_0의 주어가 문주어와 다르기 때문에 [for NP to VP]가 객관적인 사항으로서 이해되고 있다.

(32) a. They are ready for the trip.

b. He is always ready to help people in trouble.

c. The food is ready to eat.

b.와 c.는 *ready* + 부정사구가 되어 외형상으로는 같지만, c.의 *to eat*의 의미상의 주어는 *the food*가 아니므로 동일하게 해석할 수는 없다. c.에서는 *to eat*가 'for eating'이라는 동작을 의미하고 있다. 여기서는

*eat*의 의미상의 주어는 문제가 되지 않는다. 그 구조는,

(33)

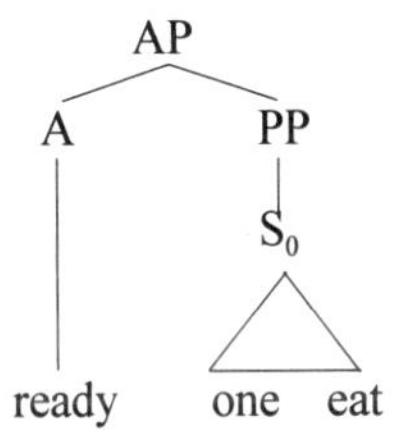

이 S_0가 보어표식 *for-to*를 취하게 되면 *for one to eat*가 되는데, 총칭적인 *one*은 삭제되므로 c.와 같은 표현이 되어 버렸다. 문주어인 *the food*는 부정사 *to eat*의 의미상의 목적어가 되어 있다(retroactive infinitive라고 불리는 용법이다). 이처럼 주어가 부정사의 목적어로 되어 있는 예는 다음 문에서도 볼 수 있다.

(34) The horse is quiet to ride.

이것도 quiet for one to ride라고 이해하면 되겠다.

(35) The flowers were very beautiful to look at.

이 *to look at*를 *to the eye*라고 할 수도 있다. 이러나저러나 AP → A PP의 PP이다.

이것과 관련하여 *easy/ difficult/ hard* 등의 용법을 보면,

(36) a. It is easy to find his house.

b. His house is easy to find.

(37) a. It is difficult to heat the room.

b. The room is difficult to heat.

(38) a. It is hard to convince Bill.

b. Bill is hard to convince.

이들 형용사는 어떤 행위의 난이도를 말하고 있는 것이므로, a.의 표현이 기저가 된다고 생각되나 인칭적 주어를 좋아하는 영어의 성향으로 보아 b.형을 택하게 된다(사고동사에 있어서도 동일하다는 것은 이미 설명한 바와 같다).

(39) a. Harry made it easy to follow the lecture.

b. Harry made the lecture easy to follow.

a.의 *made it easy*는 작위동사의 구문이며, 목적어인 *it*는 (*for one*) *to fallow the lecture*에 선행하는 예비의 *it*이다. 이 목적어인 *it*를 뒤에 있는 *the lecture*로 바꾸어 버리면 b.가 된다. 주어 *it*의 자리바꿈과 같은 성격의 교환이라 하겠다.

위의 *easy*나 *difficult*와 같은 종류인 *pleasant* / *dangerous* / *painful* 등도 다음과 같이 쓰인다.

(40) The room is pleasant to work in.

(41) The river is dangerous to bathe in.

(42) The story was painful to listen to.

이들 주어를 문미에 쓰인 전치사의 목적어로 하고, *it*을 주어로 내세우면 기저에 있는 문이 되살아난다. 형용사만이 아니라 명사도 다음과 같이 바꿀 수 있다.

(43) a. It is a pleasure to teach Bob.

b. Bob is a pleasure to teach.

(44) a. It is fun for us to be with Margaret.

b. Margaret is fun for us to be with.

이들도 같은 형의 문이지만, 형용사가 아니라 *a pleasure*나 *fun*이라는 명사가 쓰이고 있는 점이 다르다 하겠다.

(45) Bill is a hard man to convince.

여기서도 a hard man이라는 명사가 쓰이고 있으나, 이것은 (38) b.의 *hard* 대신 쓴 것에 지나지 않는다.

형용사 + 부정사구라는 구조로서, 부정사의 의미상의 주어가 문주어와 같은 경우에는 연쇄적인 형용사구가 된다고 말하였다. 그 뚜렷한 예로,

(46) He is reluctant to go to college.

(47) He is hesitant to agree with you.

(48) He is inclined to work.

이들은 AP → A PP에서 PP → S_0가 되는 명백한 용례인데, 다음 예문들에서는 형용사와 부정사구 사이에 단절이 있다고 느껴진다.

(49) You are very kind to say so.

(50) He was stupid to take that job.

(51) He was not nice to offend the lady.

(52) I was careless to leave my wallet at home.

(53) She is splendid to think of that.

이들 부정사구는「~하다니」라고 해석할 수 있다. (49)의「그렇게 말해 주다니 참 친절하구나」처럼. 이는 주절의 이유를 말해주는 것이어서 의미상으로 보아 앞에 있는 형용사에 직접 붙지 않는다. 실제로 말할 때에는 부정사구 앞에서 소휴지(小休止)가 있게 된다. 이들 문의 기저에는 다음과 같은 구문이 있다고 생각된다.

(49)' It is very kind of you to say so.

(50)' It was stupid of him to take that job.

(51)' It was not nice of him to offend the lady.

(52)' It was careless of me to leave my wallet at home.

(53)' It is splendid of her to think of that.

이들의 주어 it는 (49)'에서는 (*for you*) *to say so*에 선행하는 예비의 *it*이며, (50)'이하도 마찬가지다. 그리고 그런 행위가 *very kind*라고 말하고 있는 것이다. 그 뒤에 오는 *of you*는 (24)이하의 용례에서 볼 수 있는 *of*와 마찬가지로 형용사의 적용범위의 한계를 가리키고 있다.

영어에는 여기서 든 *kind/stupid/nice/careless/splendid*처럼 사람에 대해서도 쓰이고 그의 행위에 대해서도 쓰이는 형용사가 몇 개 있다. 그러나 영어는 그 성향으로 보아 인칭적인 주어를 좋아하기 때문에 *it*대신 사람이 주어가 되어 (49)~(53)이 생겼다고 생각할 수 있다. 따라서 부정사구 앞에 소휴지가 있게 마련이다.

어떤 종류의 형용사에서는 후속하는 부정사구가 연쇄적으로 결합되는 경우와, 쉼표(,)를 두어 주절의 이유를 나타내는 경우가 있어, 글로 쓰면 애매해지는 수가 있다. 이를테면,

(54) She is crazy to join the demonstration.

이것이「데모에 가담하고 싶어 야단이다」라는 뜻이라면 이때는 연쇄적 형용사구의 경우라 하겠지만, 이 문은 또한「그녀가 데모에 가담하다니 미친 짓이다」라는 뜻도 된다. 후자에서는 부정사구 앞에 소휴지가 오게 된다. 이것이

(55) It is crazy of her to join the demonstration.

에서 유래한다는 것은 위에서 말한 바와 같다. 이것을 또한,

(56) That's crazy of her to join the demonstration.

이라고도 할 수 있는데, 이 *that*는 문법적으로는 *it*라고 해야만 하는데, 강조하기 위해 쓰인 것이라고 풀이된다.

(54)처럼 뜻을 두 가지로 파악할 수 있는 예를 첨가하면,

(57) John is careful not to kick the wire.

a.「존이 철선에 걸리지 않으려고 주의하고 있다」, b.「철선에 걸리지 않는 것을 보니 존은 조심스럽다」.

(58) a. You are very quick to detect our mistakes.

b. You are very quick to get my meaning as you do.

a.「자네는 우리의 잘못을 알아내는 데 매우 잽싸다」, b.「그처럼 나의 뜻을 알아차리는 것을 보면 자네는 매우 영리하다」.

(45)에서 명사구가 형용사 대신 쓰이는 예를 들었는데, 같은 용법이 이유를 나타내는 부정사 앞에서도 보인다.

(59) a. It is foolish of you to spend so much on clothes.

b. You are foolish to spend so much on clothes.

c. You are a fool to spend so much on clothes.

c.의 a fool은 b.의 foolish 대신 쓰인 것이다. 이렇게 명사를 사용하여

(60) He is a gentleman to wait.

라고 말할 수도 있다. 여기에는 It is gentlemanly of him to wait라는 문이 전제되어 있으나, 일일이 그런 문을 생각할 필요는 없겠다. 명사구의 사용을 인정하면 다음과 같은 감탄문을 만들 수 있다.

(61) What a lucky fellow you are to have such a wife!

(You are a lucky fellow to have such a wife에서)

또 다음과 같은 수사적 의문문도 가능하게 된다.

(62) Who am I to quarrel with Providence?

이는 I am a fool to quarrel with Providence라는 문에서 *I am a fool*을 *Who am I*라는 수사적(修辭的)의문문으로 한 것이라고 설명된다.

Ⅸ (52), (53)에서 행위에 수반된 감정을 나타내는 형용사 + 부정사구의 예를 들었는데, 좀 더 용례를 첨가하면,

(63) I am glad to see you.

(64) I am sorry to say that our efforts have failed.

(65) The boy was happy to receive her invitation.

(66) Bob was furious to hear it.

이들 형용사는 사람에 대해서만 쓰이는 것으로, *crazy*나 *careful*처럼 행위에 대해서도 쓰이는 것이 아니므로, 위의 용례는 연쇄적 형용사구가 되는 것이다. 그러나 뜻으로 보면 (46)~(48)의 연쇄와는 그 느낌이 다르다. 부정사구가 감정의 원인이 되어 있기 때문이다. 이런 경우의 형용사와 부정사구와의 관계를 고찰하려면 형용사화한 과거분사의 용법과 비교하는 것이 편리하다〈XV (42) 참조〉.

(67) I was surprised to see him behave so badly.

이것은 「그의 좋지 못한 행동을 보고」 놀랐다는 것으로, 본다는 행위가 놀라는 원인이 되어 있다. 이런 뜻을 그대로 표현하면 다음과 같이 된다.

(68) It surprised me to see him behave so badly.

즉, *it* [*to see him behave so badly*]가 주어인 것이다. 항시 인칭적 주어를 좋아하는 영어의 습성 때문에 *It surprised me*를 수동형인 *I was surprised*라고 하면 (67)의 문이 된다. 뜻은 (68)과 동일하지만 *surprised*와 부정사구와의 연결이 부자연스럽게 된다. 그러나 부정사구의 의미상의 주어가 주문의 주어와 동일하다는 점으로 보아 역시 연쇄적이라 할 수 있다. 유사한 예문을 들면,

(69) I am honored to have you visit my house.
(It honors me to have you visit my house.)
(70) I am embarrassed for you to see this mess.
(It embarrasses me for you to see this mess.)

(71) I was excited to be there.

(It excited me to be there.)

이러한 과거분사는 형용사적 성격이 강하므로, 이런 용법이 본래의 형용사로까지 옮아가서 (63)~(66)과 같은 용법이 발달한 것으로 생각된다. *I am pleased to meet you* 에서 *I am glad to meet you*로 옮아가는 것은 용이한 일인 것이다.

끝으로 형용사 중에도 준조동사(semi-aux)로 쓰이는 것이 있다는 것을 말해두고자 한다. 이것은 *be* [*apt*/ *prone*/ *liable*] *to* 등인데, 이들을 준조동사로 보는 것은 Ⅸ(69) 이하에서 기술한 바와 같은 이유 때문이다.

(72) I am apt to catch cold

(73) We are prone to err

(74) He is liable to shout when angry.

XXI

전치사구(前置詞句)

전치사구(PP)의 기본적 기능은 동사(V)의 뜻을 보완하는데 있으며, 이러한 사실은 PP의 전개규칙,

(1) VP → V(NP) (PP)

에 나타나 있다. 그런데 PP는 문 중에 한 개 이상 쓰이는 경우가 흔하다.

(2) John drove down the street to the airport.

(3) I agreed with him about politics.

(4) I differ from you in disposition.

이들 구조는 XX (23)에서 제시한 PP의 확충규칙,

(5) PP → PP PP

로 설명할 수 있다. (2)의 구조는,

(6)

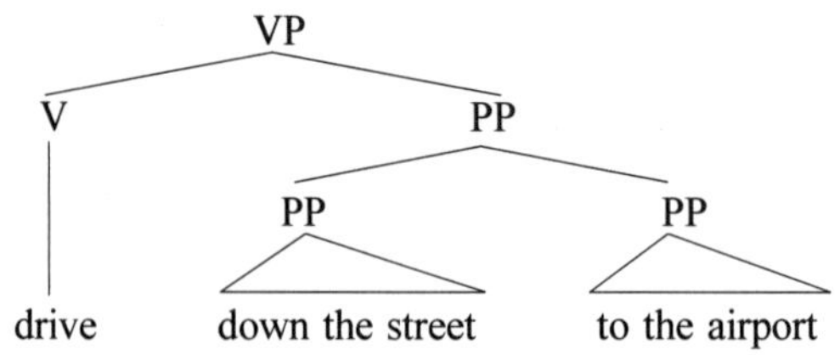

두 개의 PP가 나열되는 순서는 동사와의 의미관계의 정도에 따라 결정된다.

(5)의 규칙이 되풀이 되면 PP를 얼마든지 나열할 수 있으나, 그렇다고 모두가 PP를 확충한 것이라고 볼 수는 없다. Ⅶ (31)에서 보기로 든 VP의 확충인 PP 같은 예도 있는 것이다. 그 규칙은,

(7) VP → VP PP

이다, 예를 들면,

(8) He was working with his shears in the garden the whole morning.

문미에 있는 *the whole morning*은 전치사를 동반하지 않고 있으나 시간의 계속을 나타내는 PP이다. PP의 P가 제로인 경우라고 생각할 수 있다 〈이에 대해서는 본장의 뒤에서 설명된다〉. 그래서 (8)의 문에는 세 개의 PP가 쓰이게 되는데, 마지막 PP가 문두에 나와서,

(9) The whole morning he was working with his shears in the garden.

이라고 쓰이는 경우가 많다. 이렇게 문두에 나온 PP는 단순히 V의 보어가 아니라, (7)에서처럼 VP의 보어라고 간주된다. 즉, (8)의 구조는

다음과 같이 된다.

(10)

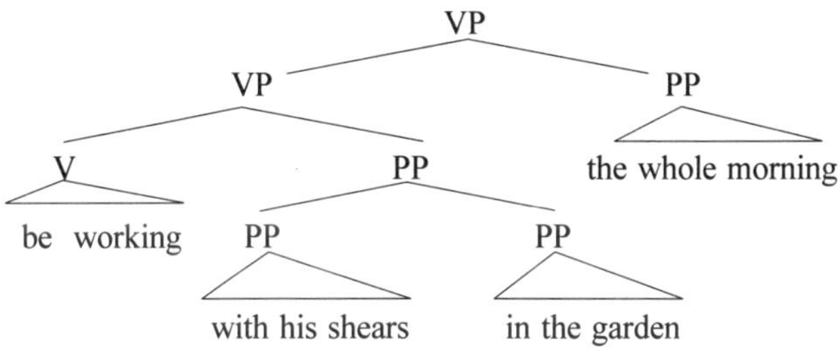

(8)에서 PP가 세 개 있었으나 두 개만 있어도 같은 현상이 일어날 수 있다.

(11) a. Many people eat in restaurants in London.

b. In London many people eat in restaurants.

여기서 *in London*은 VP의 보어로 쓰인 장소규정이므로 앞으로 나올 수 있다. 그러나 *in restaurants*은 같은 장소규정이기는 하지만, 이때는 *eat*와의 관계가 긴밀하여 「외식하다」라는 뜻을 만들어 주므로 동사의 보어 역할을 하고 있는 것이다.

(12) In London, after the war, damaged buildings were quickly demolished and replaced by new ones.

여기서는 두 개의 PP가 문두에 나와 있는데 이것은 VP의 장소규정과 시간규정이며, VP → VP PP의 PP이다. 이것이 [PP + PP]처럼 두 개가 겹쳐 장소 + 시간이라는 통상적인 순서가 된다. 그리고 이 [PP +

PP]라는 PP가 그대로 문두에 나온 것이 바로 (12)이다. 이 문에서 V의 보어로서의 PP는 *by new ones*이다.

동사 뒤에 PP가 하나 밖에 없는 경우에도 의미상 V의 PP인지, VP의 PP인지를 구별할 수가 있다. 이를테면,

(13) He ran on the road.

(14) He sang on the road.

우리말로 하면 (13)은「길을 달린다」, (14)는「길에서 노래한다」가 되어 조사로 구별되겠지만, 영어에는 이런 구별이 없다. 그러나 같은 *on the road*라도 (13)에서는 움직임이 통과하는 공간을 나타내고 있고 (*fly in the sky*「하늘을 난다」도 같다), (14)는 단순히 동작이 행해진 장소를 나타내는데 불과하여 직접 동사의 보어가 되어 있지는 않다. 따라서 (13)의 *on the road*는 [V PP]의 PP, (14)의 그것은 [VP PP]의 PP가 된다. 따라서 후자는 문두에 나올 수도 있다.

VP의 확충인 PP보다 더 상위에 있는 PP가 있다. 이것은 바로 *where, when, if, because, (al)though, in order that* 및 이와 유사한 종위접속사(subordinating conjunction)로 유도되는 종문(subordinate sentence)이다. 이들 종문을 PP로 보는 것은 *in order that* S에서 보는 바와 같이 종위접속사 구가 P + NP라고 풀이되기 때문이다. 즉,

(15) 〔장소〕 *where* = at [in/on] the place that S
〔시간〕 *when* = at the time that S
〔조건〕 *if* = on condition that S
〔이유〕 *because* = for the reason that S

〔양보〕 *(al)though* = in spite of the fact that S

〔목적〕 *in order that* = with the purpose that S

이미 본 바와 같이, 장소나 시간의 규정을 나타내는 PP나, 목적을 나타내는 부정사구는 VP의 확충에서 온 PP였다. 그러나 종위접속사로 유도되는 PP는 주문에 대하여 종문의 관계에 있으므로 VP의 확충이 아니라 S_0의 확충이라고 간주 되는 것이다. 이것은 다음과 같이 된다.

(16) $S_0 \rightarrow S_0$ PP

이 PP는 흔히 문두로 옮겨진다.

장소 (17) Where there is a will, there is a way.

시간 (18) When you come, I'll explain everything.

(19) I'll call on you when it's convenient for you.

(20) By the time we walk five miles, he will be exhausted

조건 (21) If he can't come, he will give me a call.

(22) We will leave without him, if he does not get here in five minutes.

(23) You had better quit unless you can do better than that.

(24) I'll take my umbrella in case it rains [should rain].

(25) You may go on condition that you come home early.

이유 (26) John was punished because he disobeyed his teacher.

(27) Because the soloist was sick, they canceled the concert.

(28) I don't like him, since he always makes fun of me.

(29) Now (that) he is ill, we shall have to do his work.

양보 (30) Though it was cold, we didn't make fire.

(31) I didn't go though it was fine.

목적 (32) I'm going early in order that I may get a good seat.

(33) I packed him a little food so (that) he wouldn't get hungry.

장소 · 양보 (34) Wherever you live, you can keep a horse.

시간 · 양보 (35) Whenever I wash my car, it starts raining.

조건 · 양보 (36) We are going even if it rains.

(37) No matter how bad the weather, I will go.

이상은 PP가 종문인 경우였으나, 다음 문은 이들과 구조가 다르다.

(38) Go where you like.

(39) I will follow you wherever you go.

이들은 종문을 동반하는 문처럼 보이지만 (38)의 *where you like*는 *to the place that you like*의 뜻이며, (39)의 *wherever you go*는 *to any place that you go*라는 뜻이므로, 모두가 동사의 확충, 즉, VP → V PP의 PP이다. 이 PP는 문의 형식을 취하고 있기는 하나 위에서 말한 종문은 아니다. 종절(從節, subordinate clause)이라 부르면 구별할 수 있을 것이다.

(40) He sings well, if I remember.

이 조건문 「내 기억이 정확하다면」은 「그는 노래를 잘한다」에 대한 직접적인 조건을 나타내고 있는 것은 아니다. 이것은 자기의 발언에 대한 조건을 나타내고 있으므로 I *say* he sings well, if I remember correctly라는 뜻이다. (21), (22)의 조건문과는 같지 않다.

(41) He's not coming to office. because his wife just told me by telephone.

이것도 *because*문이 직접적인 이유를 나타내는 것이 아니라(because he is ill 이라면 직접적인 이유), 자기 발언의 이유를 나타내고 있을 뿐이다. 즉, I say he's not coming to office의 이유가 because문인 것이다. 직접적인 이유를 나타내는 because문은 (27)처럼 문두에 내놓을 수 있지만, 간접적 이유를 나타내는 문은 주문 앞에 내놓을 수가 없다. 발언의 이유를 나타내는 for로 유도되는 종문이 앞에 나올 수 없는 이치와 같다.

다음 두 문은 동형인 것처럼 보이지만 그렇지 않다.

(42) I didn't call because I wanted to avoid her.

(43) I didn't call because I wanted to see her.

(42)의 because 문은 자기가 방문하지 않은 이유를 나타내고 있으나, (43)은「그녀를 만나고 싶어 방문한 것은 아니다」라는 뜻이므로 부정이 문 전체에 파급되어 있다. 따라서 (43)의 구조는 다음과 같다.

(43)

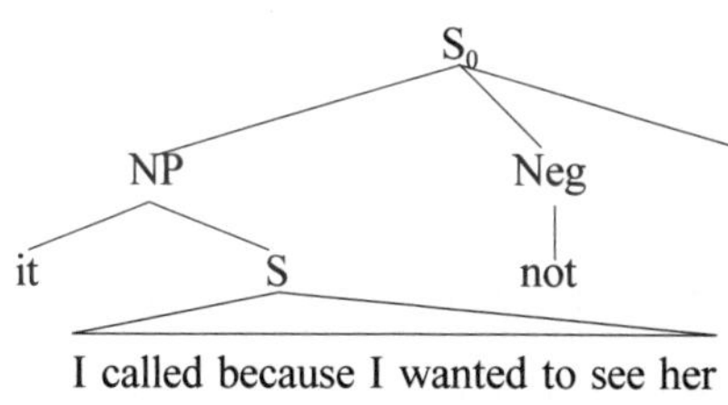

즉, It is not (the case) that I called because I wanted to see her라는 뜻으로, S가 부정되어 있다. 그러나 (42)의 구조는,

(44)

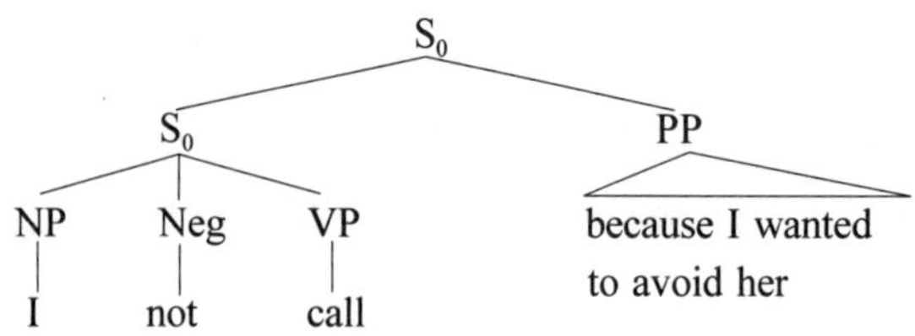

즉, 이것은 VP의 부정이다. (43)은 S부정, (44)는 VP부정이라 해서 구별할 수 있다.

(45) I didn't go because I was afraid.

이것은 그 뜻이 애매하다. 「무서워서 안 갔다」라는 뜻이라면 VP 부정, 「무서워서 간 것은 아니다」라는 뜻이라면 S부정이 된다. 발음상 전자의 경우에는 *go*가 하강조(下降調)로 되며, 후자의 경우라면 *go* 다음이 수평조가 되어 *because*에 연결된다.

목적을 나타내는 종문 대신 부정사구를 쓸 수도 있다. (32)를 다음과 같이 다르게 말할 수도 있다.

(46) I'm going early (in order) to get a good seat.

(47) I'm going early so as to get a good seat.

목적을 나타내는 부정사구는 VP의 확충(VP → VP PP)인 PP라고 간주된다. 이에 대해서는 이미 Ⅶ (30)~(32), Ⅸ (57)~(58)에서 설명하였다.

(48) I couldn't sleep well last night, so (that) I don't feel well.

이 *so*(*that*)는 (33)의 목적을 나타내는 *so*(*that*)와는 달리 결과를 나타내고 있다(= with the consequence that). 이것은 He lived *to be ninety*에서 본래 목적을 나타내는 부정사구가 여기서는 결과의 뜻을 가지는 것과 유사하다 하겠다. 〈이러한 부정사의 용법에 관해서는 IX (61)~(64) 참조〉.

전치사구는 [P NP]라는 구조를 가지는데, 이 P가 제로인 경우가 흔히 있다. 이미 본 바와 같이 시간규정이 *yesterday/ last month/ this year* 등은 전치사를 동반하지 않지만 PP의 기능을 가진다. XVI (19)에서든 He walked *ten miles*도 마찬가지다. 그러나 *for ten miles*라 할 때가 없는 것도 아니다.

(49) He walked (for) ten miles.

이때 전치사의 유무에 따라 뜻이 약간 달라진다. 전치사가 없을 때에는 *walk*와 *ten miles*가 중간동사와 그 보어의 관계처럼 사이가 긴밀하게 되어 *walk ten miles*가 하나의 행위가 되어 있는데, 전치사가 있는 경우에는 *walk*의 자동사로서의 성질이 강하게 되어 *for ten miles*는 거리를 나타내는데 지나지 않게 된다. 이를테면,

(50) We walked for two miles without meeting anybody.

이것은 「2마일 동안은」 아무도 만나지 않았다. 라는 것으로 2마일은 도보여행의 일부분을 가리키고 있다. 이런 경우에는 *for*가 필요하게 된다.

시간의 계속을 나타내는 PP에 대해서도 같은 설명을 할 수 있다.

(51) We must sleep eight hours a day.

(52) I slept for ten hours yesterday.

(51)은 8시간 수면해야 된다는 것이므로 *for*는 불필요하다. (52)는 수면에 대한 이야기며, 이것이 10시간 계속되었다는 것이다. 한 가지 말해둘 것은 *eight hours a day*인데, 이것은 나름대로 하나의 PP가 되어 있으므로 복합 PP라고 부를 수 있겠다(*a day* 의 *a*도 per라는 뜻으로, 어원적으로는 전치사다).

시간의 계속을 나타내는 PP가 다음과 같이 부정문에서 쓰이는 경우에는 *for*를 생략할 수 없다.

(53) I shan't get up for another hour.

(54) I haven't seen him for ten years.

이 *get up*이나 *see*는 동작의 계속을 내포하는 동사가 아니므로 여기 있는 PP는 VP의 영역 밖에 있는 것이라고 보아야 한다. 이 문제에 관해서는 다음에서 부정을 다룰 때 〈XXVII 장 (19) 이하〉 언급하기로 한다.

어떤 종류의 동사 뒤에서는 동명사구가 PP의 역할을 한다. 이에 대해서는 XII 장에서 언급하였다. 즉,

XII (14) The boy started the ball *rolling*.

XII (18) We'll go *hunting*.

XII (20) They burst out *laughing*.

등이 이러한 예가 된다.

XII (51) He kept the stove burning.

의 *burning*도 (14)의 *rolling*처럼 동명사로 간주된다고 설명하였다. 다음 *go hunting*과 유사한 표현을 몇 개 들어두겠는데, 이들은 어떤 곳

으로 스포츠를 하러 간다는 뜻이다.

(55) I'd like to go skating [swimming/ hiking/ camping/ mountain-climbing].

(56) They went skiing on the mountain [in the mountains].

(57) He went fishing in the river.

스포츠 이외의 용례로서는

(58) They went sightseeing in Kyoto.

(59) They went shopping downtown.

어느 경우나 문미에 있는 in Kyoto 등의 PP는 동명사구 안에 있는 것이지 *go*에 걸리는 것은 아니다. 다음 *go*의 용법도 마찬가지이다.

(60) The big Saint Bernard dogs go looking for people who get lost in the mountains.

XII (20)의 *burst out*과 유사한 예로 *end up*이 있다.

(61) The day was warm in the morning, but it ended up *being* cold.

(62) I ended up *telling* him everything although I tried not to.

이들 동명사구를 PP라고 보는 것은,

(63) We ended up *in* an argument.

등의 용법과 비교해 보면 이해가 될 것이다.

(64) He tore his coat *climbing* trees.

(65) She makes good money *playing* the guitar with a rock group.

이들 ~*ing*형도 전치사가 탈락된 동명사로 간주하는 것이 타당하겠다.

「~하는데 시간을 보내다」라고 할 때에도 전치사가 없는 동명사를 쓴다. 이를테면,

(66) He spends his spare time *gardening.*

(67) I spent two years *writing* this book.

(68) She passed all the day *doing* little things about the house.

(69) She doesn't like wasting time *cooking*.

(70) I lost no time *gathering* my personal belongings.

이들 동명사 앞에는 *in*을 넣을 수도 있겠다. 그래서 수동문으로 했을 때에는 *in*을 쓰는 것이 보통이다.

(71) All his time was spent *in* studying Greek.

능동문의 경우 *in*이 탈락되는 것은 ~*ing*형이 이제 와서는 현재분사와 구별할 수 없게 되었기 때문일 것이다. 유사한 표현을 첨가하면,

(72) College students have a hard time *finding* jobs.

(73) I have difficulty *pronouncing* this word correctly.

(74) I'm having trouble *sleeping*.

(75) I had an awful job *teaching* him English

형용사 다음에도 전치사가 없는 동명사구가 보어로 쓰이는 경우가 있다. 이를테면,

(76) He is busy *making* plans.

(77) The train was ten minutes late *leaving* the station.

(78) He wasn't long *making* up his mind.

(79) Be careful *crossing* the street, or you'll get killed.

이 경우에도 동명사 앞에 *in*을 넣을 수 있겠으나 없는 것이 일반적이다.

(80) This book is worth reading.

이때에는 *worth* 라는 형용사가 보어를 취한다는 특수한 경우가 된다. 마찬가지로 형용사 *like*도 보어를 취한다.

(81) Mary is like her mother.

본래 *like to her mother*처럼 *like*는 PP를 보어로 취하였으나 이제는 *to*가 탈락하여 절반쯤은 전치사가 되어 버렸다.

이외에도 부사인 *near*나 *next*나 *opposite*에도 *to*가 붙지 않으면 전치사구적인 색채가 풍긴다 하겠다.

(82) They live in a house near the river.

(83) I don't like wool next (to) my skin.

(84) the house opposite (to) the church.

XXⅡ

부사(副詞)

사전이나 문법서에서 부사(adverb)라고 일괄되어 있는 낱말에는 여러 종류가 있다. 장소를 가리키는 *here/ there/ home/ upstairs*, 시간 규정을 나타내는 *now/ then/ today/ yesterday* 등도 부사라고 간주되고 있으나, 우리는 이것을 문 중에서 담당하는 기능으로 보아 PP로 다루어 왔다. 어형으로 보아도 *today*나 *tomorrow*는 PP이며 장소관계의 *aboard/ abroad/ ashore/ abed* 등도 PP이다(*a-*는 *on*이나 *in*을 뜻하는 옛 전치사의 약화된 형). *Away*도(구동사의 요소인 경우를 제외하고) PP라고 간주할 수 있다. 단독으로 쓰인 *away*도 [*away from* NP]라는 PP(*away from*을 복합전치사로 간주한다)에 해당하기 때문이다. 마찬가지로 *back*이나 *out*도 [*back to* NP] [*out of* NP] 등에 해당한다고 생각될 때에는 PP로서 취급할 수 있는 것이다.

전장에서 언급한 바와 같이 장소관계의 부사라 할지라도 운동의 방향을 나타내는 것과 장소를 규정하는 것을 비교하면 동사에 대한 관계의 정도가 다르다.

(1) The children are running around upstairs.

에서 *around*는 동사 다음에 오는 보어이기는 하지만 *upstairs*는 VP의 보어이다.

(1)의 구조는 따라서,

(2)

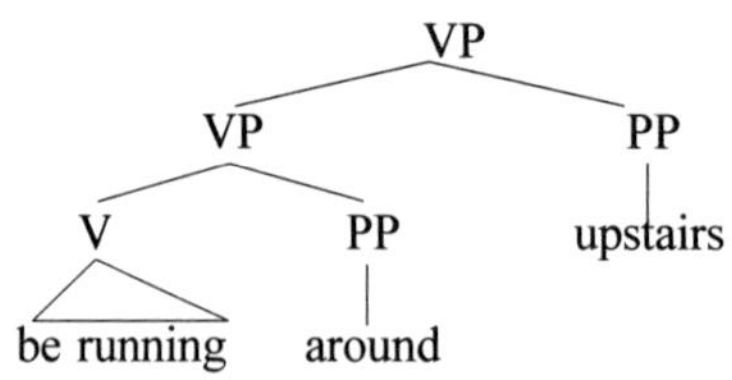

이며, VP의 확충인 *upstairs*를 문두로 옮길 수 있다.

(3) Upstairs the children are running around.

이상으로 PP의 기능을 가지는 부사를 고찰하였는데, 이들과는 다른 성질을 갖는 부사가 있다.

(4) *Probably* he will take the next flight.

(5) *Possibly* you are right.

(6) *Hopefully* he will be here by dinner time.

(7) *Unbelievably* John disappeared.

이들 문두에 있는 부사는 이른바 문수식어(文修飾語, sentence modifier)이며, 각각 it is probable / possible / hoped / unbelievable 등 화자의 판단이나 평가를 나타내고 있다. 즉, 이들 부사는 PP처럼 문의 뜻에 대한 보어적 기능을 담당하는 것이 아니라 문에 대한 수식어라고 할 수 있다. 그래서 이것을 문의 구성요소가 되는 부사(Adv로 표시)라고 명명한다면, 문수식어는,

(8) S → S Adv

라고 표시된다. 문수식어는 문두에 오는 수가 많다.

이런 종류의 Adv는 위에서 본 것처럼 낱말로 된 부사에 국한되는 것이 아니라 부정사구나 분사구인 경우도 있다.

(9) *To be honest*, I've never liked him.

(10) *To tell the truth*, I don't like to go with him.

(11) *Generally speaking*, boys are a nuisance.

그 밖에 *to be plain with you/to change the subject/strictly(speaking)* 등이 있다.

이들은 문수식어인 Adv이지만, VP나 V의 수식어가 되는 Adv도 있다.

(12) *Cleverly* John disappeared.

이것은 (7)과 같은 구조처럼 보이지만, *cleverly*는 문주어인 *John*의 동작에 대한 화자의 판단이며, It was clever of John to disappear라는 판단이 기저에 있고, 이것을「현명하게도 존은 모습을 감추었다」라고 표현하고 있는 것이다.

(13) Jack kissed Jill *cheerfully*.

이 *cheerfully*도 마찬가지로 *Jack*가 *cheerful*하다는 뜻으로「흡족하게」라고 말하는 것으로, 직접 *kissed*라는 동사를 수식하는 것은 아니다. 만일 이것을 수동문으로 하여,

(14) Jill was kissed by Jack *cheerfully*.

라고 하면 *Jill*이 *cheerfully*하다는 뜻이 되어 cheerfully가 *kiss*의 수식어가 아니라는 것을 알게 된다. 따라서 (13), (14)의 부사는,

(15) VP → VP Adv

의 Adv이고 문주어를 향한 부사인 것이다. 그러나 이와는 대조적으로,

(16) Jack treated Jill *cruelly*.

(17) Jill was treated *cruelly* by Jack.

에서 보면 *cruelly*는 동사 *treat*의 수식어가 되어 있다. 즉, 동작의 양태에 대한 화자의 판단이며, 양태의 부사(manner adverb)라고 불리는 것이다. 이것은 V의 수식어이므로,

(18) VP → V (NP) (PP) Adv

라고 할 수 있다. 이것은 주어를 향한 판단이 아니므로 (17)처럼 수동문이 되어도 V + Adv의 뜻에는 변함이 없다.

이처럼 Adv에는 S수식이 되는 것, VP 수식이 되는 것, V수식이 되는 것 등 세 가지 종류로 식별할 수 있다. 같은 부사가 세 가지 종류로 쓰이는 예로서 다음과 같은 용례를 들 수 있다.

(19) *Naturally*, they hoped to travel together.

(20) They *naturally* hoped to travel together.

(21) They hoped to speak *naturally*.

(19)의 *naturally*는 문수식어이므로 「당연히」(*It was natural* that they should hope to travel together) 라는 뜻이 된다. (20)의 *naturally*는 「그들

의 성질상 자연히」라는 뜻으로 VP의 수식어가 되어 있다. 그런데 (21)의 *naturally*는「자연스럽게, 무리 없이, 유창하게」처럼 *speak*의 양태를 나타내는 수식어가 된다.

Adv의 문 중에서의 위치는 이동이 가능하지만, (20)처럼 동사 앞에 올 때에는 VP의 수식어, (21)처럼 동사 뒤에 올 때에는 V의 수식어인 경우가 많다.

(22) The old man *slowly* opened the door.

(23) The old man opened the door *slowly*.

Adv의 위치로 보면 (22)는 The old man was slow in opening the door라고 해석 되고, (23)은 open *slowly*라는 양태의 부사라고 간주된다. 또 이 부사를 문두에 내놓아,

(24) *Slowly* the old man opened the door.

라고 할 수도 있으나, 이것은 (22)의 *slowly*를 강조한 것이라고 생각할 수 있다.

(25) *Bitterly* he buried his wife.

이것도 (24)처럼 *bitterly*는 VP의 수식어가 되는 Adv여서 he was bitter (when he buried his wife) 라는 뜻이다.

(26) He spoke *bitterly* about their attitude.

(27) He *bitterly* regretted her death.

(26)의 *bitterly*는 동사 *spoke*를 수식하는 양태의 부사이며, 동사와의

결합이 긴밀하므로 PP의 *about their attitude* 보다 앞에와 있다. (27)의 *bitterly*는 동사 앞에와 있으나 (22)의 *slowly*처럼 VP의 수식어가 아니라 역시 동사 *regretted*의 수식어다. 단순히 동사 앞에 오게 되면 동사와의 결합이 한층 긴밀해져서 동사를 강조하는 낱말같이 되어 버린다. (17)의 문도,

(28) Jill was *cruelly* treated by Jack.

이라고 하면 Adv + V의 결합이 강하게 느껴진다.

(29) The hairdresser cut your hair *badly.*

(30) Your hair *badly* needs cutting.

(29)의 *badly*는 양태의 부사여서 VP → V NP Adv의 Adv이지만, (30)의 *badly*는 동사의 강의사(强意詞, intensifier)가 되어있다. 이러한 Adv는 동사의 부가어(附加語)라고 생각하는 것이 타당하다 하겠다. 왜냐하면 이것을 동사의 확충이라고 본다는 것인데,

(31) V → Adv V

라는 형을 이룬다고 생각하는 것이다. (27), (28)도 이러한 형이라고 설명할 수 있다.

(32) Her voice is improving *remarkably.*

(33) Her singing voice is *remarkably* good.

(34) She sings *remarkably* well.

(32)의 *remarkably*는 VP → V Adv의 Adv이지만, (33), (34)에서는 강의사인 *very*와 같은 기능을 가진다. *very*는 동사를 강조할 수는 없으

나 형용사 · 부사를 강조할 수는 있다. 강의사(Int)의 구조는,

(35) $\begin{bmatrix} \text{A} \\ \\ \text{Adv} \end{bmatrix} \longrightarrow \text{Int} \begin{bmatrix} \text{A} \\ \\ \text{Adv} \end{bmatrix}$

즉, A나 Adv의 확충이며, (31)의 규칙은 이것과 같은 성질이라 하겠다. (33), (34)의 *remarkably*는 Int라고 볼 수 있다. 이와 마찬가지로 본래가 Adv이면서 Int로 쓰이는 것에 *awfullty/terribly/considerably/enormously/tremendously* 등이 있다.

(36) Her conduct surprised me *very much.*

(37) I was *very much* surprised by her conduct.

(38) I was *very* surprised at her conduct.

(36)의 *very much*는 VP → V NP Adv의 Adv이며, (37)의 *very much*는 V → Adv V 의 Adv이고, (38)은 *surprised*가 형용사화하고 있으므로 A → Int A의 Int로서 *very*가 쓰이고 있다.

본장의 첫머리에서 PP는 보어이고 Adv는 수식어라고 말하였다. 뒤에서 언급하겠지만 의미론적으로 말하자면 이러한 구별을 할 수 없을 경우가 있다. 다음 문에서는Adv가 보어의 역할을 하고 있다.

(39) He worded the explanation *carefully.*

(40) She dresses *well* on very little money.

(41) The job paid us *handsomely.*

이들 문에서 동사는 Adv 없이 뜻을 완결할 수는 없으므로 Adv가 보

어라고 생각되지만, 문법상으로는 양태부사의 특별한 경우라고 간주된다.

(42) He waited for her return *impatiently/with impatience.*

(43) Please do this very *carefully/with great care.*

(44) He shouted *angrily/in anger.*

이들 문에서는 (39)~(41)의 경우와는 반대로 전치사 + 추상명사인 PP가 양태의 Adv와 동일하게 쓰이고 있다. 그러나 Adv가 화자의 주관적 표현인데 대해 pp는 양태를 추상명사로써 객관적으로 포착하고 있기 때문에 객관적 표현이라는 차이점이 생기게 된다. 마찬가지로,

(45) a. He *deliberately* misled us.

b. He misled us *on purpose.*

(46) a. He agreed. *very reluctantly*, to help.

b. He agreed to help, but *with great reluctance.*

a.의 Adv에는 he was deliberate/he was reluctant 라는 화자의 비판이 b.의 PP의 경우보다 직접적으로 표출되어 있다고 생각된다.

다음 예에서는 Adv와 PP가 비슷한 뜻을 갖고는 있지만, 동일하다고 할 수는 없다.

(47) He is *habitually* late.

(48) I smoke *out of habit*, not for pleasure.

(47)은「습관적으로/언제나」, (48)은「일상적인 습성으로」라는 뜻이므로 동일하지는 않다.

(49) Marry *in haste* and repent *at leisure*.

이 PP도 *hastily*나 *leisurely/slowly* 로 바꾸어 놓을 수는 없을 것이다.

(50) His argument is *theoretically* sound.

(51) The plan is *technically* possible.

(52) He is *mentally* ill.

이들 부사는 모두 명사에서 파생한 것이며, 각각 sound *in theory*/possible *in respect of technics*/ill *in mind* 라는 것이므로 *-ly* 의 부사가 PP(보어)의 역할을 하고 있다. AP → A PP의 PP가 부사의 형태를 취하여 A 앞으로 나와서 A와의 결합을 긴밀하게 한 것이라고 풀이된다.

XXⅢ

형용사(形容詞) (2)

형용사의 술어적(述語的, predicative) 용법에 관해서는 XX장에서 설명하였으나, 형용사에는 또한 귀속적(歸屬的, attributive)용법이라는 것도 있다. 술어적인 용법(The rose is *red*)과 귀속적인 용법(*a red* rose) 사이에는 일정한 관계가 있다. 왜냐하면 *a red rose*라고 할 수 있으려면 *The rose is red*라는 판단이 전제되어야 하며, 이러한 판단의 반성에서 This is *a rose which is red*가 생기고, Ⅲ장에서 말한 Whiz-deletion에 의하여 이것이 a rose red → *a red rose*로 된 것이라고 생각되기 때문이다. 그러나 이 형용사 + 명사라는 형은 이미 확립되어 있는 것이기 때문에 위와 같은 경로를 밟지 않더라도 이런 유형의 표현이 이루어지고 있으므로,

(1) NP → (Det) A N

이라는 NP의 파생구조를 인정하지 않을 수 없다.

명사 앞에 오는 형용사가 하나라고만 할 수는 없다.

(2) a fine old stone house.

여기에는 세 개의 명사수식어가 있는데, *stone house*는 다음 (31)에서

설명할 복합명사로서, 이것이 기본이 되어 a stone house which is old 가 되고, 여기서 *an old stone house*가 생긴 다음, an old stone house which is fine으로 되어 *a fine old stone house*가 이루어졌다고 설명할 수 있다. 이것은 *house*가 갖는 특성 중 귀속성이 강한 것일수록 명사에 가까이 놓이게 되므로, *stone*은 재료이기 때문에 *house*와 일체가 되고 있으며, 다음에 *old*(오래된, 연령), *fine*(화자의 가치 판단)의 순으로 되어 있다. 비슷한 속성이 나열되는 경우를 보면,

(3) a small round red stone.

과 같은 순서가 된다. 가장 명사에 가까운 것이 색깔(*red*)이고, 다음이 형상(*round*), 크기(*small*)의 순으로 되어 있다.

(4) an intelligent young Japanese woman.

에서는 명사에서 파생한 *Japanese*가 명사(*woman*)에 가장 가까이 있고, 가치 판단을 가리키는 *intelligent*가 가장 멀리 있다.

(5) a. small American cars.
b. American small cars.

a.는 (4)와 동형이지만 b.에서는 *small cars*(소형차)가 한 개의 명사처럼 되어 있어 *American small cars*라든지 *Japanese small cars*라고 말할 수 있게 된다.

관계사절 안에 있는 형용사가 PP를 동반하는 경우 형용사는 명사 앞으로 나올 수 없다.

(6) a shirt (which is) dirty with mud.

Whiz-deletion에 의해 이루어진 *a shirt dirty with mud*는 서술적인 수식어를 동반하고 있으나, 이것을 귀속적인 수식어가 되게 할 수는 없다. 이미 Ⅰ장에서 언급한 것처럼 형용사에는 항시적인 특성을 뜻하는 것과 일시적인 상태를 뜻하는 것이 있다. 후자에 속하는 형용사는 *afraid/aware/asleep* 등으로, 이들은 술어적으로만 쓰여 귀속적인 용법은 없다. 위의 *dirty with mud*도 일시적인 상태라고 생각할 수 있다. 이와는 대조적으로 *a dirty shirt*라고 할 때에는 *dirty*는 항시적인 상태라고 생각된다.

동사의 현재분사나 과거분사에 대해서도 마찬가지 말을 할 수 있다. 현재분사부터 먼저 고찰해 보면,

(7) a. the mob throwing stones.
 b. a stone-throwing mob.

a.의 *throwing stones*는 서술적 수식어, b.의 *stone-throwing*은 어떤 폭도의 특성을 나타내고 있다. 단독으로 쓰이는 현재분사에서도 같은 차이를 볼 수 있다.

(8) a. a baby sleeping.
 b. a sleeping baby.

b.는 *the Sleeping Beauty*의 *sleeping*과 같은 귀속적인 용법이다.

현재분사의 귀속적인 용법은 언제나 (8)처럼 진행형에서 유래하는 것이라고 할 수는 없다. *A dancing girl*이 「춤추는 여인」이라는 뜻이 될 때에는 a girl *who is dancing*에서 유도할 수 있으나, 직업적인 「무희」를 의미할 때에는 a girl *who dances*(professionally)를 기저로 생각하지 않으면 안 된다.

(9) A rolling stone gathers no moss.

(10) Barking dogs seldom bite.

에서도 (9)는 a stone *which rolls*. (10)은 dogs *which bark*에서 온 것이라고 보아야 한다.

(11) People *visiting* the place admire its beautiful scenery.

(12) The spell of fine weather *occurring* about Martinmas is called St. Martin's summer.

(11)은 *who visit*에서, (12)는 *which occurs*에서 왔으며, the packages *belonging* to John도 *which belong*에서 왔다. 그 외에 *the working people/the English-speaking people* 등도 마찬가지로 귀속적 수식어가 된 현재분사이다.

과거분사도 귀속적으로 쓰이는데, 이때에는 역시 일시적이 아니라 결과적인 상태를 나타낸다. 자동사의 과거분사의 용례를 보자.

(13) a decayed tooth/a retired professor/the returned prodigal/the risen sun/the vanished jewels/the departed guests/the fallen leaves

이들은 모두 the leaves *which have fallen*처럼 완료형에서 온 것인데, 떨어진다는 움직임보다 떨어진 후의 상태를 나타내고 있다. *A Daniel come to judgment*(*Merchant of Venice,* Ⅳ, i)는 (who has) *come*이라는 완료형이 술어적 수식어로 쓰이고 있는 예이다.

다음, 타동사의 과거분사인데, 이것이 귀속적으로 쓰일 때에는 수동의 뜻을 가지지만, 시간에는 관계가 없다고 생각된다.

(14) a trained dog/a closed syllable/spoken English

순간적인 동작을 나타내는 동사(*hit* 따위)의 과거분사는 귀속적으로는 쓰이지 않으나 부사와 결합하여 순간성을 상실하면 명사 앞에 올 수 있다. 이를테면,

(15) a well-built house/a well-dressed gentleman/a wellread book

자동사의 과거분사의 경우도 마찬가지로,

(16) the newly arrived immigrants/our recently departed friend/a newly born child

등에서는 순간성이 상실되므로 귀속적인 용법이 가능하다.

(17) an easy problem/a difficult language/a comfortable chair

이들도 [Det A N]이라는 형이지만, 기저에 있는 관계사절은(a problem) which is *easy to solve* / (a language) which is *difficult to learn* / (a chair) which is *comfortable to sit on*이므로 (17)은 이들의 축약된 표현이다.

이상 [Det A N]으로 나타낼 수 있는 형용사 (A)의 귀속적 용법은 관계사절의 술어적 용법에서 파생하는 것이라고 보아 왔는데 술어적 용법과 전혀 관계가 없는 형용사도 있다.

(18) *poor* Tom/my *poor* little girl/my *dear* lady/*great* Caesar/*noble* Brutus

여기서 볼 수 있는 형용사는 화자의 감정을 표출한 것으로서, 그 뜻은 술어적 용법에서 나오는 것이 아니다. 이를테면 위의 *poor*는 「가엾은」이라는 감정적인 뜻을 가져 보통 「가난한」이라는 뜻과는 다르

다. 후자의 뜻인 경우에는 술어적으로도 귀속적으로도 쓰이고, 또 *poorer / poorest* 라는 정도의 비교도 가능하게 된다. 이러한 술어적인 뜻을 가지는 *poor*와 위의 감정적인 뜻을 가지는 *poor*는 문법적으로 구별된다.

환정적(喚情的) 형용사처럼 명사 앞에 와서 그 뜻을 강하게 하는 형용사도 있는데, 이것을 강의적 형용사라고 부를 수 있을 것이다.

(19) a *mere* boy/*a simple* fact/an *outright* lie/the *very* truth / *sheer* waste of time

또 명사의 뜻을 제한하는 형용사도 있다.

(20) his *only* child/the *same* student/an *elder* statesman/the *principal* reason/the *main* building/the *chief* thing to do/his *right* hand/the *upper* lip

이들 형용사도 술어적으로는 쓰이지 않는다.

위에서 본 환정적(emotive), 강의적(intensifying) 및 제한적(limiting) 형용사는 명사 앞에 붙일 수 있다는 점에서 성질이 같기 때문에, 일괄해서 형용사적 부가어(adjectival adjunct)라 부르기로 한다. 형용사적 부가어(Aa로 축약함) + 명사의 구조는 술어적 용법에서 유래하는 것이 아니므로, (1)의 규칙으로 설명할 수는 없다. 이것은 명사의 확충이라고 볼 수 있으므로 다음과 같은 구조라고 말할 수 있겠다.

(21) N → Aa N

Aa의 기능을 가지는 형용사는 N에 지배되므로 귀속적 형용사보다 뒤에 놓인다. 이를테면 *his thick upper lip*라는 명사구의 구조는,

(22)

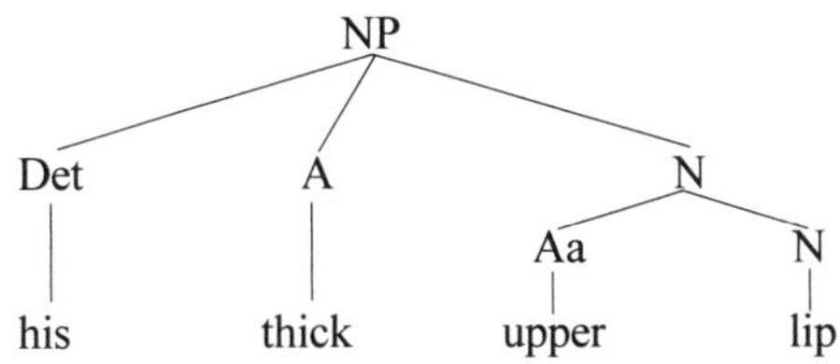

이 된다. 여기에는 [his *upper* lip which is *thick*]가 전제되어 있는 것이다.

Aa는 아니지만 대단히 압축된 표현으로 Aa + N처럼 보이는 표현이 있다.

(23) a *real* friend / a *true* poet/a *regular* champion/the *former* president/the *late* king

이들의 기저에는 one who is *really* a friend/who is *truly* a poet/who wins championship *regularly*/who was *formerly* president/who was till *lately* the king (now dead) 등과 같은 NP → NP S가 있는데, 여기서의 부사를 형용사로 하여 앞에 붙인 것이므로 대단히 압축된 표현이며, (1)의 NP의 특수한 경우라고 생각된다. 또한,

(24) a *nearby* farmhouse/the *outside* door/the *then* prime minister

등도 a farmhouse which is *nearby*/the door which is *outside*/one who was the prime minister *then*의 장소나 시간의 부사를 형용사로 쓴 것이다. 이들은 PP의 기능을 가지는 부사로 정규의 귀속적 용법이라 할 수는 없을지 몰라도 역시 (1)의 NP의 특별한 경우라고 볼 수 있겠다.

다음, 형용사 + 명사라는 구조를 취하기는 했지만 형용사가 명사적 성격을 가져 실제로는 명사 + 명사가 되어 복합어 비슷하게 되는 경우도 있다.

(25) public health/a lunatic asylum/a waste basket

이들은 「공중위생」 (health of the public), 「정신병원」 (an asylum for the lunatic), 「휴지통」 (a basket for wastepaper)이라는 뜻으로, *public/lunatic/waste*는 명사로 쓰이고 있다. 이들 명사적 형용사를 Na(nominal adjective)로 표시한다면, (25)의 Na + N은 일종의 복합어라고 간주되므로, 그것은 N의 확충이라 하겠다. 즉,

(26) N → Na N

이러한 구조라고 생각되는 것을 보면,

(27) an oaken chest/a wooden chair/a leaden ball

이들 형용사는 각각 *oak/wood/lead*라는 명사에서 파생한 것이며, *chest/chair/ball*의 재료를 나타내어 형용사도 명사도 같은 대상을 가리키고 있다. 분명히 (26)의 예라 하겠다.

(28) the nasal passage/coastal areas/a polar bear

이들 형용사도 Na로서, 「콧구멍」 「연안지대」 「북극곰」 등을 의미하여, 한 개의 복합명사가 되어 있다.

(29) political economy/musical composition/theatrical production

각각 「경제학」 「작곡」 「연출」 등을 의미하며, [Na + N]라는 구조인데,

이것이 하나의 N으로 취급되어 여기에 *-ist*나 *-er*라는 접미사를 붙일 수 있게 된다. 즉,

(30) a political economist/a musical composer/a theatrical producer

이것을 NP → Det A N이라는 구조라고 본다면 아무런 의미도 없게 된다.

(26)의 N → Na N에서 한 걸음 더 나아가면 명사와 명사와의 결합에 의한 복합명사가 된다. 영어에서는 오늘날 이런 구조가 많이 쓰이고 있다. 이것 역시 N의 확충이며,

(31) N → N N

이라고 나타낼 수 있다. 이를테면,

(32) an iron stove/a wool sweater/a stone wall/bread pudding

(33) a bread basket/a guest room/a corner table

(32)에서는 두 개의 명사가 같은 대상을 가리키고 있고 앞 명사가 뒷 명사의 재료를 나타내고 있는 점으로 보아 (27)의 [Na + N]와 꼭 같은 구조가 된다. (33)에서는 두 개의 N이 별도의 대상을 가리키고 있으나 양자 간에는 관계가 있다. 이런 관계를 나타내지 않은 채 단지 명사의 병렬로 처리되고 있는 압축된 표현이다.

때로 같은 명사의 병렬이 (32)의 뜻이나 (33)의 뜻이 되는 수도 있다. 이를테면,

(34) a glass case/a toy car

이들은 「유리 상자」 「장난감 자동차」라는 뜻이 될 때에는 (32)와 동류

가 되지만, 「유리를 넣은 상자」「장난감을 운반하는 자동차」라는 뜻일 때에는 (33)과 동류가 된다. 전자의 경우엔 뒤에 오는 명사를 강하게 발음하고, 후자의 경우엔 앞에 오는 명사에 강세가 붙는다는 발음상의 차이가 생긴다.

복합명사로서의 [Na + N]와 [N + N]은 본질적으로 동일하다. (28)의 *nasal passage*는 *nose passage*라고 할 수도 있다. 단 *medical school*을 **medicine school*이라고 할 수는 없고, *law school*을 **legal school*이라고는 하지 않는다. 이런 관용상의 구별은 있는 것이다.

(33)의 복합명사에서 앞의 N이 동명사일 때도 있다.

(35) a living room/a hiding place/a dining table/a washing machine/ an eating apple (식용사과)/a cooking butter (요리용 버터)

이들 *-ing* 형이 동명사이며, 형용사적으로 쓰이는 현재분사가 아니라는 사실은 의미상으로 보아도 분명하다.

그러므로 (31)의 규칙을 되풀이 적용함으로써 N의 수를 늘릴 수 있다.

(36) the world oil consumption/a roof garden restaurant/the traffic safety committee chairman

이들의 구조는 각각 다음과 같이 된다.

(37)

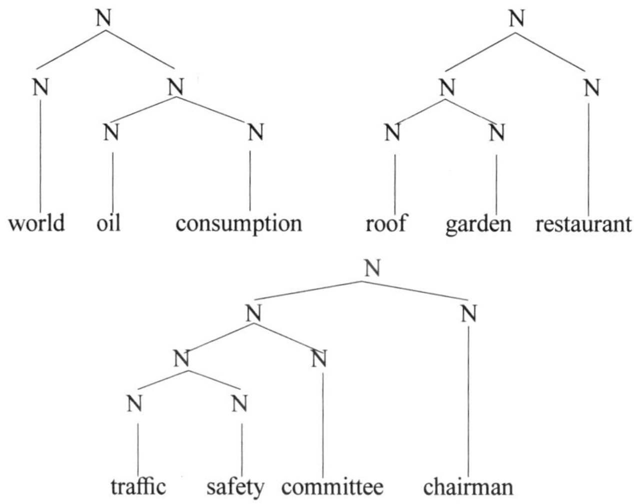

이론적으로는 얼마든지 N을 나열할 수 있다 하겠다.

명사의 병렬 속에 형용사가 들어가는 수도 있다. 이를테면

(38) an *American* history teacher/the English *Literary* Society of Japan

맨 앞에 쓰인 *American*이 *history teacher*의 형용사라면 「미국인 역사 교사」라는 뜻이 되어 [Det A N]이라는 구조가 되고, 이 N이 *history teacher*라는 [N + N]으로 구성되어 있다고 설명한다. 또 이것이 「미국사 교사」라는 뜻이라면 *American history*라는 [Na + N]이 하나의 N의 기능을 가지게 된다. 같은 *American*이라 할지라도, 앞의 경우는 술어적 용법이 가능한 A이고, 뒤의 경우는 *history of America*라는 뜻이므로 이 *of America*를 형용사화한 *American*은 Na이다. 〈*of* NP라는 PP에 관해서는 XXV장에서 다룬다〉. 이것을 도형으로 나타내면 각각 다음과 같이 된다.

(39)

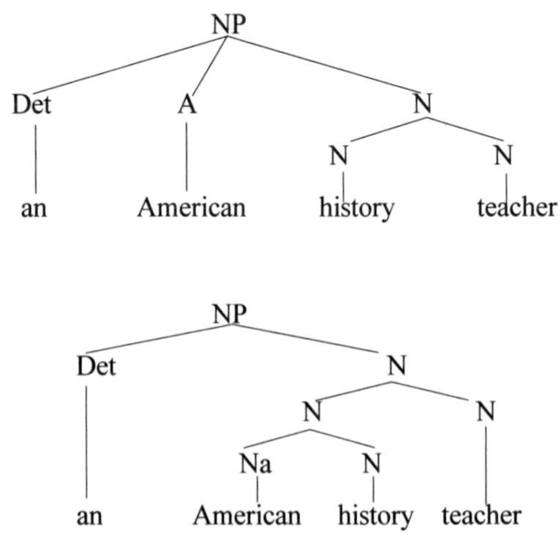

「영문학회」라 할 때 [English Literature] [Society]라 해도 무방하나, 이 *Literature*를 Na인 *Literary*로 바꿀 수도 있다. 이것은 [English Literature]를 하나의 N이라 보고 이것을 Na로 바꾸어 [English Literary]라고 한 것이다.

끝으로 Na가 추상명사와 결합하는 경우를 보자. 이를테면,

(40) national security/parental authority/mental vigor

이처럼 추상명사를 내포하는 표현의 기저에는 문의 명사화라는 과정이 있다. Ⅷ 장 (6)의 규칙에 의해 [the nation be secure]라는 S_0를 동명사구로 하면 [the nation's being secure]가 된다. 이 형용사 *secure*를 명사화하여 [the nation's security]를 얻을 수 있다. 이 *nation's* 대신에 파생형용사인 *national*을 쓰면 *national security*(국가안보)라는 일반적인 표현이 된다. 명사화에 따른 문제에 관해서는 XXV장을 참조해 주기 바란다.

XXIV

정도(程度)의 비교(比較)

기술적인 뜻을 가지는 형용사(또는 부사)는 그 정도를 비교할 수 있어 이에 따른 비교표현을 하게 된다.

(1) Jane is as old as Susan.

(2) Susan is older than Mary.

(3) Mary is the youngest of the three.

(1)의 *as old*는 나이가 같은 것, (2)의 *older*는 나이가 많은 것, (3)의 *youngest*는 나이가 가장 적은 것을 나타내고 있다. 형용사에 따라서는 비교급어미 *-er* 대신 *more*를, 최상급어미 *-est* 대신 *most*를 앞에 갖다 놓기도 하는데, 어떤 형용사가 어떤 방법을 취하느냐 하는 문제는 영어의 어형론(語形論, morphology)에서 다룰 문제이므로 여기서는 언급하지 않기로 한다. 문법상으로는 비교를 나타내는 요소를 바로 형용사(또는 부사)에 붙는 정도사(degree adverb, Deg로 축약)라고 생각하면 될 것이다. Deg로는 *as/more/most* 이외에 *less/least* 등이 있다. 비교급인 *less*는 등급비교의 부정, 최상급인 *least*는 *most*와는 정반대로 최소의 정도(가장 ~이 아니다)를 나타낸다.

(4) a. Jane is less attractive than Susan.

b. Jane is not as [so] attractive as Susan.

b.가 보통 통용되는 표현이다. Deg로서 *least*는 많이 쓰이지 않는다.

비교의 구조는 형용사가 Deg + A로 확충되어, 이것이 보어로서 PP를 동반한다고 풀이된다. 즉,

(5) A → A PP

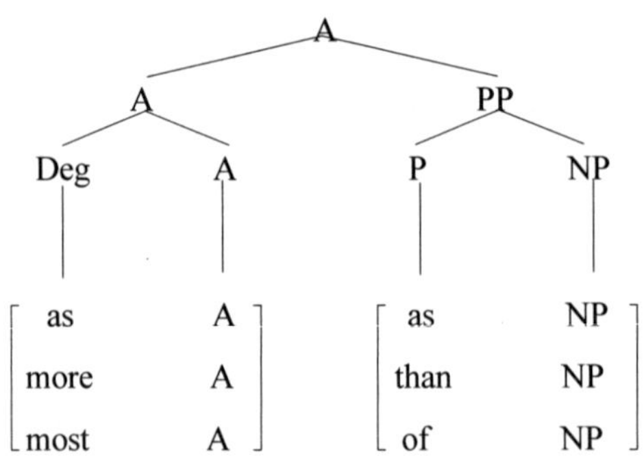

(1)의 예문을 분석하면,

(6)

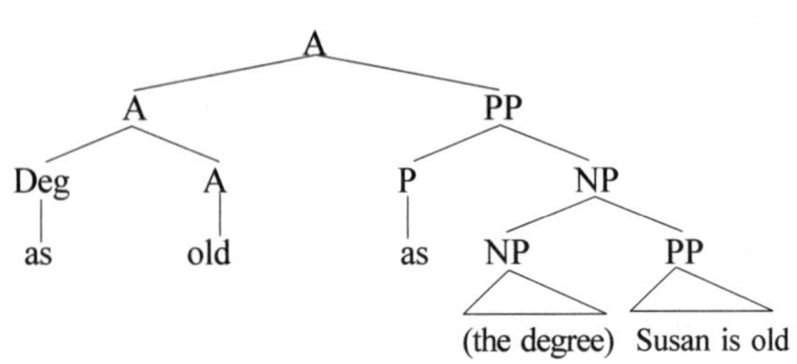

처음의 *as*는 'in the same degree'라는 뜻이고, 다음의 *as*는 보어인 PP의 P인데 NP는 [the degree PP], 즉 [the degree that Susan is old]이다.

Susan의 연령의 정도가 비교의 대상이 되어 있으므로 *Susan is old*는 그녀가 노파라는 뜻이 아니다. 앞에 있는 *as old*의 *old*도 연령에 관한 이야기며, 그 정도가 비교되고 있는 것이다. 기저에는 'the degree'가 있다고 생각해야 되겠지만 이것이 표출되지 않고, 더구나 *Susan is old*의 *old*도 생략되어 *Susan is*로 되었으며, 마침내는 *is*도 생략되어 *Susan*만이 남아 (1)의 문이 된다. 세 가지 표현이 가능하게 되어 *Susan* (*is*), (*old*) 라고 나타내게 된다.

(2)의 비교급의 구조도 (1)처럼 설명할 수 있다. 여기서는 Deg가 *more*이며, 이것은 'to a greater degree'라는 뜻이다. 이것 역시 비교의 대상을 요구하고 있으므로 보어로 pp를 취하게 된다. 그 PP가 바로 'than the degree that Mary is old'다. 여기서도 'the degree'는 표출되지 않고 *Mary* (*is*), (*old*)가 뒤에서부터 차례로 생략되어 (2)의 *Mary*가 되어버린 것이다.

위의 용례는 모두 문주어와 비교되는 문의 주어가 서로 다른 경우였으나 양쪽 주어가 동일한 경우도 있다.

(7) Tom is wiser than he was.

(8) She is as pretty as (she was) then.

(7)의 *he was*는 생략할 수 없지만 (8)의 *she was*는 생략할 수 있다.

다음, 서로 다른 형용사가 동일한 주어에 대해 서술을 하면서 그 정도가 비교되는 경우도 있다.

(9) a. The car is *bigger* than (it) is comfortable.

b. The car is *more big* than comfortable

위에서처럼 두 가지의 표현법이 있는데, *bigger*를 썼을 때에는 *than* (*it*)

*is*의 *is*를 생략할 수 없다. b.에서는 형용사를 직접 비교하는 것이 되는데, *rather than*을 썼을 때의 비교와 흡사하다.

(10) The car is big *rather than* comfortable.

이 *rather*는 'in a greater degree'를 의미하는 Adv로, 위의 *more*처럼 Deg가 아니다. 왜냐하면 AP → A Adv의 Adv로서 형용사 *big*를 수식하며, 그 보어로서 *than comfortable*을 취하고 있기 때문이다. Adv → Adv PP라는 구조로 *big*와 *comfortable*을 직접 비교하고 있는 것이다. 따라서 *rather than it is comfortable은 문이 되지 못한다. 유사한 예를 하나 더 들어 본다.

(11) The sun was bright *rather than* hot.

형용사뿐만 아니라 자격을 나타내는 술어적인 명사도 비교할 수 있다. 이를테면,

(12) He is more a scholar than (he is) a teacher.

다음과 같은 비교문은 그 뜻이 애매하다.

(13) I know more attractive women than Annie.

이 *more*가 *attractive*의 Deg라면 이것은 'women who are more attractive than Annie (is) attractive 라는 뜻이 된다. 그러나 *more*는 *many*의 비교급이 될 수 있으므로 그때에는 'a greater number of attractive women than (the number of) attractive women Annie knows'라는 뜻이 된다. (13)은 *than Annie*라고도, 또는 *than Annie knows*라고도 해석할

수 있어 뜻이 애매하다는 것이다.

방금 *more*는 *many*의 비교급이 되기도 한다고 말했는데, 이때에는 *more many = *more*라고 할 수 있는 비교급이다. 마찬가지로 more는 *much*의 비교급이기도 하다. 이때에는 *more much = *more*라고 생각할 수 있다. *Many*나 그 비교급인 *more*는 한정사(Det)의 일종이지만, *much*나 그 비교급인 *more*는 Adv이다. Thank you *very much*에서처럼 Adv의 기능을 가지게 된다(= in a great degree). 이것이 비교에서 쓰이면,

(14) You despise him *as much as* you hate him.

as much as(= in the same degree as)는 같은 정도를 나타내며,

(15) I respect her *more than* I love her.

에서는 비교급을 나타내고 있다. 이 *more*는 *more much에 해당하기 때문이다.

(16) He loves the dog more than his wife.

이것은 'more than he loves his wife'라고도, 또한 'more than his wife loves the dog'라고도 해석할 수 있어 뜻이 애매하다. 전자의 경우에는 'more than her', 후자의 경우에는 'more than she'와 같이 대명사를 써주면 구별할 수 있겠지만, *than* 다음에서는 *she*보다 *her*가 더 많이 쓰이므로 반드시 구별할 수 있는 것도 아니다.

최상급의 표현은 (3)에서처럼 *the*를 동반하는 수가 많다.

이것은 'the youngest one'이라는 명사구의 기능을 가지기 때문이다.

(17) This is the most difficult question of all.

(18) This is the most interesting book of all.

여기에는 *question*이나 *book*이라는 명사가 있어 *the*가 있는 것은 당연하다. 이들과

(19) He is the tallest of us all.

의 *the*도 같은 것이라고 생각된다.

(20) The lake is t*he deepest* in this country.

(21) The lake is *deepest* at this point.

(20)은 the deepest of all the lakes in this country라는 뜻이므로 *the*가 있으나, (21)은 다른 호수와 비교하는 것이 아니라 그 호수의 깊이를 말하는 형용사이므로 *the*가 없는 것이다. 그런데,

(22) This flower is *most* beautiful.

이라고 할 때에는 뜻이 애매해진다. 최상급을 나타내는 *most*이기는 하지만 *the*가 없으면 다른 것과 비교하는 뜻이 약해져서 *most*가 *very* 처럼 강의사가 되어 버린다. 즉, (22)는「가장 아름답다」또는「대단히 아름답다」등 두 가지 뜻으로 해석되는 것이다.

(23) It's *most kind* of you.

이것 역시 최상급이 아니라 very kind 라는 뜻이 분명하다.
여기서는 *kindest*를 쓸 수 없다.

(24) I like this book *most* of all.

이 *most*는 형용사에 붙은 Deg로서의 *most*가 아니라 그 자체의 정도를 나타내는 Adv(= in the highest degree)이다. 위에서 *more*가 Adv가 되어 *much*의 비교급이 되는 경우에 대해 말하였는데 이 *most*는 *much*의 최상급이다.

*Many*의 최상급인 *most*도 *most people*처럼 정관사 없이 쓰이면「대부분의」라는 뜻이 된다.

이 밖에 정도의 비교를 나타내는 Deg로 *the*가 있다.

(25) He's had a holiday and looks *the* better for it.

이 *the*는「그 만큼」(in that degree)라는 뜻의 Deg이다. 이 *the*가 상관적으로 쓰이는 경우가 있다.

(26) *The* more I see you, *the* more I love you.

이것은「만나면 만날수록 좋아진다」라는 뜻으로, To the degree(I see you more), to that degree (I love you more)라고 설명할 수 있겠다. 이 *more*는 Adv인 *much*의 비교급으로 *the*는 그 Deg이다.

(27) *The* more *the* merrier.

「많으면 많을수록 그 만큼 더 즐겁다」라는 뜻으로, 여기서의 *more*는 *many*의 비교급이다.

(28) *The* harder he worked, *the* happier he felt.

여기서 *harder*는 부사, *happier*는 형용사의 비교급이다.

앞에서 강의사인 *very*를 들었는데, 비교급을 강조하기 위해 *very*를 쓰지는 않는다. 그 대신 *much/far/by far* 등을 쓴다.

(29) It was *much* worse than I thought.

(30) Gold is *far* heavier than water.

(31) a. She is *by far* the better actress.

b. She is the better actress *by far*.

(31)의 b.에서처럼 *by far*는 정도를 나타내는 Adv이며, a.에서는 이것이 앞으로 나온 경우다. 이것은 최상급을 강화하기 위해 쓰인 것이다.

(32) Baseball is by far the most popular sport in Japan.

Deg의 기능을 가지는 것에는 *as/more/most* 등이 있고, 그 밖에 *so/too/enough* 등이 있다.

(33) The boy was *so* kind *as* to show me around the campus.

(34) The statement was *so* clear (that) it couldn't be misunderstood.

이 *so*는 'to such a degree'라는 뜻으로, [as NP]라는 보어인 PP를 취한다. 부정사구가 오기도 하고 *that*-절이 오기도 하지만, 그것은 [as NP]의 NP가 [it S_0]이냐 [it S]이냐의 차이에 좌우된다. (33)은 [as (for him) to show me around the campus]에서, (34)는 [as that it couldn't be misunderstood]에서 나온 것인데, *that*-절 앞의 전치사는 생략되어 (34)에서는 *as*가 나와 있지 않다. 그리고 *that* 역시 구어에서는 생략되는 수가 많다.

(35) We'll be *too* early for the train.

(36) He got up *too* late to catch the train.

(37) We've come *too* late to get in.

이 *too*는 'to a higher degree than is necessary or good'라는 뜻이며, 다음의 *enough*(이것은 형용사나 부사 뒤에 온다)는 'to a sufficient degree'라는 뜻이다.

(38) She is good *enough* for you.

(39) He is lucky *enough* to have such a good nurse.

(40) He got up early *enough* to catch the train.

*Too*나 *enough*도 보어로 [for NP]라는 PP를 취한다. (35), (38)에서는 이것이 *for the train/for you*로 되어 있으나 다른 예문에서는 부정사구로 되어 있다. 이것도 (33)의 *so*의 보어처럼 [for NP]의 NP가 [it S_0]인 경우라고 생각된다. (36)은 [for (for him) to catch the train]의 *for*가 생략된 것이라고 설명할 수 있다. 다른 예문도 마찬가지다.

위의 예문들은 모두가 부정사구의 의미상의 주어가 문주어와 동일한 경우였다. 그러나 다음과 같이 그렇지 않은 경우도 있다.

(41) The candidate is conservative enough to vote for.

(42) The problem is too abstract to solve

(43) The stone is too heavy to lift.

여기서는 부정사구의 의미상의 주어가 특정인이 아닌 사람이고, 문주어가 부정사의 의미상의 목적어가 되어 있다. 이와 동일한 용법이 XX장에 예시되어 있다.

XX (32) c. The food is ready to eat.

XX (34) The horse is quiet to ride.

XX (35) The flowers were very beautiful to look at.

이들 형용사는 PP → S_0라는 보어를 동반하여 for one to eat [ride/look at]의 *for one*이 생략된 것이라고 설명하였다. 이들 부정사구는 동작의 표현인 까닭에 [it S_0]에서 유래하는 명사적 부정사구와는 다르다. 따라서 의미상의 목적어는 문주어 일지라도 이것은 표현되지 않는다. 위의 예문에서 말하자면 (41)은 conservative enough *for voting* (42)는 too abstract *for solving*과 같다. 이것을 *to vote for him/*to solve it 라고 목적어를 넣으면 문이 되지 않는다.

한편, 부정사의 의미상의 목적어가 표출되는 경우도 있다.

(44) The ball moved too quickly for them to see (it).

(45) The stone is light enough for anyone to lift (it).

(46) The idea is too subtle for most people to understand (it).

이와 같은 경우 목적어를 나타낼 때도 있고 나타내지 않을 때도 있으나, 양자 사이에는 약간 뜻에 차이가 생긴다. 목적어가 있는 경우의 구조는 [for NP]의 NP가 [it S_0]인 경우이다. (44)를 예로 들면,

(47) Adv → Adv PP

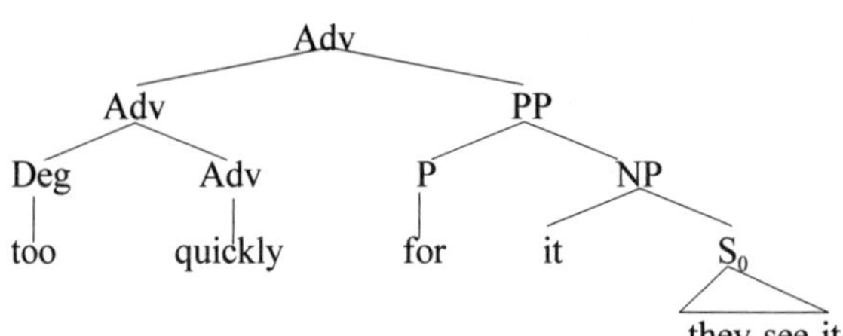

이것은 (for it) for them to see it 에서 *for it*가 생략되어 (44)가 된 것으

로, 「그들이 그것을 보기에는」 (너무나 빨리)라는 뜻이 된다. 이와는 대조적으로 *too quickly for them*이라고 보면 「그들에게는」 (너무 빠르다)라는 뜻이 되어, 뒤따르는 부정사구는 단지 「본다」라는 동작을 나타내게 된다. 이때의 구조는 (47)의 PP인 [*for them*]이라는 PP와, (41) 이하와 같은 PP → S_0 등 두 개의 PP로 구성된다.

(48)

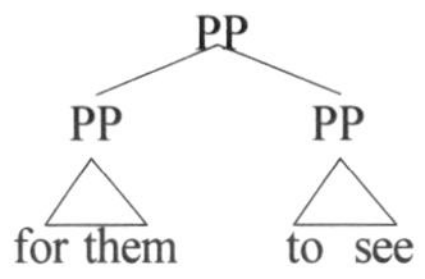

이때 *see*의 목적어가 표출되지 않는다는 것은 위에서 말한 바와 같다.

(49) The stone is *too heavy for you* to lift.

(50) The problem is *too abstract for Bill* to solve.

(51) A trip like that is *too expensive for us* to take.

(52) The ceiling is not *low enough for me* to touch.

이런 경우에는 목적어가 표출되지 않는 것이 보통이지만, 그것은 *for you/for Bill/for us/for me*가 강조되어 뒤에 오는 부정사와의 사이에 의미상 간격이 생기기 때문이다.

이와는 대조적으로 [for NP to VP]가 통일된 뜻을 가지고 그 전체가 보어로 되는 경우에는 당연히 목적어가 표출되게 마련이다.

(53) He was too near *for me to avoid him*

(54) He walks too fast *for me to keep up with him.*

(55) The candidate is conservative enough *for us to vote for him.*

모두 [for NP to VP] 앞에서 뜻이 끊기는 곳이 생기게 된다. (55)와 (41)를 비교해 보기 바란다.

XXIII (19), (20)에서 형용사적 부가어(Aa)에 대해 설명하였지만, 부사 중에도 부사적 부가어(adverbial adjunct, Adva로 축약)로 보아야 할 낱말이 있다. 이것은 강의(强意)나 제한 등 화자의 기분을 표출하기 위해 삽입적(挿入的)으로 쓰이는 것으로, 문 중에서의 위치는 상당히 자유롭다. 이는 동사 · 형용사 · 부사에 뿐만 아니라 전치사구나 명사구에도 붙게 된다. 대표적인 것으로 *only/just/quite* 등이 있다.

(56) John *only* phoned Mary today.

이 only가 무엇을 한정하고 있는지는 애매하지만, 이것을 only John/only phoned/only Mary/only today라고 한다면 뜻이 명백해진다.

(57) He was sitting *just* here.

(58) I came *just* to see you.

(59) He lives *just* around the corner.

(60) They've (*only*) *just* arrived.

(61) That's *just* perfect.

(62) He came *just* as I was leaving.

(63) You are *quite* right.

(64) I *quite* agree with you.

(65) There was *quite* a lot of people.

(66) He came *right* in.

(67) Do it *right* now

(68) He must be *well* over seventy.

XXV

명사화(名詞化)

앞의 Ⅷ장에서 동명사구를 다룰 때, 이것이 문의 명사화(nominalization)라는 것을 설명하였다. Ⅷ(6)의 NP → S_0는 S_0가 NP의 기능을 가질 때, 이것이 Poss-*ing*라는 형용사를 취하여 동명사구가 된다는 것이었다. 또 Ⅹ장에서도 동명사구에 대해 언급하여, 동명사(gerund)와 동작명사(action noun)의 차이에 대해 설명하였다. 이것을 간추려 본다면,

(1) John rides his bicycle skillfully.

라는 문을 명사화하면,

(2) John's riding his bicycle skillfully.

라는 동명사구가 되며, 명사화를 더욱 밀고 나가면,

(3) John's skillful riding of his bicycle.

이라는 명사구가 되고, 이때의 *riding*은 (2)의 *riding*이 동명사인데 대해 동작명사가 되는 것이다.

(2)와 (3)의 구조를 비교하면,

(2)

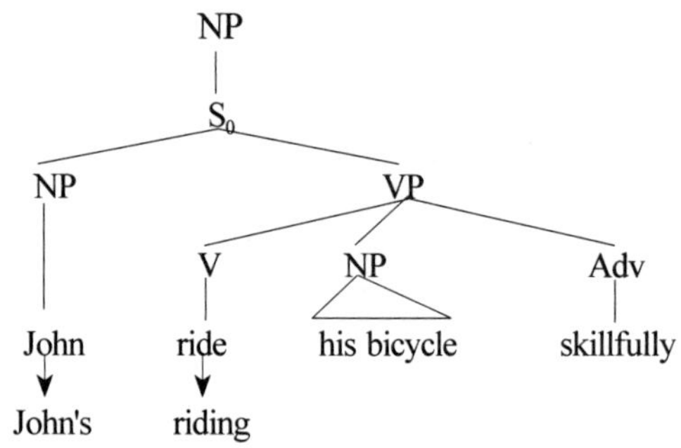

(3)

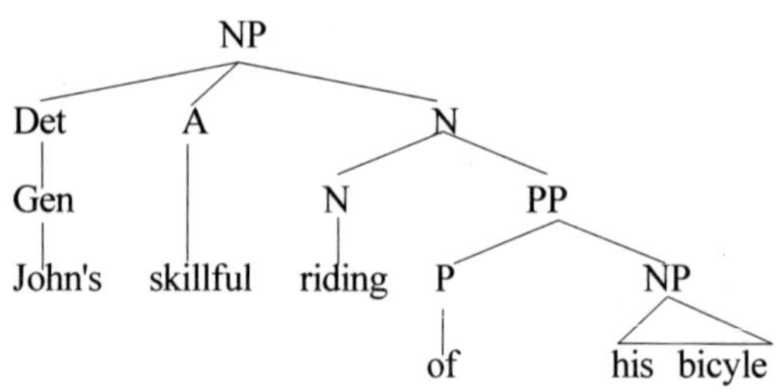

(3)의 *riding*은 완전히 명사화되어 버렸기 때문에, 본래의 부사는 형용사가 되고, 동사의 목적어는 전치사 *of* 의 목적어가 되어 동작명사와 관계를 맺게 되었다.

모든 동사는 동명사가 될 수 있다. Aux인 have-en/be-ing/be-en도 동명사가 되어 완료형 · 진행형 · 수동형의 동명사구를 만들 수 있다. 그러나 모든 동명사가 위의 *riding*처럼 그대로 동작명사가 될 수 있는 것은 아니다. 이를테면 동작을 뜻하지 않는 상태동사나 중간동사는 *his having of a house / *his resembling of his father와 같이 쓸 수는 없다. 또 사고 동사나 정의동사의 경우도 *his believing of it이라든가 *his admiring of it이라고는 하지 못할 것이다(*his thinking of it*가 가능한 것은 he thinks of it의 동명사구이기 때문이지만, 이 *thinking*은 동작명사가 아니다). 그러나 his *belief* of it / his *admiration* of it라고는 한다. 이들은 모두 *believe* / *admire*에서 파생한 명사들이다. 위에서든 중간동사도 his *resemblance* to his father처럼 파생명사(derived noun)를 쓰면 완전히 명사화할 수 있다.

이처럼 동작명사와 파생명사는 완전히 명사화했다는 점에서 공통점을 가지고는 있지만, 어느 쪽을 쓰느냐 하는 문제에 있어서는 개개의 동사에 따라, 또는 뜻에 따라 차이가 생기게 된다. 동사 중에는 파생명사를 가질 수 없는 것도 있기 때문이다.

(4) No smoking.

(5) I dislike loud singing.

이 *smoking*이나 *singing*은 동작명사이지 동명사는 아니다. 그러나 파생명사는 없다. 또 *act* 같은 동사는 *action*이라는 파생명사와 *acting*(of Hamlet)이라는 동작명사를 뜻에 따라 구별해 쓰게 된다.

(6) There is no avoiding him. (= It is impossible to avoid him)

이 *avoiding*은 *no*라는 Det를 취하고 있으므로 동작명사라고 일단 볼 수는 있겠으나, *of him*이 아니라 *him*을 직접목적어로 취하고 있는 점에서 동명사라고 간주해야 할 것이다. 옛날에는 양자의 구별이 지금처럼 명백하지는 않았다. 위의 용례는 이러한 고어(古語)의 잔재라 하겠다. 이 밖의 동명사와 동작명사의 구별이 애매한 경우에 관해서는 Ⅹ장의 (48), (51), (53)을 참조해주기 바란다.

동명사구에는 NP + Poss의 형태로 의미상의 주어가 있는 것이 원래의 모습이지만 때로 이것이 생략되는 수가 많다.

(7) John's hobby is collecting old stamps.

이 *collecting*은 *John's*를 의미상의 주어로 삼고 있는데, 그것은 문맥으로 보아 자명하다. 이러한 경우에는 NP + Poss가 생략된다.

(8) Eating vegetables is fashionable.

이 동명사구의 주어는 특정인이 아닌 사람(*one*)이다. 이런 경우 *one's*라는 의미상의 주어는 생략된다. 그리고 야채를 먹는다는 행위에 초점이 놓여져 있다. 그러나,

(9) His eating vegetables is surprising.

처럼 특정인이 주어가 되어 있는 경우에는 「그가 야채를 먹는 것」이 문제가 되어 있는 것이다.

동작명사나 파생명사는 순수명사이기 때문에 능동수동의 구별에 관계가 없다. 이런 사항은 동작명사에 결부시켜 Ⅷ장의 (54), (55), (56)에서 언급하였다.

부사로 수식된 동사를 명사화하면 그 부사는 형용사가 되어 동작명사나 파생명사의 수식어로 등장한다. 이를테면,

(10) careful reading (〈read carefully) / early rising (〈rise early) / hard work (〈work hard) / sound sleep (〈sleep soundly) / brave defense (〈defend bravely) / regular contribution (〈contribute regularly)

이들 동작명사나 파생명사를 동작주명사(agent noun)로 바꿈으로써,

(11) a careful reader / an early riser / a hard worker / a sound sleeper / a brave defender / a regular contributor

등을 만들 수 있다. 이들은 형용사 + 명사라는 모습을 하고 있으나 의미상으로 형용사는 사람의 수식어가 아니라 동작의 수식어인 것이다. 예를 더 첨가하면,

(12) a heavy smoker / a sure winner / a late comer / a great supporter / a strong opponent (〈strong oppoisition) / a fast runner

마지막 용례에 보이는 *fast*는 본래 *running*의 형용사인데, 이것이 *a fast runner*가 되고, 더 나아가서 a fast horse [train/car]처럼 쓰이기도 한다. 이때에는 a horse [train/car] which runs fast가 축소된 것이라고 보면 되겠다.

이상, 동사에서 온 파생명사를 고찰하였는데, 형용사에서 온 파생명사도 있다.

(13) a. John is eager to please.

b. John's being eager to please.

c. John's eagerness to please.

a를 그대로 명사화하면 b의 동명사구가 된다. 이것은「존이 사람들을 즐겁게 하는데 열심이다」라는 뜻인데, c에서는 파생명사 *eagerness*로 그의「열의」를 직접 문제시하고 있다. 부정사구가 보어로 쓰인 것은 a, b의 경우와 같다. 즉, *eager to please* 라는 AP의 구조는 [A PP]이지만, *eagerness to please*는 AP의 명사화로 N → N PP라는 구조이다. 다음 예에서도 [A PP]가 그대로 [N PP]가 되어 있다.

(14) his ability to do the work / his willingness to help me / his am-

bition to become famous

다음 예에서는 PP가 [for NP]로 되어 있으나, 이것도 형용사의 경우인 *anxious for/inadequate for*에서 온 것이다.

(15) his anxiety for her safety / his inadequacy for the job

형용사가 명사화되면 수식어인 부사가 형용사로 되어 버린다는 것은 동사의 경우와 같다.

(16) serious illness (<seriously ill) / utter darkness (utterly dark) / absolute freedom (<absolutely free)

형용사에서 온 파생명사도 사람을 나타내는 명사로 바꿀 수 있다.

(17) an utter stranger (<an utterly strange person)

또한 구체명사로 변하여 복수형을 취하는 수도 있다.

(18) terrible difficulties (<terribly difficult things)

동작명사가 그대로 구체명사가 되는 예도 있다.

(19) building (건물) / painting (그림) / drawing / etching / writing (the *writings* of Milton)

그런데 사고동사나 고지동사에서 온 파생명사를 보면 동사의 경우와 마찬가지로 *that*-절을 취하는 경우가 많다.

(20) The *thought* that he had gone saddened Mary.

(21) There can be no *doubt* that he is intelligent.

(22) The *report* that the tuition fee was going up again was untrue.

사고동사나 고지동사의 목적어는 NP → it S의 경우이며, [it S]가 *that*-절이 된다는 것은 이미 V~VII장에서 본 바와 같다. 이 *that*-절이 파생명사의 경우에도 그대로 등장하고 있는데, 파생명사나 동작명사의 목적어는 위에서 본 바와 같이 [of NP]가 되며, 이 *of*는 다음과 같은 경우에 등장한다.

(23) I had no thought *of* meeting him there

(24) There can be no doubt *of* his being intelligent.

(25) The report *of* the tuition hike was untrue.

이 *of* 다음에 오는 NP는 동명사구나 명사이지만, (20), (21), (22)의 *that*-절의 경우에는 [of it S]이며, 이 S가 *that*-절이 되고, 바로 앞에 있는 *it*가 생략됨에 따라 *of*도 생략된다.

동작명사나 파생명사를 내포하는 NP의 구조는 (3)의 도형에 나타나 있듯이 NP에 지배되는 N이,

(26) N → N PP

인 경우이다. N이 [N PP]로 확충되는 것은 원래의 문의 [V NP]가 명사화되었기 때문이다. 형용사에서 파생한 파생명사도 [N PP]인데, 이것 역시 원래의 [A PP]의 명사화이다. 파생명사는 아니지만 이와 유사한 구조를 가지는 명사가 몇 개 있다. 이를테면, *idea/news* 따위가 그것이다.

(27) The *idea* that he might succeed is absurd.

(28) The *news* that her son had died was a great shock to her.

(29) The *news* of her son's death was a great shock to her.

이들 명사는, 이들이 파생되어 나올 본래의 동사가 없는 경우지만, 그 내용을 기술하는데 *that*-절이나 *of*-구를 취한다는 점으로 보면 파생명사와 유사한 점을 지니고 있다. 그 구조는 Ⅷ (16)의 *fact*의 경우와 같아서,

(30) NP → NP PP

라고 해석된다. 이 구조에 관해서는 지금까지 여러 번 언급한 바 있지만, (26)과 구별하는 일에 대해서는 다음 장에서 논하기로 한다.

일반적으로 말해 영어에서는 명사화된 표현을 좋아하는 경향이 있다. 이를테면, *it is rumored*라고 하는 대신 다음과 같이 명사화 시킨 표현이 발달하고 있다.

(31)

a. It is rumored
b. Rumor has it
c. There is a rumor } that the Cabinet will be reshuffled next month.
d. There is a rumor of the Cabinet being reshuffled next month.

형용사에서 온 파생명사도 마찬가지다.

(32)

a. It is likely ⎫ that the ruling party
b. ⎧There is a likelihood ⎭ will be defeated.
c. ⎩There is a likelihood of the ruling party being defeated.

이러한 표현과 관련하여,

(33) The likelihood is that the ruling party will be defeated.

라는 문이 있는데, 이것은 (32) b의 구조를 토대로 하여, *a likelihood*를 주제로 삼아 서술한 것이며, 원래는 하나였던 NP가 주어와 술어로 나누어졌다가 연결동사 *is*에 의해 다시 연결된 것이라고 설명할 수 있다.

다음 예도 동일한 내용에 대한 세 가지의 표현이다.

(34) a. It snowed heavily last night
b. There was a heavy snow last night
c. We had a heavy snow last night.

a보다도 b, c의 명사적 표현이 즐겨 쓰인다. 또 영어는 c처럼 사람을 주제로 한 표현을 좋아한다. 같은 명사적 표현이라 할지라도 b는 객관적인 표현이고, c는 친근감이 있는 표현이다.

영어는 동사와 동형인 파생명사를 *have/take/make/give* 등 이른바 작용어(operator)의 목적어로서 취하는 명사적 표현을 좋아한다. 이에 대해서는 XVI (53) 이하에서 언급하였다.

이 밖에도 *do* + 동작명사라는 표현 방법이 있는데, 이것도 영어다운 표현이다. 이를테면,

(35) do writing [washing/packing/lecturing/reviewing/charring/housekeeping]

명사적 표현의 기저에는 동사나 형용사가 있다고 생각되는데, 이것이 명사화되어 명사적 표현을 만드는 과정은 그렇게 간단하다고 말할 수는 없다. 이를테면,

(36) I had the pleasure to meet him [of meeting him].

파생명사 *pleasure*의 보어로 부정사구나 동명사구 등이 쓰이지만, 우선 부정사구부터 고찰해 보면,

(37) a. It pleased me to meet him.

b. I was pleased to meet him.

c. I had the pleasure to meet him.

a가 기저에 있고(이 *it*는 부정사구에 대한 예비의 *it*), 이것이 사람을 주제로 하기를 좋아하는 영어의 습성으로 인하여 b가 되는데, 이것을 *had the pleasure*라는 명사적 표현으로 바꾸면 c가 된다. 표면구조는: NP (*the pleasure*)와 PP → S_0 (for me *to meet him*), 즉 [NP PP]로 되어 있다. 동명사구로 표현하자면,

(38) a. Meeting him was a pleasure.

b. The pleasure was meeting him.

c. (I had) the pleasure which was meeting him.

d. I had the pleasure of meeting him.

c는 NP → NP S(관계사절)라는 구조지만, d는 NP → NP PP 라는 구

조이다. c의 *which was* 대신 동격을 나타내는 *of*가 쓰인 것이 바로 d.이다. 동격의 *of*라고 풀이되는 *a devil of a fellow* 등에 관해서는 다음 장에서 설명하기로 한다.

XXVI

속격(屬格)의 종류

이미 Ⅲ장 (36)에서 설명한 바와 같이 속격명사(屬格名詞)(Gen)는 관사나 지시사와 함께 한정사의 핵심을 이루는 것이다. 이것을

$$\text{(1) Det} \rightarrow \begin{cases} \text{Art} \\ \text{Dem} \\ \text{Gen} \end{cases}$$

라고 나타낼 수 있는데, 이것은 Art와 Dem과 Gen이 서로 배제한다는 것, 즉, 이들이 병렬되어 쓰이는 일은 없다는 것을 가리키고 있다. 그런데, Gen은 명사에 소유격 어미('s)를 붙여서 만든다.

(2) Gen → NP + Poss

이 형태는 넓은 의미의 소유관계를 나타내며, 주로 사람을 가리키는 명사가 속격을 취하지만(*the king's* palace처럼), 사람을 집단적으로 가리키는 명사도 속격으로 쓸 수 있다.

(3) *Japan's* future / *England's* economy / *our school's* history / *this country's* needs

마지막 두 용례의 구조를 보면 다음과 같다.

(4)

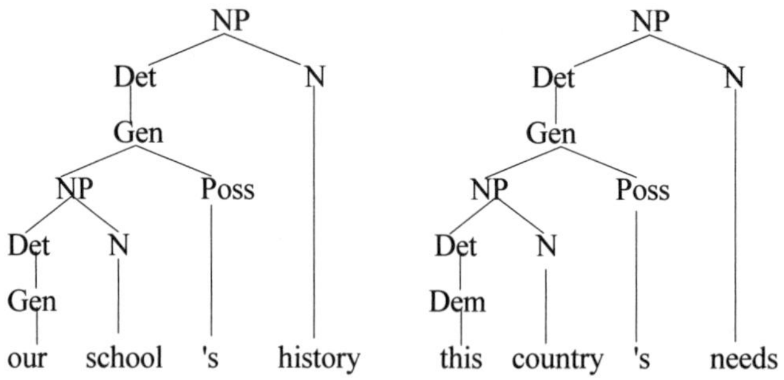

소유대명사(*our / my / his* 따위)는 그 자체가 Gen이지만 [our school's]에서는 전체의 Gen 중의 Gen이다. Dem인 *this*도 마찬가지로 [this country's] 라는 Gen 중의 Dem이다. 만약 (3)의 Gen을 Art인 *the*로하면, (3)의 예는,

(5) the future *of Japan* / the economy *of England* /
the history *of our school* / the needs *of this country*

가 된다. 원래의 Gen은 *the*와 공존할 수 없으므로 [of NP]가 되어 후치된 것이라고 풀이된다. The English Literary Society *of Japan*도 동류의 구조가 된다. 이들은,

(6) NP → NP PP

라고 표시할 수 있다. 무생물을 가리키는 명사의 소유격은 (6)의 구조를 취하는 것이 보통이다. 이를테면,

(7) the legs *of the table* / the color *of the wall*

그러나 관용구 중에는 옛날 속격의 용법이 남아 있다. 몇 개 예를 들면,

(8) at *his wits'* end / to *my heart's* content

속격의 형태는 NP + Poss이며, 다음과 같은 N + Poss는 명사의 소유격이기는 하지만 참다운 속격은 아니다.

(9) a *man's* job / a *men's* store / a *girls'* school

여기서는 *man's job*(남자가 하는 일) / *men's store*(남자용품 전문점) / *girls' school*(여학교)이 하나의 복합명사를 이루고 있다. 이들 복합명사는 N → N's + N 라는 구조로, N's(N + Poss)는 이미 설명한 Na의 일종이다. (9)는 이 복합명사에 관사가 붙은 것, 즉, [Art N]이라는 구조이다. 이것이 [Gen N]이 아니라는 것은 복합명사의 *men/girls* 앞에 a가 있는 것을 보아도 분명하다.

전장에서 명사화에 관한 문제를 다룰 때, 동작명사나 파생명사가 속격인 명사를 Det로서 취한다는 것을 보았다. 이를테면 [Russia invade Afghanistan]이라는 S_0를 명사화하여, *invade*에서 파생한 *invasion*이라는 명사를 쓰면,

(10) Russia's invasion of Afghanistan

이라는 명구사가 된다. 이 *Russia's*를 주어속격(subjective genitive)이라 한다. (10)의 구조는,

(11)

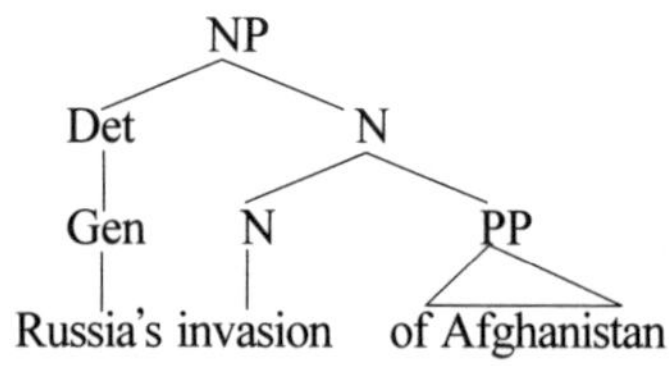

이 도형의 Det에 해당하는 것이 원래의 S_0의 주어인 NP(*Russia*)이며, N에 해당하는 것이 원래의 VP(*invade Afghanistan*)이다. 원래의 목적어는 *of* 를 취하여 PP가 된다.

(10) 대신에,

(12) the Russian invasion of Afghanistan

이라고 할 때도 많은데, 이 *Russian*은 명사적 형용사(Na)로서 *Russian invasion*은 [Na N]이라는 한 개의 N을 이룬다. 또 *Russian* 대신 흔히 *the Soviets*라고도 하는데, 이때에는 *the Soviets'* invasion of A.이 되며, 이것은 또한,

(13) the *Soviet* invasion of Afghanistan

이 되기도 한다. 이 *Soviet*도 Na이다.

파생명사 앞에 오는 속격은 원래의 동사의 주어에서 유래하는 것이 원칙이지만, 원래의 주어나 목적어가 사람인 경우에는 목적어도 주어속격의 위치에 올 수 있다.

(14) *The committee's appointment* was a surprise.

이것은 [the committee appoint (someone)]의 명사화로 볼 수도 있고,

[(someone) appoint the committee]의 명사화로도 볼 수 있어 문맥을 보지 않으면 그 뜻이 애매하다.

(15) a. John is the admirer of Jane

b. John is Jane's admirer.

a.와 b.는 같은 뜻이지만, *admire*의 목적어가 b.에서는 *Jane's*라고 되어 있다. 이것은 *admirer*가 사람을 가리키며, 그렇게 되면 실체명사가 되어 「Jane이 숭배하는 사람」을 뜻하는 소유속격이라고 풀이된다. a.는 *of Jane*을 목적어속격이라고 보면 [the] [admirer of Jane]이라는 구조가 되지만, 이것을 소유속격으로 볼 수도 있다. 이때에는 [the admirer] [of Jane]이라는 구조가 된다. 도형 A로 나타내면 각각 다음과 같이 된다.

(16)

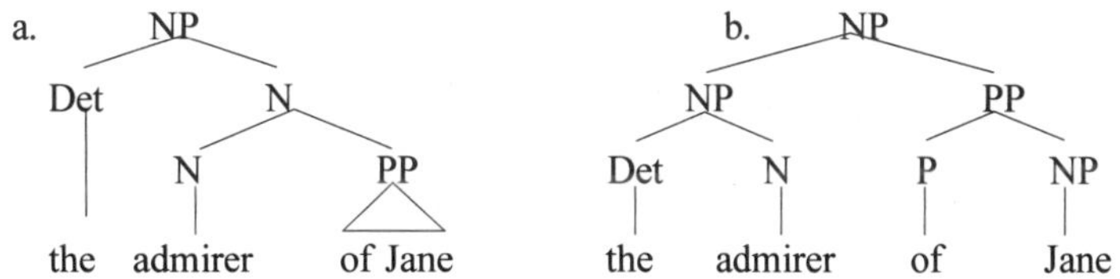

이렇게 두 가지로 해석할 수 있는 것은 동작주명사인 *admirer*가 한편으로는 동사 *admire*에서 온 파생명사의 성격을 가지지만, 또 한편으로는 사람을 가리키는 실체명사의 성격을 가지는 것이어서, 어느 편을 중요시하느냐에 따라 구조가 달라지기 때문이다.

이렇게 동작주명사는 두 가지로 해석이 가능하므로 여기에 형용사가 붙었을 때에도 두 가지 뜻이 생기게 된다. 이를테면,

(17) a good teacher / a beautiful dancer

이들은 파생명사적 성격을 중요시하면 one who teaches well / one who dances beautifully 라는 뜻이 되지만, 사람이라는 실체명사에 중점을 두고 생각하면 a teacher who is good / a dancer who is beautiful 이라는 뜻이 된다.

지금까지 보아온 대로 속격은 크게 세 종류로 나눌 수 있다.

A. 소유속격 (possessive genitive)
B. 주어속격 (subjective genitive)
C. 목적어속격 (objective genitive)

본래 Gen → NP + Poss 이지만, 오늘날의 영어에서는 속격의 기능을 가지는 [of NP]가 많기 때문에 후치속격(post-genitive)으로서 *of*-속격을 인정하기로 한다. 이를테면 (7)의 the legs *of the table*의 PP도 소유격으로 간주된다. 그 구조는 (6)에서처럼 NP → NP PP였다. 이것은 *legs*처럼 파생명사는 아니지만, 뜻으로 보아(다리는 부분이라는 뜻에서) 보어를 필요로 하는 관계개념(전체와 부분이라는 관계)을 내포하고 있는 경우, 그 보어를 구체화한 구조가 된다. 동작주동사가 실체명사로서 보어를 취하게 될 때, 그것이 소유의 뜻을 가지는 *of*- 속격이 될 수 있다는 것은 (16) b의 *admirer*의 예에서 본 바와 같다. 또 다른 예를 들면,

(18) the king of England

이 *king*은 파생명사는 아니지만 통치자라는 뜻을 가지고 있다. 따라

서 이것을 'ruler'와 같은 뜻이라고 간주하면 (18)의 구조는 [the] [king of England] 라고 분석 할 수 있지만, *king*의 실체성을 위주로 해서 분석하면 [the king] [of England]가 된다. 전자의 *of England*는 목적어속격, 후자의 *of England*는 소유속격이다.

주어속격 대신에 [by NP]라는 PP를 쓸 수도 있다. 이를테면 (10)의 *Russia's* 대신

(19) the invasion of Afghanistan *by Russia*[*by the Soviets*]

라고 할 수 있다. 이것 역시 NP → NP PP라는 구조이다. 이와 관련해서 Lincoln의 Gettysburg Address의 한 귀절,

(20) government of the people, by the people, for the people

의 의미해석에 대해 한 마디 해두자. 이 *government*는 원문에 관사가 안 붙어 있으므로, *govern*이라는 동사에서 파생한 파생명사, 즉, 「m통치, 정치」라는 뜻으로 추상명사이며, 실체명사로서의 *government* 「정부」는 아니다. 만일,

(21) the government of the people

로 되어 있다면 [NP PP]로서 「국민이 가지고 있는 정부」라는 뜻이 될 수 있다. 그러나 원문에는 관사가 없으므로 (20)을 [the people govern the people for the people]의 명사화라고 보아야 한다. 그래서 구조는,

(22)

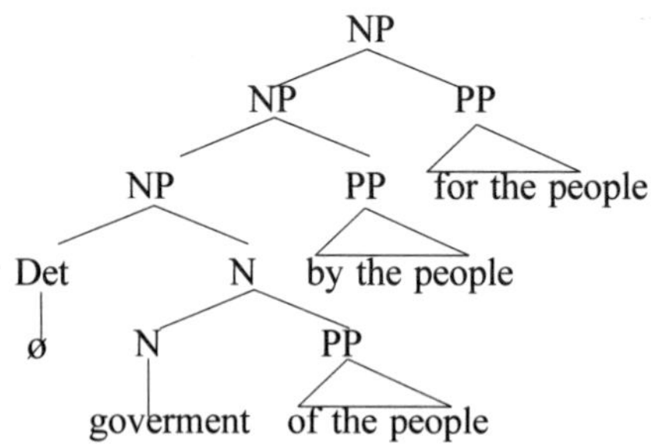

즉, *of the people*은 목적어속격이지 소유속격이 아니다. 민주주의에서는 통치의 주체도 국민이고 통치의 객체도 국민인 것이다. 민주주의에 있어서의 'governability(순종성)'가 문제되는 이유이기도 하다.

(23) the people's government

이 표현은 애매하다. 이 *government*를 파생명사 「통치」라고 해석하면 주어속격(= government by the people)이 되고, 실체명사 「정부」라고 보면 소유속격(= the government which belongs to the people) 이라는 뜻이 된다.

지금까지 파생명사와 실체명사와의 구별을 토대로 여러가지 경우를 설명하였는데 다음 예에서는 양자가 겹치고 있다.

(24) John's painting of his daughter

이 *painting*은 「그림」이라는 실체명사이기도 하지만 동작명사로서의 뜻도 보전되어 있다. 즉, 이것은 「존이 딸의 모습을 그린 그림」이라는 뜻이 된다. 여기서는 그린다는 제작활동과 그 활동의 결과로 생긴 그림이라는 제작물 등 두 가지 뜻이 곁들어져 있다. 위에서 설명한 *admirer*의 경우인 (16)처럼, 이 (24)도 *painting*의 실체명사로서의 성격을 주로 하면 [NP PP], 동작명사의 성격을 감안하면 [Det N [N+PP]] 라고 해석된다. 파생명사인 *description / statement / report / sketch* 등도 *painting*과 마찬가지로 동작과 그 결과 생긴 작품 등 두 가지 뜻을 지니고 있다. 이들 명사에는 근원이 되어 있는 동사 *paint / describe / state / report / sketch* 등이 있는데, 이렇게 대응되는 동사가 없는 명사라도 파생명사와 동일한 뜻을 가지며 유사하게 쓰이는 것이 있다. 이를테면, *picture / story / book* 등이다. 이것을 준파생어(quasi-derived noun)라고 불러두자.

(25) John's picture of his daughter

이것은 (24)와 같은 뜻이다. 단 *picture*는 참다운 파생명사가 아니므로 이 구조는 [NP PP]가 된다.

(26) the story of Cinderella/tales of adventure

이것도 마찬가지이다. 뒤의 *tale*은 *tell*이라는 동사의 파생명사라 하겠으나 그 뜻은 *story*와 같다고 보아도 되겠다.

(27)a. a book on linguistics

b. a book on the shelf

a의 *book*은 준파생명사로서 그 내용을 나타내는 linguistics를 보어로 하고 있어 [NP PP] 라는 구조를 이룬다. 그러나 b의 book은 단순한 실체명사로 다루고 있어서 *a book*에 대한 기술을 내포하는 'a book which is on the shelf' 라는 것이다. 이와 같이 관계사절을 내포하는 구조는 [NP S] 이며, *which is*가 생략되어 b가 된 것이라고 설명할 수 있다. 다음,

(28) my father's picture

이것은 세 갈래로 해석할 수 있다. 우선, *picture*를 단순한 실체명사라고 한다면「아버지가 가지고 계신 그림」이 되고, *picture*를 준파생명사라고 한다면「아버지가 그린 그림」과「아버지를 그린 그림」이라는 뜻이 된다. 주어속격과 목적어속격의 구별을 명백히 나타내려면,

(29) a. the picture of my father's
b. the picture of my father

라고 하면 된다. a의 *my father's*는 'my father's picture' 라는 것으로, 영어에서는 *the my father's picture 라고 Art와 Gen를 중복해서 쓸 수 없으므로 *the picture of my father's*처럼 *of*를 써서 결합시킨 것이라고 설명한다. 즉, *the picture*와 *my father's picture*는 동일한 것이므로 *of*는 동격 (appositive)의 표식이 되어 있다. 마찬가지로,

(30) a. a friend of Tom's
b. a friend of Tom

a는 *a Tom's friend 라는 것으로「톰이 벗으로 하는 사람」, b는「톰을 벗으로 하는 사람」이라는 뜻이다.

(29), (30)의 a는 관사와 주어속격이 겹친 경우지만, 다음에는 지시사와 소유속격이 겹친 경우이다.

(31) that long nose of hers/that wife of his

이것도 *that her long nose/*that his wife 라는 뜻이므로 *of*는 동격을

나타내고 있다. 또한 *of*의 용법으로 다음과 같은 것이 있다.

(32) a devil of a fellow(= a devilish fellow) /a brute of a husband(= a brutal husband) / an angel of a nurse(= an angelic nurse)

이러한 표현의 발달은 다음과 같은 경로를 밟은 것이라고 생각된다. 우선 The nurse is an angel이라는 인식이 있고, 여기에서 The angel is a nurse → the angel who is a nurse → the angel of a nurse(동격의 *of*)가 되어, 이것이 술어적으로 쓰이면 She is an angel of a nurse가 된다.

(33) the City of York

이것도 마찬가지로 York is a city → the city is York → the city which is York → the City of York라고 설명할 수 있겠다.

[of NP]라는 구조에 한 가지 첨가해야 할 것은 NP가 추상명사의 경우이다.

(34) a man *of courage*/a matter *of great importance*/an automobile *of Japanese make*

이 [of NP]는 형용사에 해당된다. 즉, (34)는 a *courageous* man/*a very important* matter/an automobile *made in Japan*이라는 것으로 [of NP]는 후치수식어의 기능을 가지게 된다. 이것도 NP → NP PP라는 예의 하나다. 이 PP는 형용사와 마찬가지로 술어적으로도 쓰인다. 이를테면,

(35) The matter is of great importance/The automobile is of Japanese make.

에서, *of*는 탈락하는 수가 있다. 이를테면,

(36) Advice is (of) no use to him.

(37) The chimneys are (of) the same height.

[NP PP]의 구조를 지닌 명사구에 대해서는 이미 Ⅷ(15), Ⅹ(78), XXV(30)에서 설명하였다. 또 한 가지 검토해야 할 것은 *reason/place/time/way* 등의 명사이다. 이들은 관계사절을 취하여 [NP S]라는 구조가 되기도 하지만, 보통은 관계접속사인 *that*를 취하게 된다(이 *that*는 생략되는 수가 많다). 우선 *reason* 부터 보면,

(38) The reason *why* he is late is *that* there was a breakdown on the railway.

이것은 관계사절 *why*를 써서 술어가 *that*-절로 되어 있는데, 이런 표현은 대단히 문어적이어서 보통은 다음과 같은 표현을 쓴다.

(39) The reason (*that*) I'm writing this letter is *because* I want you to know the facts of the matter.

이 구조에서는 *reason*이라는 명사가 의미상으로 [for NP]라는 PP를 보어로 취한다. 이를테면,

(40) *The reason for this* is not far to seek.

이것은 [NP PP]라는 구조이다. (39)는 이 PP → for NP의 NP가 [it S]인 경우이며, 이 S가 *that*-절이 되고 [for it]가 생략되어 (39)의 *the reason* (*that*) *I'm writing this letter*로 된 것이다. 그리고 뒤에 *because*가 등장하는 것은 [the reason for NP]의 *for*를 반영한 것이다.

(41) This is the place *where* the accident happened.

에서는 관계사절을 취하고 있다.

(42) This is the place *he stays* when he's in London.

(43) Blackfriars was the place *I was to go.*

여기서는 he stays *in*/I was to go *to*로 되어 있지 않으므로 관계사절이라고 해석할 수는 없다. 생략되어 있는 *that*를 관계부사라고 보는 것은 무리한 해석이다. 이런 *place*의 용법은 구체적인 장소라기보다는 어떤 것을 위한 공간을 뜻하며, a place *of worship* [*of pilgrimage*] 처럼 [NP PP]라는 구조를 취한다. 이 PP가 [of NP]이며, 이 NP가 [it S]일 때, S는 *that*-절이 되고 또한 *of it*가 삭제되어 (42), (43)과 같은 표현이 생겼다고 생각된다. 다음도 같은 예이다.

(44) This is the place *I was born*. (cf. the place *of my birth*)

보어인 PP가 [of NP]가 아니라 S_0(즉 부정사구)인 경우도 있다.

(45) There is no place in the whole world *for him to live*.

(46) I must find a place *to hide it*.

(47) There was no room *to play.*

(47)의 *room*은 「공간, 여지」라는 뜻이므로 place와 같은 용법이 된다.

(48) This is the garden (that) he sunbathes *in.*

이 *garden*처럼 구체적인 장소를 가리키는 낱말의 경우에는 *in*이 있어야 한다. 보어가 아니라 관계사절이 되기 때문이다.

시간을 가리키는 *time/day/night/year* 등에 대해서도 마찬가지 말을 할 수 있다.

(49) I don't know the exact time *when* it happened.

이것은 특정한 시간을 문제로 삼는 것이기 때문에 관계부사를 쓴 것이다. 그러나 일반적으로는 a time *of rejoicing* [*of trouble*]이나,

(50) We had a very good time *of* it.

에서처럼 [of NP]라는 PP를 보어로 취한다. 이것이 *that*-절로 된다는 것은 *place*의 경우와 동일하다.

(51) It's about time *you married.*

(52) He was born on the very day *that his father died.*

(53) There was a storm that night-the night *she was taken ill.*

PP → S_0(부정사구)라는 형태가 쓰이는 것도 *place*의 경우와 동일하다

(54) It is about time for you to marry.

(55) This isn't the time or place to talk business.

(56) It was the moment to speak.

다음 *way*의 경우인데, 이것이 관계부사를 취할 때에는 *the way how 라고는 하지 않고, 단지 *how*라고만 한다.

(57) This is *how* it happened.

위에서 본 여러 어귀의 경우에는 *the place where/the time when*, 또는

*the reason why*라고 할 수 있었으나, *the way how라는 표현은 오늘날 쓰이지 않는 것 같다. 다만,

(58) This is the way *in which it happened.*

라고는 한다. 그러나 보통은 다음과 같이 말한다.

(59) This is the way (*that*) *it happened.*

이 구조는 역시 the way *of the world*나 his way *of doing things*처럼 [of NP]에서 유래하는 것이라고 설명할 수 있다.

(60) That's not the way *we do things here.*

(61) It's wonderful the way *he writes.*

(62) The way *she spoke* hurt me.

PP → S_0인 경우도 있다.

(63) This is not the way *to win your people's love.*

(64) I'll show you an effective way *to brush up your English.*

이들은 *of*를 써서 *of winning your people's love/of brushing up your English* 라고 할 수도 있다.

또한 *place/time/way*를 관계부사로 받을 수 없는 이유로서는 이들 명사가 부사적인 PP로 쓰일 수 있다는 점을 들 수 있겠다. 그 용법은,

(65) He wasn't going *any place.*

(66) I went *every place* in search of him.

(67) We would go *places* on Saturday.

(68) *The last time* I saw him he was ill in bed.

(69) We'll be married *the moment* we find a house.

(70) He wants to do everything *his own way.*

(71) Lift up your feet *the way* I showed you.

(71)에서 *I showed you*는 *the way*를 목적어로 하는 관계사절이지만 *the way*는 PP로서 *in the way*라는 기능을 가지게 된다.

XXVII

부정문(否定文)

부정문의 구조는 이미 Ⅴ(28)에서 제시한 바와 같이,

(1) $S_0 \rightarrow$ NP Neg VP

라고 나타낼 수 있다. 이를테면,

(2) Antony didn't kill Caesar.

라는 부정문이 「A.는 C.를 죽이지 않았다」라는 뜻이라면, 그 구조는 다음과 같이 된다.

(3)

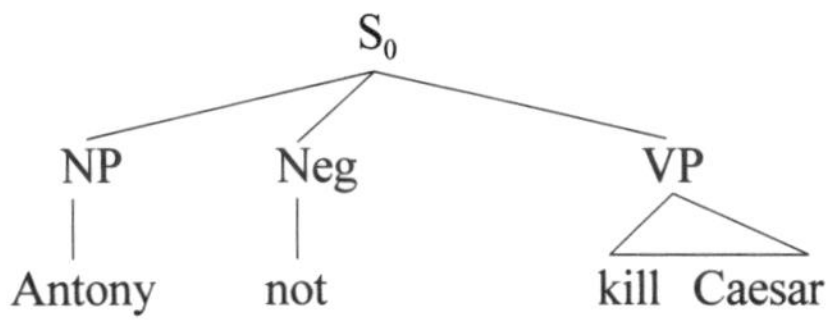

이것은 NP(*Antony*)에 대해서 VP(*kill Caesar*)가 긍정적인 기술을 하는 것을 Neg(*not*)에 의해 부정하고 있는 것이므로 동사구부정이라고 부를 수 있다. 그러나 (2)는 「A.가 C.를 죽인 것이 아니다」라는 뜻도 된다. 이때에는 「A.가 C.를 죽였다」라는 문이 부정되어 있으므로, 그 구

조는 다음과 같이 된다.

(4)

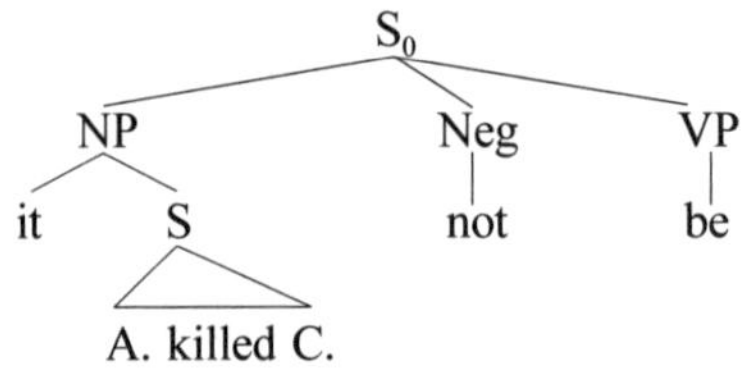

이것은 It is not (so/true/the case) that A. killed C. 이므로 문부정이라고 불리며, 앞서의 동사구부정과는 구별된다. 이에 대해서는 이미 XXI (43)에서 다루었다. 또한 (2)의 경우, *Antony*에 강세를 두게 되면「C.를 죽인 것은 A.가 아니었다」가 되고, *Caesar*에 강세를 두면「A.가 죽인 것은 C.가 아니었다」라는 뜻이 된다. 즉 전자는 It is not A. who killed C., 후자는 It is not C. who A. killed라는 분열문과 같아진다. 분열문은 XIX (32) 이하에서 다루었다.

All/many/some 등 수량사(quantifier, Det의 일종)가 부정문에 있을 때에는 VP부정과 S부정의 구별이 중요하다.

(5) All men are not wise.

이 *all*이 집합적(集合的, collective)인 뜻으로 쓰이는 경우「모든 사람이 다 현명하지 않다」라는 VP부정이 되지만, *all*이 분배적(分配的, distributive)인 뜻으로 쓰이는 경우에는「한사람 한사람이 모두 현명하다고는 말할 수 없다」라는 S부정이 된다. 이때에는

(6) Not all men are wise.

와 같은 뜻이 된다.

(7) All is not gold that glitters.

이것도 (5)처럼 애매한 점이 있지만 격언으로서는「빛난다 해서 모두가 황금은 아니다」라는 S부정의 뜻이라는 것은 말할 것도 없다.

(8) Many arrows didn't hit the target.

(9) Not many arrows hit the target.

(8)은 VP부정, (9)는 S부정이다. (8)의 *many arrows*는 주어로서 일정수(definite)의 다수를 뜻한다. 이들이 과녁에 맞지 않았다는 것이다. 이와는 대조적으로 (9)는 (6)처럼 It is *not* true that *many arrows* hit the target에서 온 것으로「많은 화살이 과녁에 맞은 것은 아니다」라는 뜻이 된다. 이 *many arrows*는 부정수(indefinite)의 다수인 것이다. (8)은 일정수의 다수이므로 그 외에도 많은 수의 화살이 있다는 사실과 모순이 되지 않는다. 따라서 (8)의 부정문과 *Many arrows hit the target*라는 긍정문은 동시에 성립할 수 있다. 그러나 (8)을 수동문으로 하면,

(10) The target wasn't hit by many arrows.

여기서 *many arrows*는 주어로 쓰인 경우와 달리 부정수의 다수를 의미한다. 따라서 의미상으로 보면 (10)은 문부정이며, (9)의 수동문으로 되어 버린다. 같은 *many arrows*라도 주어냐 목적어냐에 따라 일정수냐 부정수냐라는 차이가 생긴다. 이에 대해서는 XVIII (28) (29)에서 설명한 바 있었다. (10)의 문과 동시에 'The target was hit by many arrows'는 성립할 수 없다. 이 경우 부정문과 긍정문은 서로 모순되기 때문이다.

*Some*이라는 수량사도 일정한 수량을 가리키는 경우가 있다. 이 부정수의 *some*은 부정문에서는 *any*로 바뀐다.

(11) I didn't listen to *some* of the speakers.

(12) I didn't listen to *any* of the speakers.

모두 VP부정이긴 하지만 (11)의 *some*은 일정수를 의미하므로 부정문에서도 *some*은 그대로 있다. 이 부정문과 'I listened to some of the speakers'라는 긍정문은 동시에 성립할 수 있다. 어떤 것을 듣는다든지 안 듣는다든지 하는 일은 있을 수 있기 때문이다. (12)는 부정수의 *some*이 부정문에서 *any*로 된 것이며, *not ... any*는 *no/none*으로 바꿀 수 있다. 즉,

(13) I listened to none of the speakers.

이것은 (12)와 같다. 부정문의 주어로 *any*가 등장하는 일은 없고 *no*가 오는 것이 보통이다. 예를 들면,

(14) *No* man is wise. (*Any man is not wise)

이것은 (5)의 All men are not wise의 *all*이 집합적인 뜻을 갖는 경우와 마찬가지로서, 「사람은 어느 누구도 현명하지 않다」는 뜻이지만, (5)가 VP부정인데 대해 (14)는 S부정이라는 차이점이 있다. 즉, [it is not so] [that some man is wise]의 구조가 기저에 있고, 부정수의 *some*이 *any*로 바뀌어 [not] [any man is wise] → no man is wise가 된 것이다. *No man*과 같은 부정의 표상은 그대로 독립적으로 생각할 수 없는 것이므로 문의 주제가 될 수 없는 것이다. 표면적인 구조로는 *no man*이 [Det N]인 주어처럼 보이지만, 의미상 문부정이라는 판단을 내포하고

있기 때문에 위에서처럼 해석하지 않으면 안 된다.

다음 *any*를 내포하는 부정문이 두 갈래로 해석되는 경우를 고찰해 보자.

(15) He doesn't lend his money to anybody.

「그는 어느 누구에게도 돈을 빌려주지 않는다」라는 뜻이라면 [lend his money to somebody]라는 VP의 부정이다. 그러나 이 문은 「그는 누구에게라도 돈을 빌려주는 것이 아니다」라는 뜻으로도 해석될 수 있다. 이때에는 S부정으로 [he lends his money to anybody](누구에게나 돈을 빌려준다)라는 S를 부정하고 있는 것이다. 따라서 문제는,

(16) He lends his money to anybody.

라는 긍정문에서 *any*가 쓰이는 경우가 된다. 「누구에게라도 돈을 빌려 준다」라는 것은 「누구에게는 돈을 빌려주지 않는다는 것은 아니다」라는 이중부정문의 상쇄로 말미암아 이루어진 긍정문인 것이다. 즉, [not] [he doesn't lend his money to somebody]에서 온 것이므로 VP부정을 내포하는 문을 또 한 번 부정하고 있는 것이다.

(17) You are welcome any time.

「언제나 환영합니다」는 [not] [you are not welcome sometime] (「때로는 환영하지 않는다」라는 일은 없다)라는 이중부정을 내포하므로, (16)의 경우와 똑같이 설명할 수 있다.

부정수의 *some*이 부정문에서 *any*가 되는 것처럼, 부정문에서 긍정문과는 다른 표현이 되는 것이 몇 개 있다. 예를 들면,

(18) Neg *at some time* → not at any time → *never*

Neg *to some extent* → (not) to any extent → (not) *at all*

Neg *often* → *seldom/rarely*

Neg *almost* → *hardly/scarcely*

Neg *already* → (not) *yet*

Neg *too/also* → (not) either

Neg *till* → (not) *any longer*

다음, 부정문에서 시간의 계속기간을 나타내는 PP가 쓰일 때, 뜻이 애매해지는 경우를 고찰해 보자. 이를테면,

(19) He hasn't lived there for three years.

이것은 a.「그는 그 곳에 산 지 아직 3년이 못된다.」라고도, b.「그가 그 곳에 살지 않은 지 3년이 된다」라고도 해석된다. a. [has lived there for three years]라는 VP를 부정하는 것이므로, *for three years*는 동사의 계속기간을 나타내고 있다. 이 경우 *for*는 생략할 수 있다. 이와는 달리, b.는 [he hasn't lived there]라는 부정문의 계속기간이 3년이라는 뜻이다. 따라서 b.의 *for three years*는 부정을 내포한 문 전체에 걸리는 것이므로, 그 구조는 $S_0 \rightarrow S_0$ PP의 PP에 해당한다.

XXI장에서 시간의 계속을 나타내는 PP가 동작의 계속성을 나타낼 수 없는 동사의 부정문에서 쓰인 경우를 다루었다.

XXI (53) I shan't get up for another hour.

XXI (54) I haven't seen him for ten years.

이 *get up*이나 *have seen him*은 동작의 계속성을 내포하지 않으므로

*for another year*이나 *for ten years*는 이들 VP에 지배되는 PP가 아니라 *I shan't get up/I haven't seen him*이라는 부정문의 기간을 가리키는 PP이다. 즉, 위에서 말한 $S_0 \rightarrow S_0$ PP의 PP인 것이다. 같은 예를 첨가하면,

(20) I haven't eaten any meat for over a year.

이에 반해서, 동사 자체가 동작의 계속성을 내포하는 경우에는 애매성이 생기게 된다.

(21) I couldn't sleep for a long time.

이것은「오랜 시간의 수면을 취할 수가 없었다」라고도,「오랜 시간 동안 수면을 청할 수가 없었다」라고도 해석할 수 있다. 후자의 경우는 *sleep* = fall asleep라는 의미로서, 계속상을 나타내는 것이 아니다. 이것은,

(22) I couldn't sleep till midnight.

에서는 분명해진다. [자정에 이르기까지 잠들 수 없었다]라는 뜻이므로 *till midnight*는 부정문 S_0의 PP이다.

한편 (21)의 *for a long time*을 단지 *long*이라고 하면 *sleep*과의 관계가 긴밀해진다.

(23) I couldn't sleep long.

이 *sleep long*은 VP → V PP의 구조라고 볼 수 있다. 따라서 부정은「sleep long」을 부인한 것이 된다.

(24) That won't last long.

(25) Will you be long?/You won't be long, will you?

(26) He hasn't long been back.

(25)는「오래 걸리겠느냐?」/「오래 걸리지는 않겠지」, (26)은「그가 돌아온 지 얼마 되지 않았다」라는 뜻으로 *long*이 동사와 함께 부정되고 있다.

이 *long*과 *for a long time*과의 관계는 XXI (49)의 *He walked* (*for*) *ten miles*의 *for*의 유무에서 엿볼 수 있다. 이것은 거리를 나타내는 표현이지만, 부정문인,

(27) He didn't walk ten miles.

에서는 *walk ten miles*라는 VP가 부정되어 있고,

(28) He didn't walk for ten miles.

에서는 (27)과 같은 뜻이 되기도 하지만, 도보 여행 중 10마일간은 걷지 않았다는 뜻도 된다.

(29) He didn't work (for) eight hours.

이것도 역시 같은 해석을 내릴 수 있다.

XXVIII

복합동사구(複合動詞句)와 복합문(複合文)

(1) He died young.

(2) I stayed home sick.

이들 문의 VP는 두 개의 동사구가 복합된 것이라고 생각할 수 있다. (1)은 'He was young when he died'이므로, 그 구조는 본래 두 개의 VP를 갖게 된다.

(3)

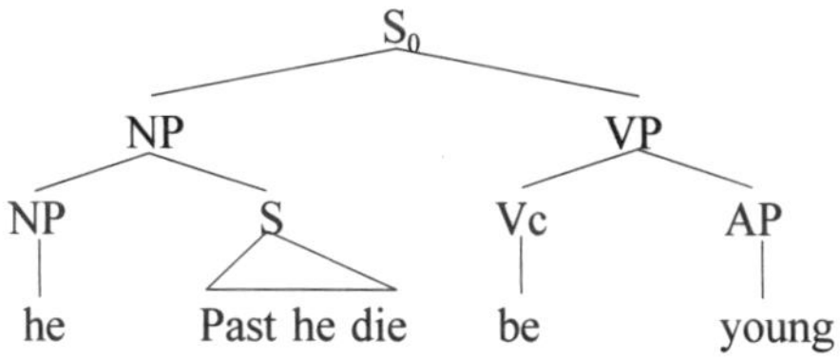

즉, 연결동사 *be*의 자리에 다른 S의 VP인 *die*를 넣어 (1)이 되었다고 설명한다. (2)에서는 *be*가 있을 곳에 *stay home*을 넣은 것이다. 이것을 복합동사구라고 부를 수 있겠다.

위에 예는 연결동사의 뒤가 AP였으나, 이것이 NP인 경우도 있다.

(4) He died a billionaire

(5) They parted good friends.

복합동사구에 나타나는 동사로는 *come/stand/lie/sit* 등이 흔히 쓰인다.

(6) He came home sick.

(7) She came crying.

(8) She came unobserved.

(7)은 진행형인 be *crying*의, (8)의 수동형인 be *unobserved*의 조동사 대신 *come*이 들어간 것이다. 그러나 다음의 예에서는 *come* 자체가 연결동사가 되어 있다.

(9) My dream came true.

(10) Politeness comes natural to him.

그러나 이때에도 *come*은 과정을 표현하는 원래의 뜻을 지니고 있으며, 단순한 연결동사인 *be*와 같지는 않다.

다음 예문에서 *stand/sit/lie* 등도 연결동사가 되어 있다.

(11) He stood looking at the game.

(12) She stood amazed.

(13) I stand corrected. (나의 과오를 인정합니다)

(14) She stood firm in her demand for compensation.

(15) I'll stand godfather to your son.

(16) She sat motionless for a while.

(17) We lay flat on the ground.

(18) A young child lay sleeping

(19) Scraps of paper lay scattered on the floor.

다음과 같은 경우는 분명히 복합동사구이다.

(20) She sat at the window sewing.

(21) She sat by the fire talking.

연결동사적 용법인 경우에도 *stand*나 *sit*나 *lie*는 원래의 뜻을 보존하고 있다. 다음 *remain*도 계속상태를 나타내는 연결동사로 쓰이고 있다.

(22) He remained a bachelor all his life.

(23) She remained single all her life.

(24) They remained unmarried.

이 밖에 연결동사적으로 쓰인 *go/run/fall* 등을 들 수 있다.

(25) The natives go barefoot.

(26) go bad/go bald/go mad

(27) Still waters run deep.

(28) They allow their children to run wild.

(29) The joke fell flat.

(30) He fell dead.

분사구문(participial construction)이라 불리는 구문이 있다. 그것은 다음과 같은 구조라고 생각되므로 복합문이라고 부를 수 있겠다.

이를테면,

(31) Hearing a step, I turned.

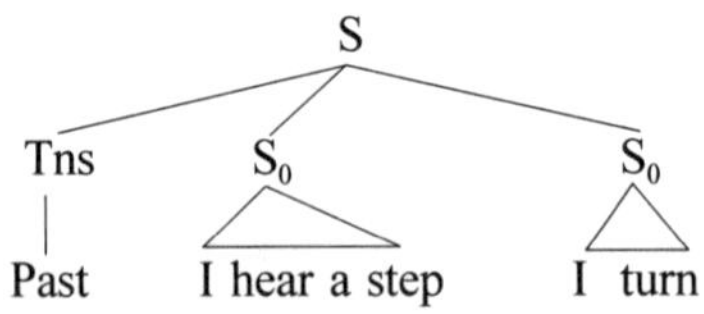

처음에 나온 S_0의 동사 *hear*를 현재분사인 *hearing*으로 하고, 다음 S_0의 주어와 동일한 주어 *I*를 생략하면 (31)의 문이 된다. 이것은 'I heard a step and I turned'라는 두 개의 S를 접속사로 연결시키는 대신, 한편을 분사구로 하고 주문에 대한 종문의 형식으로 만들어 하나의 S로 표현한 것이다. 즉, 주문과 종문의 형식으로 만들어 한 개의 S로 표현한 것이다. 주문과 종문과의 관계는 밀접하지만 어떤 관계인지는 문맥에 맡기게 된다. 일반적으로 말해 분사구가 주문보다 선행할 때에는 시간적으로 선행하는 사항이나 이유를 의미하게 된다. 이를테면,

(32) Ignoring the traffic lights, he raced off in pursuit.

(33) Being late to dinner, I got nothing to eat.

(34) Having finished my work, I went for a walk.

(35) Tired and discouraged, I went to bed.

(35)는 과거분사구의 분사구처럼 보이지만, 이것은 *Being tired..*의 *being*이 생략된 것이다. 형용사의 경우 (33)에서는 *being*이 쓰이고 있으나,

(36) Anxious for a quick decision, the chairman called for a vote.

처럼 *being* 없이도 쓰인다. (36)에서는 (he *being anxious*)라는 내용을 담아, 이유를 나타내고 있기 보다는 직접 주문에 나온 주어의 감정을 나타내고 있는 것이다.

분사구가 주문 뒤에 오면 시간적으로 뒤에 오는 사항이나 결과를 나타내게 된다.

(37) Our train started at six, arriving in London at nine.

(38) I hid quickly, hoping that the man would go.

(39) He came early, causing me much annoyance.

분사구가 주문 안에 삽입되는 경우도 있다. 이것은 동격의 관계사 절처럼 삽입적인 설명이 된다.

(40) The man, being short, stood on a box.

(41) Josephine, wearing wool, was very warm.

분사구 앞에 접속사가 붙는 수도 있다. 이를테면,

(42) While crossing the street, I fell down.

이것은 '*while I was crossing the street*'에서 유래하는 것으로 분사구문이 아니라 XXI 장의 (15), (16)에서 다룬 $S_0 \rightarrow S_0$ PP의 PP다.

또 전치사가 붙는 경우도 있는데, 이때는 분사구가 아니라 동명사구라고 보아야 한다.

(43) By working nights, he managed to stay in school.

(44) I must finish this before going home.

독립분사구문(absolute participial construction)이라고 불리는 분사구는, 주문의 주어와는 다른 주어를 가지며, 따라서 주어를 생략할 수 없는 것이다.

(45) He being absent, nothing could be done.

(46) Our guests (having) gone, we relaxed.

(47) *Weather permitting*, we shall start on Monday.

(48) *Other things being equal*, the simplest explanation is best.

그러나 독립분사구문은 문어적이어서 보통 때는 잘 쓰이지 않는다. (47), (48)의 표현은 상투적인 관용어라 하겠다.

(49) He left for the continent, all his family accompanying him.

(50) They still knelt, tears running down their cheeks.

이들은 독립분사구문으로 되어 있으나 뜻으로 보면 주어에 대한 부대상황(attendant circumstances)을 나타내고 있다. 부대상황은 *with*에 의해 유도되는 PP로 나타낼 수 있는데, *with*는 생략되는 수가 많다.

(51) He stood with his back against the wall.

(52) She lay there with her eyes closed.

(53) a. He spoke with a pipe in his mouth.

b. He spoke with pipe in mouth.

c. He spoke, pipe in mouth.

마지막 예문에서 볼 수 있는 바와 같이, 부대상황을 나타내는데 있어 한정사나 *with*를 생략하는 수가 있다. 간결한 표현을 하는 것이 상황을 생생하게 전할 수 있기 때문인 것 같다. 다음의 예도 마찬가지다.

(54) He stood there, hand in pocket.

(55) She stood before him, her tense with anger.

(49), (50)도 유사한 예이다.

부대상황을 표현하는 데는 *with*가 있는 것이 원칙이므로 PP라고 보아야 한다. 이것은 VP에 수반되는 상황이므로 VP → VP PP의 위치를 차지하는 것이라고 생각된다. 그 구조는,

(56)

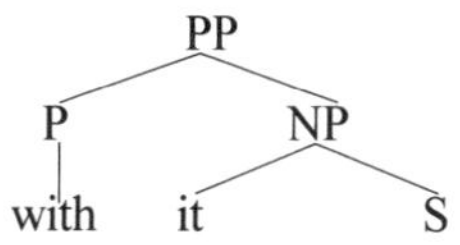

이 *with*는 'havig'이라는 뜻이므로, *with*에 의한 부대상황의 표현은 일종의 분사구문이라 할 수 있어서, 위의 구조는 XVII (34) 이하에서 설명한 *have*의 구문으로 설명할 수 있다.

학교문법에서 말하는 「복문」(complex sentence)는 종위접속사로 유도되는 종문을 내포하는 문인데, 이것은 우리가 말하는 복합문이라고 볼 수 있다. 이 종류의 문에 대해서는 XXI 장에서 설명하였다. 학교문법에서는 *and/but/or* 등을 등위접속사(coordinating conjunction)라

고 부르며, 이들에 의해 결합되는 문을 「중문」(compound sentence)이라 하여 복문과 구별하고 있다. 이것은 두 개의 문이 대등한 자격으로 결합되었다고 보고 있기 때문이지만, 그것은 형식상의 일이며, 뜻으로 보면 복합문이라고 간주되는 경우가 많다. 문자 그대로 대등하다고 하는 것은 *and*가 등장하여 다음과 같이 결합되는 경우일 것이다.

(57) Tom sang and Susie danced.

(58) Stand up and sing !

(59) He spoke and all was silent.

대등하다고 했지만 (58)에서 두 명령문의 순서는 움직일 수 없고, (59)에서는 두 문이 결합되어 있을 뿐만 아니라 둘째 문은 앞 문의 결과라는 뜻이 담겨 있다.

위의 문은 중문이라고 해도 무방하겠지만 다음 문처럼 되면 중문이라고 볼 수 없게 된다.

(60) Give him an inch and he'll take a yard.

(한 치를 양보하면 한 자를 달라고 대든다)

(61) Water the seeds and they will grow.

이들은 조건문을 내포하는 복합문이라고 해석된다. (61)은 'If you water the seeds, they will grow'와 같은 것이다.

등위접속사는 문의 결합뿐만 아니라, 문 중의 구성소를 결합하는 수도 있다. 다만 그것이 문결합으로 환원될 수 있을 때와 그렇지 못할 때가 있다.

(62) Tom and Susie went home.

이것은 「단문」(simple sentence)처럼 보이지만 'Tom went home'과 'Susie

went home'이라는 두 개의 문이 결합된 것이라 해석된다. 이와는 대조적으로, 다음 문은 단문이다.

(63) Tom and Susie are a nice couple.

(64) Tom and Susie carried a basket (between them).

이들 문에서는 주어인 NP가 *and*로 결합되어 두 개의 NP로 되어 있을 뿐, 문은 하나가 된다. XV (18)~(20)의 c. 문은 모두가 (63), (64)와 동형이다. XV (21)은 그런 NP가 목적어로 되어 있는 경우이다.

(62)처럼 단문같이 보이면서도 두 개의 문으로 환원할 수 있는 것은, 두 문의 문법적 기능이 동일하므로 같은 환경에 있는 구성소는 등위접속사로 결합시킬 수 있다고 설명할 수가 있기 때문이다. (62)에서 *Tom*과 *Susie*는 모두가 문주어이며, 모두가 *went home*을 술어로 하고 있는 것이다. 다음 문 역시 주어를 공유하고 있는 두 개의 문이 결합한 것이라 하겠다.

(65) You can't eat your cake and have it.

이것은 'It can't be that you eat your cake and have it'이므로 *eat your cake*와 *have it*가 주어인 *you*를 공유하고 있다.

결합된 구성소가 두 개라는 것을 강조할 때는 *both*를 쓴다.

(66) My brother and my sister are *both* married.

(67) *Both* Tom *and* Susie went home.

(68) He *both* speaks *and* writes Russian.

(69) He went to college *both* in Britain *and* in America.

(66)의 *both*는 주어인 NP와 동격이라 하겠으나, 그밖에 *both ... and*는

상관접속사(correlative conjunction)라고 간주된다.

*But*는 반의접속사(adversative conjunction)라고 불리운다. 이것에 의하여 결합되는 두 번째 문이 처음 문에서 예상되는 사항이나 자연스러운 결과와 상반되는 내용을 나타내기 때문이다.

(70) He worked hard, but he failed the test.

(71) He began last, but finished first.

(72) He is poor in health, but very wealthy.

(71)에서는 공통의 주어 *he*가 생략되어 있고, (72)에서는 *he is*가 생략되어 있다.

(73) Shakespeare was *not* a musician *but* a writer.

(74) Othello said he loved *not* wisely *but* too well.

이들도 부정문과 긍정문이 결합한 형태인데, 이 *not* ... *but*는 상관접속사로 쓰였다고 해석된다.

(75) *Not* John *but* Mary came.

이것은 'It was not John but Mary who came'이라는 뜻이며, *not* ... *but*가 상관접속사의 역할을 하고 있다.

(76) We are*n't* here to talk nonsense *but* to act.

(77) He is*n't* happy on account of his riches *but* on account of his good health.

이것 역시 *not* ... *but*의 용례지만, 부정이 *we aren't here / he isn't* *happy*라는데 있는 것이 아니라, *not* to talk nonsense *but* to act/ *not* on account of his riches *but* on account of his good health라고 해야 될 것이지만, 동사에 끌려 *not*가 앞으로 나온 것이다.

(78) It *never* rains *but* it pours.

이것은 「절대로 'rain'만 하는 법이 없고 반드시 'pour'한다」(왔다 하면 폭우)라는 것이므로, 뜻은 'It never happens that it rains and it does not pour'라는 한 개의 부정문이다.

*Not ... but*가 *not only ... but* (also)가 되면, 처음에 나오는 것이 부정되는 것이 아니라, 처음 나오는 것에 두 번째 나오는 것을 합한다는 표현이 된다.

(79) Shakespeare was *not only* a writer *but* (also) an actor.

이것도 상관접속사라고 간주된다.

*Or*는 선택접속사(alternative conjunction)라고 불리는데, 두 개(또는 두 개 이상의 것)를 단지 결합하는 것이 아니라 그 중 하나만을 승인한다는 판단을 나타낸다.

(80) You can go *or* stay.

(81) Ripe tomatoes are red *or* yellow.

(82) Will you have coffee, tea, *or* milk?

선택이라고 해도, 단지 *or*만으로는 어느 쪽이라도 좋다는 말이 되고, 부정문의 경우에는 양쪽이 다 부정되어 버린다. 이를테면,

(83) He never drinks *or* smokes.

이것은 「술도 담배도 하지 않는다」라는 뜻으로 *and*를 쓰는 것과 마찬가지이다. 양자 택일을 강조하는 경우에는 *either ... or*라는 상관접속사를 쓴다.

(84) You can *either* fight *or* run away.

(85) *Either* my father *or* my brothers are coming.

(86) *Either* my brothers *or* my father is coming.

(85)에서는 *are coming,* (86)에서는 *is coming*으로 되어 있는데, 이것은 바로 앞에 있는 주어의 수와 일치하기 때문이다. 부정문에서는 *neither ... nor*가 되지만 (83)처럼 양쪽이 모두 부정되는 것이므로 부정문의 결합과 유사하게 된다.

(87) He *neither* ate, drank, *nor* smoked.

(88) *Neither* my father *nor* I were there.

(88)은 주어가 단수이므로 I *was* there라고 하는 것이 문법적으로는 정확하다고 생각되지만, 뜻은 'both my father and I were not there'이므로 복수인 *were*가 쓰이는 것이 심리적으로는 자연스럽다. *Nor*는 단독으로는 접속사로 사용되기도 하지만, 이때에는 'and not'이라는 뜻이다.

다음 용례에서 *or*는 'if not'이라는 뜻이다.

(89) Hurry up *or* you'll be late.

(90) Be careful crossing the street *or* you'll get killed.

이들 명령문 뒤에 오는 *or*는 선행문과 반대되는 뜻을 지니는 가정조건을 나타내므로 'if you don't hurry up'/'if you are not careful'이라고 말하는 것과 같다.

(91) He can't be ill *or* he wouldn't have come.

(92) He doesn't realize that he is seriously ill, *or* he would take good care of himself.

이들에서는 처음 나오는 문 안에 부정이 내포되어 있으므로, *or*(= if not)는 각각 'if he was ill'/'if he realized it'의 뜻이 된다.

이상으로 *and/but/or*의 용법을 보았다. 의미상 여러가지 경우가 있겠으나 형식상으로는 등위접속사라고 부를 수 있겠다. 이밖에, 이유를 나타내는 *for*도 등위접속사라고 간주되나 성질이 약간 다르다. 이 낱말에 대해서는 XXI(41)에서 언급한 바가 있었지만, 발언의 이유를 나타내는 *because*와 같으며, 문어적인 말이다. 종위접속사(*because/if/though* 등)는 문두에 나올 수 있으나, *for*는 언제나 두 번째 문을 유도하는데만 쓰인다. 이런 점으로 보면 등위접속사와 성질이 같다 하겠다. 그러나 등위접속사는 위에서 말한 바와 같이 문 중의 구성소를 결합시킬 수 있지만, *for*는 언제나 문을 결합시킬 따름이다. *For*는 양자의 중간적인 위치에 있는 접속사라고 볼 수 있겠다.

접속사처럼 문을 결합시키지만 접속사로 분류할 수 없는 낱말이 몇 개 있다. 이것이 바로 *however/nevertheless/therefore/consequently/otherwise/else/besides/also* 등이다. 이들은 접속사처럼 두 번째 오는 문의 문두에 나올 수 있으나, 반드시 문두뿐만 아니라 문 중에도, 문미에도 올 수 있다. 이를테면 (70)의 *but* 대신 *however*를 쓰면,

(93) a. He worked hard; *however*, he failed the test.

b. He worked hard; he failed the test, *however*.

처럼 되고, 또 접속사와 같이 등장할 수도 있다. 이를테면 (71)의 *but*

대신 *nevertheless*를 쓰더라도 *but*은 그대로 보존될 수 있다. 즉,

(94) He began last; (*but,*) *nevertheless*, he finished first.

마찬가지로 (91)의 *or*를 *else* 또는 *or else*로 바꿀 수도 있다.

(95) He can't be ill; (*or*) *else* he wouldn't have come.

또 두 번째 문을 독립시킬 수도 있다. (90)의 문의 *or*를 (*or*) *otherwise*로 하여 첫 번째 문을 계속할 수도 있고,

(96) Be careful crossing the street. *Otherwise*, you'll get killed.

라고 할 수도 있다.

이러한 특색을 가지는 어군은 접속사와는 다르기 때문에 특별한 품사라고 간주하여, 이것을 문연결사(sentence connector)라고 부를 수 있겠다.

이 책은 영어의 기본구조를 해명하는 것을 목적으로 한 것이다. 기본구조의 단위는 문이므로 문의 의미해석이 우리의 문제점이었다. 따라서 문 이상의 단위, 즉 문과 문의 연결은 접속사나 문연결사가 사용되는 범위 안에서 언급하였다. 물론 사람의 담화(discourse)는 몇 개의 문을 연쇄한 것으로 되어 있다. 그리고 거기에는 문과 문의 연결이나 장면과의 관계에 따라 여러 가지 의미해석의 문제가 제기되겠지만, 이것은「어용론(語用論)」(pragmatics)이나「문체론(文體論)」(stylistics)의 문제이므로 이 책에서 다룬「통어론(統語論)」(syntax)의 영역 밖에 속하는 사항이다.

구조규칙(構造規則)

Ⅰ 기본구조

$S \rightarrow Tns\ S_0$ Ⅰ (24)

$S_0 \rightarrow NP\ VP$ Ⅰ (25)

$$VP \rightarrow \left\{ \begin{array}{l} V \quad (NP)\ (PP) \\ \\ Ve \left\{ \begin{array}{c} AP \\ \\ NP \end{array} \right\} \end{array} \right\}$$

Ⅰ (19)

$AP \rightarrow A\ (PP)$ Ⅰ (21)

$$PP \rightarrow \left\{ \begin{array}{l} P\ NP \\ \\ S_0 \end{array} \right\}$$

Ⅰ (3)

Ⅱ (12) (부정사구)

$$NP \rightarrow \left\{ \begin{array}{l} (Det) \\ N \\ it\ \ S \\ it\ \ S_0 \\ S_0 \end{array} \right\}$$

Ⅰ (27)

Ⅳ (37) (that-절)

Ⅷ (42) (부정사구)

Ⅷ (6) (동명사구)

$$Tns \rightarrow \left\{ \begin{array}{l} Pres \\ \\ Past \end{array} \right\}$$

Ⅰ (27)

$$Det \rightarrow (Pre\text{-}det) \left\{ \begin{array}{l} Art \\ Dem \\ Gen \end{array} \right\} (Post\text{-}det)$$

Ⅲ (36), XXVI(1)

Gen → NP + Poss	XXVI (2)	
S → Q S	XIII (6)	(의문문)
S → Opt S_0	XIV (76)	(기원문)
S → Imp S_0	XIV (79)	(명령문)
S → Exh S_0	XIV (88)	(권유문)

II 확충규칙

S_0 → NP Neg VP	V (28), XIII (4), XXVII (1) (부정문)
S_0 → NP M VP	XIII (14)
M → M Neg	XIII (19)
S_0 → S_0 PP	XXI (16)
VP → VP PP	VII (31), IX (58), XXI (7)
NP → NP S	III (3), X (68), (관계사절)
NP → NP PP	VIII (15), X (78), XXV (30), XXVI (6)
PP → PP PP	XX (23), XXI (5)
V → V Prt	XI (12) (구동사)
V → Aux V	V (53), XIII (1)
Aux → (have-en) (be-ing) (be-en)	V (54), XIII (2)
N → N PP	III (2), XXV (26)
N → N N	XXIII (31)
N → Na N	XXIII (26)
N → Aa N	XXIII (21)
A → A PP	XXIV (5) (형용사의 비교)
Adv → Adv PP	XXIV (47) (부사의 비교)
S → S Adv	XXII (8)
VP → VP Adv	XXII (15)
VP → V(NP) (PP) Adv	XXII (18)

Ⅲ 파생구조

NP → (Det) A N	XXIII(1) (귀속형용사)
V → V NP	VII (42), XVI(36) (간접목적사)
VP → V PP	VIII (51), IX(6) (연쇄동사구)
VP → V P NP	XI (38) (전치사동사)
VP → V Prt P NP	XI (58) (전치사구동사)

찾아보기

中島文雄(나카지마 후미오)
동경대학(東京大學) 문학부 졸업
동경대학 명예교수, 일본학사원(日本學士院) 회원

저서

「영어발달사(英語發達史)」, 「의미론(意味論)」,
「영어(英語)의 상식(常識)」, 「문법(文法)의 원리(原理)」
「영어학연구실(英語學硏究室)」, 「영문법(英文法)의 체계」
「영어일문법(英語一文法)과 감상」, 「근대영어(近代英語)와 그 문체」,
「암파(岩波) 영화대사전(英和大辭典)」
「영어어원소사전(英語語源小辭典)」, 「신(新) 콘사이스 화영(和英)사전」

조성식
경성제국대학 법문학부 문학과 졸업
서울대학교 교수 역임
고려대학교 교수 역임
고려대학교 명예교수
학술원 회장 역임

저서

「고등영문법(高等英文法)」, 「대학영작문(大學英作文)」
「영어문법론연구(英語文法論硏究)」, 「신영한대사전(新英韓大辭典)」 (共)
「옥스포드 콘사이스 영한사전」 (共), 「영어학개론(英語學槪論)」
「영어발달사(英語發達史)」, 「표준영문법(標準英文法)」
「표준영어구문론(標準英語構文論)」, 「표준영작문(標準英作文)」
「현대영어학연구(現代英語學硏究)」 (共)
「영문법연구(英文法硏究 Ⅰ, Ⅱ, Ⅲ, Ⅳ, Ⅴ)」

영어의 구조

초판 1쇄 발행 _ 1981년 8월 1일
2판 1쇄 발행 _ 2018년 6월 20일

저 자 • 나카지마 후미오
역 자 • 조 성 식
발행인 • 정 현 걸
발 행 • 신 아 사
인 쇄 • 대명프린팅
출판등록 • 1956년 1월 5일 (제9-52호)

주 소 • 서울시 은평구 통일로 59길 4(2층)
전 화 • 02)382-6411 · 팩스 02)382-6401
홈페이지 • www.shinasa.co.kr
E-MAIL • shinasa@daum.net

ISBN 978-89-8396-279-9 (93740)

정가 17,000원